| 한국의 선거 60년사 |

권위주의 시대 선거
제3공화국과 유신체제

2

신두철 저

마인드탭
MIND TAP

이 저서는 2011년 대한민국 교육부와 한국학중앙연구원(한국학진흥사업단)의 한국학총서사업(모던코리아 학술총서)의 지원을 받아 수행된 연구임
(AKS-2011-DAE-3102)

한국의 선거 60년사 ②

권위주의 시대 선거:
제3공화국과 유신체제

머 리 말

선거는 민주주의 국가에서 정부를 구성할 수 있는 거의 유일한 정치적 기제이며, 국민의 의사를 국가정책에 투영시키는 가장 중요한 제도적 장치이다. 선거는 이와 더불어 민주주의 정치체제에 있어서 정치권력의 정당성을 확보해 주는 정치적 과정이다. 그러므로 한국의 현대정치를 이해하는 데에 선거는 결정적인 요소라고 할 수 있다. 그럼에도 불구하고 아직까지 한국 선거사에 대한 체계적이며 종합적인 문헌이 부족한 것이 사실이다.

이 연구총서는 이러한 인식하에 한국의 선거 60년을 제헌국회의원 선거부터 노무현 정부까지 선거사적인 관점에서 분석하여 『한국의 선거 60년사』라는 이름으로 총 5권의 총서형태로 출간하게 되었다. 『한국의 선거 60년사』는 숫자와 통계로 구성된 공식기록을 넘어, 당대 사람들과 그들의 이야기가 있는 한국의 정치와 민주주의에 관한 기록이 주된 목적이다. 이러한 맥락에서 그동안 한국의 선거연구에서 경시되어 온 선거사적 측면에서 연구를 진행하였다. 선거는 선거운동기간에 한정되지 않으며 반드시 지난 번 선거 이후 금번 선거까지로 제한되지도 않는 길고긴 전사(前事)로서 의미를 갖는다. 그러므로 정치사적인 측면에서 한국의 선거 60년사를 분절되지 않고 연구하는 것은 무척 중요하다.

저자가 집필한 총서 제2권은 박정희 시대의 선거, 5·16군사쿠데타 이후 제3공화국이 탄생한 시기부터 유신체제가 막을 내리는 제4공화국까지의 선거를 다루고 있다. 이에 맞추어 제1부는 제3공화국의 선거, 제2부는 제4공화국 유신체제의 선거로 구성하였다. 박정희의 집권기간은 제3공화국 11년(1961년 5월~1972년 10월), 유신체제는 7년(1972년 10월~1979년 10월)이지만, 저자가 지면을 할애한 분량은 제3공화국이 유신체제의 두 배에 이를 정도이다. 그 이유는 제3공화국 선거가 대통령직선제와 국회의원 선거에서 '비교적 경쟁적인 선거'의 모습을 보였다면, 유신체제는 대통령선거에서 직선제를 폐지하고 통일주체국민회의 대의원을 통한 간선제를 채택함으로써 국민주권을 박탈한 시기이며, 국회의 기능을 크게 위축시킴으로써 절차적 민주주의마저 부인된 상태에서 공정한 선거가 이루어지지 못했기 때문이다. 결과적으로 유신체제기에는 국회의원선거마저도 비경쟁적이며 비정상적인 선거정치가 이루어짐으로써 이로 인해 선거정치와 정당정치의 영역은 극도로 축소·약화되었다. 제3공화국에서 실제 선거정치가 부활한 것은 5·16 군사쿠데타 이후 민정 이양을 위해 1963년 10월 15일 제5대 대통령 선거가 실시된 때부터였다. 이 후 1972년 유신헌법이 통과되기까지 세 번의 대통령 직접 선거, 세 번의 국회의원 선거, 그리고 두 차례의 국민투표가 실시되었다.

절차적 민주주의의 관점에서 볼 때 제3공화국의 출발은 원죄에서 벗어나기 어려울 것이다. 이 시기의 선거정치는 정치적 자유가 사실상 제약받았던 군정하에서 시작되었다. 1962년 12월 17일 우리나라 역사상 처음으로 실시된 국민투표에 의해 헌법이 개정되었는데 제2공화국에서 채택한 내각제를 버리고 다시 대통령 중심제로 권력구조가 바뀌었다. 그러나 이 논의 과정에 다수가 자유롭게 참여했다고 볼 수는 없기 때문에 절차적 민주주의의 측면에서 본다면 분명한 한계를 갖는다. 이러한 한계에도 불구하고 제3공화국은 정치제도의 정통성을 창출하는 기본 메커니즘으로 '비교적 경쟁적인 선거'를 채택했다는 점에서 군정이나 유신체제와는 다른 이론적 접근이 요구된다.

설사 '비교적 경쟁적인 선거'를 통해 정통성을 창출했다 하더라도 실제 선거과정에서 정권에게 일방적으로 유리하게 작용하도록 만들어진 선거법, 그들의 조직력과 자금력, 자유로운 선거운동의 제약과 관권동원 등으로 야당은 공정한 선거경쟁을 하기에는 역부족이었다. 그럼에도 불구하고 이 시기의 선거가 흥미로운 것은 선거경쟁에서 상당한 정도의 역동성을 발견할 수 있기 때문이다. 예를 들어 세 번의 대통령 선거에서 박정희와 차점자간의 표 차이가 10%를 넘지 않을 정도로 그다지 크지 않았으며, 제5대 대통령선거에서는 단지 1.4%의 득표율 차이만을 보일만큼 이 시기에 실시된 선거는 상당히 경쟁적인 모습을 보이고 있다. 박정희 정권은 대단히 어려운 선거 경쟁을 치렀던 셈이며, 역설적으로 제3공화국 시기의 이러한 '비교적 경쟁적인 선거'가 유신체제라는 초헌법적인 정치적 선택을 이끈 원인으로도 이해될 수 있을 것이다.

제3공화국의 선거정치에서는 지역주의 투표행태와 도시와 농촌의 상이한 투표 행태 즉 '여촌야도' 현상에 대해 주목할 필요가 있다. 이러한 투표행태는 민주주의 가치의 훼손이나 급속한 경제개발과 같은 제3공화국의 주요 사건에 대한 유권자들의 정치적 반응으로 이해할 수 있기 때문이다. 이 시기의 실제 선거 운동 기간 중 유권자의 주목을 끌었던 이슈는 군정 이후 최초로 치러진 대통령선거에서 '사상논쟁'이었다면, 이후 '경제성과'－'경제위기'와 같은 정책논쟁과 분단의 구조적 조건에서 '반공과 안보위협'－'장기집권론'이 맞서면서, '국내화'된 외부로부터의 위협이 국내정치행위자들에게 미치는 비대칭적 영향력을 확인시켜주며, 또한 안보위협이 국내적 갈등을 변형시키는 선거 매커니즘을 단적으로 보여준다. 또한 박정희 정권에서 추진된 경제발전이 산업적으로나 지역적으로 불균형하게 진행되었고, 제7대 대통령선거에서부터 나타난 영·호남의 정치균열은 지배집단의 정치적 유산으로서 정치적 갈등과 경쟁이 중첩된 형태로 오늘날 선거에서도 지역주의로 지속되고 있다.

박정희와 공화당의 무리한 장기집권 추진은 거듭할수록 민심이반으로 이어졌고, 선거정치가 힘겨운 형세로 전개되면 될수록, 막대한 자금력과 공권력을 동원한 불공정한 형태로 치닫게 된다. 특히 3선 개헌 이후 치러진 제7대 대통령선거는 박정희가 '마지막 대통령 출마'임을 내세워야할 정도로 힘든 선거가 되고 말았다. 선거 유세에서 박정희 후보가 "다시는 여러분에게 표를 달라고 하지 않겠다"고 말한 것은 의미심장한 표현일 수 있다. 이어진 제8대 국회의원 선거 결과는 박정희가 헌정 질서 내에서 선거를 통해 더 이상 재집권할 수 있는 가능성이 희박해진 것을 확인해주었으며, 1971년 12월 6일 국가비상사태를 선포하면서 유신체제가 역사 속에 등장하게 된다.

유신체제를 통해 박정희는 권력 유지를 더 이상 선거에 의존하지 않게 된다. 즉, 유신체제는 선거를 통해 국민으로부터 권력을 부여받고자 하는 기회를 아예 박탈해버린 것이다. 유신체제는 삼권분립, 견제와 균형, 경쟁적 선거제도라는 자유민주주의의 기본원칙을 전면 부정한 것이며, 대통령의 권한 강화와 반대세력에 대한 억압을 그 내용으로 하고 있다. 유신체제에서 선거와 정당정치의 자리에는 중앙정보부와 같은 정보기관이 정치적 역할을 맡아 강압통치로

체제를 이끌어가게 되며, 집권여당인 공화당마저도 유신체제가 출구하는 탈정치화 전략에 이끌려 제대로 된 정치적 역할을 하지 못하게 된다. 따라서 국민들은 저항을 통하지 않고는 정상적 정치적 참여의 길이 막히게 되었다.

이 책이 다루는 박정희 시대의 선거정치에 대한 분석은, 제3공화국과 유신체제하의 한국정치가 선거제도와 정당제도를 왜곡하여 얼마나 공정하지 않고, 비민주적인 절차에 의해서 이루어졌는지를 보여주는 사례가 될 것이다. 또한 유신체제는 제3공화국 시기보다 더욱 권위주의가 강화된 형태로 나타나게 되는데, 이러한 관점에서 이 시기의 선거사적 구분과 제도적 연구는 정치권력을 유지하기 위한 수단으로서 선거제도의 의미를 다시 한 번 되새겨 볼 수 있는 기회일 것이다. 또한 우리는 박정희 시대의 선거를 통해서 민주주의 선거에서 정상적인 비례대표방식으로 볼 수 없는 '유신정우회'와 같은 제도들에 대해 접하게 될 것이며, 집권세력의 확실한 승리를 보장하는 이러한 선거제도는 민주정치를 구현하는 제도적 장치로서의 기능을 상실한 것으로 평가하게 될 것이다. 선거운동은 공영제라는 이름으로 정권의 눈높이에 맞춘 '선거질서'를 확보하는 데에는 기여했을지 모르나, 선거운동의 자율성과 비대칭적 선거자원의 동원을 통해 국민의 정치참여를 근본적으로 제한하는 결과를 가져왔다. 이는 결과적으로 자유로운 선거운동을 위축시킴으로써 선거 자체의 공정성에도 심각한 의문이 제기될 수밖에 없다는 사실도 인식하게 될 것이다. 물론 유신체제 하의 중선거구제 같은 선거제도는 향후 우리 선거제도 변화에 조금이나마 단초를 제시하는 시도라는 측면에서 의미를 찾을 수도 있을 것이다.

이 자리를 빌어서 연구책임자로서 3년간의 연구를 통해 『한국의 선거 60년사』를 체계적으로 완성할 수 있도록 힘써주신 공동연구진 김욱 교수님, 지병근 교수님, 엄기홍 교수님, 서복경 교수님께 경의를 표합니다. 또한 궂은일을 마다하지 않고 연구지원을 해준 조예진 선생께도 깊은 감사를 드립니다. 어려운 출판업계의 상황에도 불구하고, 총서 전 5권의 출판을 흔쾌히 수락해주신 마인드탭의 김중용 대표님께도 고마움을 전합니다.

신두철

차 례

제1부 제3공화국 시기의 선거

제2부 유신체제의 선거

제 1 부 제3공화국 시기의 선거

PART 01 제3공화국 시기의 선거

제1절 제3공화국 정치와 선거 개관

군사쿠데타 이후 군정 기간 동안 군부는 제2공화국 때와는 상이한 선거 및 정당제도를 마련하였다. 이들이 구상했던 군정 이후의 정치질서는 헌법과 정치관계법의 개정을 통해 새로운 정당을 설립하여 향후 선거와 국회에서 주도적인 역할을 하는 것이었다.

이러한 계획은 시작은 1차적으로 새 헌법을 통한 대통령제 부활이었다. 군사정권은 대통령제 도입의 정당성을 제2공화국의 붕괴에서 찾고자 했다. 제2공화국의 순수 의원내각제가 장점을 발휘하기보다는 비효율적인 파쟁을 유발해 정국의 불안과 사회질서의 문란을 야기했기 때문에 확고한 리더십 보장을 위해서 대통령제가 우리 현실에 더 맞는다는 것이다(공보부 1962, 74).

또한 헌법의 정당조항을 통해 정당의 재조직이 가능하도록 하였고, 최초로 정당법을 제정하여 신당등록을 엄격히 규제하여 정당의 이합집산을 막아 군정 이후의 정치를 효과적으로 규제할 수 있게 했다. 당시 정국을 주도했던 박정희－김종필 계열은 정당의 수가 적을수록 정치적 혼란을 막기가 쉽고, 관제여당이 정치적 패권을 확보하기가 용이하다고 나름대로 판단했다. 또한 선거법을 개정했는데 주요 내용은 정당공천제를 실시해서 무소속의 출마를 금지시켰고 의원이 탈당하게 되면 의원직을 상실하도록 한 것이 주요 골자이다.

선거제도는 기존의 소선거구 단순다수제 방식에 처음으로 전국구 비례대표제 방식을 도입하였다. 정당등록 요건의 강화와 봉쇄조항을 통한 비례대표 배분 제외 등은 야당의 정치참여 폭을 최대한 제한하려는 의도이다(김일영 1999, 300~301). 또한 제1당은 득표율이 50%가 되지 않더라도 무조건 전국구의 반을 가지도록 한 것은 정치안정을 명분으로 국회를 장악하려 한 것이며, 이러한 파행적인 제도를 통해 지역기반이 약한 군인들도 국회의원이 될 수 있게 하였다. 새 국회는 여당의 압도적 다수로 인해 행정부의 시녀로 전락했으며, 사법부도 위헌법률심사권을 적절히 행사하지 아니하여 국민의 기본권은 위축되었고, 역시 행정부의 시녀가 될 위험성을 내포하고 말았다. 정권이 군정에서 민정으로 이양되고 신헌법이 시행되었지만 형식적인 민정이양이었을 뿐 실제적으로는 박정희－김종필 계열의 노력에 따라 군인들이 대거 민정에 참여하는 '군사정권의 연장'으로 귀결되었다.

헌법 개정안에 따르면 대통령은 국군 통수권, 조약 체결, 비준권 등 일반적인 권한 이외에 긴급명령권과 계엄선포권까지 갖는 매우 강력한 권한이 부여되었다. 이완범(2007)에 따르면 군부세력은 집권의 수월성을 도모하고 권력을 집중하여 체제유지와 효율적 통치를 하기 위한 목적에서 '강력한 대통령제'를 헌법에 편의적으로 도입했다. 반대세력인 구정치인들에 비해 정당－의회적 기반이 취약했던 군부세력은 정당 기반이 전제되고 의회로 권력이 분산된 의원내각제보다는 대통령 일인에게 권력이 집중된 대통령 중심제가 자신들의 집권을 보다 쉽게 보장할 것이라고 판단했다. 구정치인들을 견제하기 위해 정당을 해산하고 사전조직을 통해 공화당을 만들고 있었지만 제1당이 될 수 있을지는 아직 자신할 수 없었던 상황이었다.

이 시기 헌법 마련은 현실정치의 반영이었고 단순한 제도 개혁의 차원을 넘어선 정치적 행위였으며, 정치적 목적을 위한 제정이었다. 즉, 제3공화국 헌법의 권력구조 조항에 나타난 성격은 모두 대통령의 기성정치인들과 입법부에 대한 우위 확보를 통해 박정희의 수월한 집권과 그 체제의 안정적 유지를 도모하려는 목적에서 나온 것이었다. 따라서 박정희 군사정권의 '5차 헌법개정'은 국민의 기본권을 신장하기 위한 것이 아니라 군부지배를 연장하기 위한 것이었다.

국민의 권리 신장을 위해 헌법에 대통령제를 채택하고 민주적으로 마련한 것은 아니었는데, 이는 쿠데타로 집권했던 군부세력이 가질 수밖에 없는 태생적 한계라고 할 수도 있다.

한편, 그 이전까지 개헌이 국회 내에서의 결정으로 이뤄지던 방식과는 달리 역사상 처음으로 국민투표를 실시했다. 1962년 12월 17일 실시된 개헌 관련 국민투표는 85.3%라는 높은 투표율 속에서 전체 투표자의 78.8%의 찬성으로 가결되었다. 그러나 당시 군사정부의 비상조치법이 헌법의 기능을 대신하고 있었고, 정당과 국회가 해산되었을 뿐만 아니라 1962년 3월의 이른바 정치정화법에 의해 3,027명의 기존 정치인들의 정치 활동을 규제하고 있던 비정상적 상황에서 국민투표가 실시되었다는 점에서 헌법 개정의 절차가 민주적이었다고 평가할 수는 없다. 자유롭고 폭넓은 정치적 토론과 논의가 이뤄질 수 없는 상황에서 실시된 것이었다.

제2절 제3공화국의 정치체제와 정치문화

1961년 5월 16일 박정희에 의해 주도된 쿠데타로 제2공화국은 붕괴되었고, 군사쿠데타를 '군사혁명'으로 6개항을 미화하면서 이른바 '혁명공약'을[1] 발표하였다. 혁명공약은 제2공화국 시기 동안 문란해진 사회적·경제적·정치적 질서를 회복한다는 데에 초점을 맞추었다고 주장한다. 세부적인 내용을 살펴보면, "반공을 국시로 삼고, 미국 및 자유세계 국가와의 우호적 유대를 강화하며, 부

1 첫째, 반공(反共)을 국시(國是)의 제일의(第一義)로 삼고, 지금까지 형식적이고 구호에만 그친 반공태세를 재정비 강화한다. 둘째, 유엔헌장을 준수하고 국제협약을 충실히 이행할 것이며, 미국을 위시한 자유우방과의 유대를 더욱 공고히 한다. 셋째, 이 나라 사회의 모든 부패와 구악을 일소하고, 퇴폐한 국민도의와 민족정기를 다시 바로잡기 위하여 청신한 기풍을 진작시킨다. 넷째, 절망과 기아선상에서 허덕이는 민생고(民生苦)를 시급히 해결하고, 국가 자주경제 재건에 총력을 경주한다. 다섯째, 민족적 숙원인 국토 통일을 위하여, 공산주의와 대결할 수 있는 실력 배양에 전력을 집중한다. 여섯째, 이와 같은 우리의 과업이 성취되면 참신하고도 양심적인 정치인들에게 언제든지 정권을 이양하고 우리들 본연의 임무에 복귀할 준비를 갖춘다.

패와 구악을 일소하고, 국가경제의 발전을 도모하며, 승공을 통한 국가통일을 유도하며 민정이양 준비"를 한다는 내용으로 되어 있다. 쿠데타세력은 혁명공약의 발표와 함께 '군사혁명위원회'를 조직하고 비상계엄을 선포하였다.

계엄을 선포한 후 군사혁명위원회는 '포고 제4호를 통해' 장면 정권 인수를 선언하는 한편, 국회해산과 정치활동의 일체금지, 장면 정권의 국무위원의 체포를 밝혔다. 5월 18일 장면 내각의 총 사퇴로 쿠데타는 성공했다. 권력을 완전히 장악한 군부는 5월 19일 군사혁명위원회를 '국가재건최고회의'로 확대 개편하여 본격적인 통치를 시작했다. 이로써 기존의 헌법은 효력이 중지되고 그것을 대체하는 국가재건비상조치법이 1961년 6월 6일 제정되었다. 이로서 국가재건최고회의는 입법·사법·행정 3권을 장악하고 군정을 법적으로 보장받게 되었다. 이 법 제24조에 따르면, "헌법규정 중 이 국가재건비상조치법과 저촉되는 규정은 이 국가재건비상조치법의 규정에 의한다"고 규정되어 있고, 제3조에서는 "국가재건최고회의는 (…) 국회가 구성되고 정부가 수립될 때까지 대한민국 최고통치기관으로서의 지위를 가진다"고 규정하고 있다. 이어 6월 9일에는 전문 34개조의 국가재건최고회의법이 제정되었으며, 7월 3일에는 최고회의 의장에 박정희가 취임하였다. 1962년 3월 16일 구 정치인의 정치활동적부를 심사하기 위하여 정치활동 정화법을 만들어 4,374명에 달하는 인사들의 정치활동을 금지시켰다.

군정이 실시된 지 1년여 만에 정권이양을 위한 헌법개정작업이 착수되었는데, 1962년 7월 11일 국가재건최고회의의 특별위원회로서 헌법심의위원회가 발족되었다. 헌법의 기초 작업이 이루어진지 4개월만에 11월 5일 국가재건최고회의에 헌법개정안이 상정·발의되었다.

헌법개정안은 12월 17일 국민투표를 거쳐 26일 공포되어 제3공화국의 헌법이 탄생하였다. 제3공화국 헌법은 전면 개헌으로써 의원내각제의 반동에 의한 대통령제 정부형태이다. 대통령은 행정부 수반으로서 국민에 의하여 직접 선출되고(제64조), 4년의 임기동안 탄핵소추를 당하는 경우를 제외하고는 어떤 정치적 책임도 지지 않는다고 하였다.

제3공화국 헌법은 의원내각제의 유산을 완전히 청산하지는 않았다. 제3공화국의 정부형태는 일종의 이원정부로서의 특징을 갖고 있는데, 이는 대통령제의 채택과 더불어 의원내각제적인 요소를 가지고 있음을 의미한다. 그러나 대통령은 절대적으로 우월한 지위를 차지하고 있었으며, 정당의 당원으로서 당수를 겸하고 있었으므로 강력한 권한을 행사할 수 있었다. 결국 입법부와 행정부에 대한 권력균형관계에 있어서 행정부 쪽으로 기울게 되는 불균형의 정부형태였기 때문에 일종의 신대통령제 요소가 가미된 절충형의 정부형태라고 할 수 있다. 한편 국무회의를 단순한 심의기관에 머물게 함으로써(제83조) 의원내각제의 색채를 완화하였으나, 부통령제를 두지 않는 대신에 의원내각제의 상징이라 할 수 있는 국무총리제를 채택하였으며(제84조), 대통령의 국무위원 임명도 국무총리의 제청에 의하여 하였고(제59조), 국무총리·국무위원은 국회에 출석하여 발언할 수 있도록 하는(제58조) 등 의원내각제적 요소가 남아있었던 것이다.

제3공화국 헌법은 이외에도 정당 조항과 지역구 의석의 3분의 1에 해당하는 비례대표제를 채택하고 있다. 비례대표제는 사표 방지와 직능 대표가 명분이었지만, 실제로는 지명도가 낮고 지역기반이 약한 군 출신 인사들을 국회에 보내기 위한 방편이었다(한국민주화운동사 2008, 375). 또한 의회주의에 대한 회의에서 수용되었다는 점에서도 근본적인 문제를 내포하고 있다. 즉 민주화가 아니라 사회적 현상유지 위에서 사회와 국가에 있어서의 기존 권력질서를 안정화시키려는 정치적 목적에서 도입되었던 것이다. 이러한 조항들에 힘입어 쿠데타 주체세력들이 1964년 초에 창당한 민주공화당은 1963년 10월 15일 제5대 대통령선거를 맞아 박정희를 대통령후보로 지명하여 당선시키고, 이어 11월 26일에 실시된 제6대 국회의원선거에서 승리하여 여당의 지위를 얻게 되었다. 그러나 민주공화당의 역할은 시간이 흐를수록 약화되어갔다. 창당과정에서부터 박정희의 정치적 지배하에 있었던 민주공화당은 급속한 조국근대화, 즉 경제성장을 추진하는 과정에서 박정희의 기술 관료들에게 크게 의존했으며, 이를 위해 정치적 고려보다는 행정적 효율성을 앞세웠기 때문에 민주공화당이 제3공화국 시기동안 정치를 주도할 가능성은 처음부터 제한되어 있었다. 따라서 민주공화당은 시간이 흐를수록 권력의 원천이 되기보다는 정부의 하수인으로 전락해갔으며, 박정희 개인의 권력 확대를 위한 도구로 사용되었던 것이다(신두철 2011; 심지언 2013; 호광석 2005).

이러한 이유로 제3공화국 시기의 집권세력들은 반의회주의적인 경향을 더욱 강하게 띠게 되었다. 실제로 단호한 반공정책 하에서 사회의 파괴적 요소를 조사하고 민중에 대한 정부체제를 강화한다는 이유로 설치된 중앙정보부는 정치권 전체를 영향력 하에 묶어놓고 야당은 물론 여당에 대한 정치공작도 강화하였다. 특히 박정희에 대한 잠재적 경쟁자의 선두에 서 있던 김종필의 세력이 민주공화당 내에 다수를 차지하자 이를 견제하기 위하여 대통령 비서실장 이후락과 김형욱 중앙정보부장을 활용한 것이 이를 잘 설명해준다.

이러한 과정을 거쳐 권력은 점차 박정희 개인에게 집중되어갔으며, 이에 따라 제3공화국 시기의 정치체제는 권위주의가 강화되는 방향으로 변화하기 시작했다.[2] 더욱이 1962년부터 추진하기 시작한 제1차 경제개발 5개년계획이 끝난 1966년의 시점에서 볼 때 연평균 8.3%의 경제성장률을 기록하였다. 제3차 기간에도 연평균 11.3%의 높은 경제성장률을 보임으로써 국민의 경제적 욕구가 어느 정도 충족되어 이른바 조국근대화의 국가목표를 달성해가고 있다는 평가가 나오기 시작했다. 이와 함께 조국 근대화작업의 완성을 수행하기 위해서는 강력한 리더십의 필요성이 역설되었고, 이와 함께 3선 개헌문제가 거론되기에 이르렀다.

이에 박정희는 1969년 7월 25일 “개헌문제를 통해 나와 정부에 대한 신임을 묻겠다”는 특별담화를 발표하였다. 민주공화당 내에서는 3선 개헌에 대한 당론 조정작업에 들어가 반대입장에 있던 김종필 세력을 제거하고 122명의 민주공화당 의원의 이름으로 8월 7일 3선 개헌안을 국회에 제출하였다. 이 개헌안은 대통령의 계속 재임은 3기에 한한다고 규정하였으며(제69조 3항), 국회의원의 수는 150인 이상 250인 이하의 범위 안에서 법률로 정하며(제36조 2항), 국회의원은 국무총리·국무위원의 겸직이 가능하도록 법률에 위임하고(제39조), 대통령에 대한 탄핵요건을 강화함으로써(제61조 2항) 사실상 국회의 견제를 무력화하였다.

이러한 3선 개헌안은 1969년 9월 14일 새벽에 국회 별관 특별회의실에서 기습 통과되었고, 9월 15일에 정부로 이송되어 10월 17일 국민투표를 거쳐 10월 21일 공포되었다. 이로써 그나마 외형적인 가능성을 보여주었던 정당정치나 민주주의의 소멸을 가져왔으며, 박정희 일인 지배체제가 구축되었다. 홍석률(2005,

2 1968년 푸에블로호 사건으로 한국에 방문했던 밴스 특사는 존슨 태통령에게 “박 대통령이 나라 전체를 통제하고 있으며, 아무도 그가 듣기 원하지 않는 것을 말하지 않을 것이다.”라 했다(안병욱 외 2005, 59 재인용).

58)은 "박 대통령이 모든 정치권력을 독점하고, 여당이든 야당이든 그를 대체할 정치세력의 성장을 차단"하고 있는 정치상황은 이미 1960년대 후반부터 조성되었다고 평가한다. 이후 1971년 제7대 대통령선거를 통해 박정희는 다시 한 번 집권에 성공하지만, 국민의 지지는 4년 전에 비해 크게 약화되었고 신민당 후보로 나온 김대중은 '향토예비군제도의 무조건 폐지'와 '대통령중임제한' 등을 주장하며 불과 100만표 미만의 표차로 패함에 따라 박정희는 심각한 위협을 느끼게 되었다. 이어 실시된 제8대 국회의원선거에서도 민주공화당이 48.7%의 득표율을 보인 데 반해 신민당이 44.3%의 득표율을 보임으로써 장기집권 가능성이 더욱 희박해지고 있음을 실감하게 되었다.

이에 박정희는 "현 시점에서 우리 민족의 지상과제인 조국의 평화통일을 위한 남북대화를 뒷받침하기 위하여 북한을 능가하는 국력을 배양할 수 있도록 우리 정치체제를 비상적 방법으로 혁신하여 국력의 조직화를 기한다"는 명분하에 1972년 10월 유신을 단행함으로써 제3공화국 시기의 정치체제를 스스로 붕괴시키고 더욱 권위주의화된 체제인 이른바 유신체제로 불리는 제4공화국을 출범시키게 된다.

호광석(1996)은 제3공화국 시기의 한국 정치문화에 대해서 이 시기는 제1공화국과 제2공화국 시기의 정치문화와 비교해볼 때 근본적으로는 큰 차이를 보이지 않는다고 평가한다. 제3공화국의 밑바탕에는 역시 유교의 영향과 그로 인한 권위주의, 가족주의, 연고주의 인습이 남아있다고 볼 수 있다. 특히 초기에는 전통적이고 권위주의적인 성격이 강하였고, 이러한 권위주의는 가족주의 및 연고주의와도 상통되는 것이었다. 한국의 정치가와 관료들은 혈연집단, 출신지, 출신학교 등 제1차적 집단을 중심으로 한 패쇄적 가치관에서 완전히 벗어나지 못하였고, 특히 전통적인 가족 중심의 생활방식을 고수하려 하였다. 이러한 사회에서는 조직의 장은 그 조직을 가부장적으로 운영하기 쉬우며, 정부관료들은 공직을 사유물로 생각하는 경향이 강하다. 그럼으로써 공사의 구별 없이 혼돈되는 현상이 나타나게 되었다. 더욱이 조직의 책임자는 부하들의 전인격적 복종을 강요하게 되어 양자의 관계는 전인격 대 전인격의 관계가 되었다.

그리고 제3공화국 후기에 들어와서는 경제적, 사회적 발전에 따라 정치문화도 변화의 조짐을 보이게 된다. 특히 제3공화국 시기동안 추진된 경제개발 5

개년계획의 성과와 더불어 자연히 교육보급률도 증가되고 신문, 텔레비전, 라디오 등 매스미디어의 역할도 대폭 증가되었으며 도시화도 급속히 추진되었다. 또한 사회집단과 조직과 기능이 근대화과정에서 많은 변화를 겪는다. 이러한 변화는 집단형성의 주요한 정통이었던 혈연성과 지연성의 영향력을 점차 감소시키는 반면, 이익성과 조직성의 영향력을 증대시킴으로써 집단조직의 전문화와 제도화 경향이 현저히 나타나게 된다(호광석 1996). 특히 혈연집단인 가족의 변화가 가장 현저하게 나타나게 있는데, 대가족제는 핵가족 또는 소가족제도로 변모하였다. 지역집단도 거주의 근접성, 인접성 및 이웃성이라는 특색이 점차 소멸되고 보다 넓은 지역으로의 집단화가 일어나게 된다. 호광석(1996)은 사회·경제개발의 추진과 함께 정치문화도 소위 향리형 정치문화에서 신민형 정치문화로, 신민형 정치문화에서 참여형 정치문화로 이행되기 시작했다고 바라본다. 비록 정치활성화는 별로 이루어지지 못했음에도 불구하고 정치문화는 상대적으로 근대화되었다고 할 수 있다.

그러나 이 시기에 서베이(survey) 조사 결과를 보면, 여전히 정치문화는 참여적이지 못하다는 결론이 내려진다. 그에 따르면 조사 결과 한국인의 상당수가 향리형에 포함되며, 신민형적 형태를 보여주는 사람도 다수 나타나는데 반하여 참여형에 속하는 사람의 비율은 상대적으로 낮게 나타났고, 신민형과 향리형에 속하는 사람들의 비율은 비슷하게 나타났다. 따라서 제3공화국 시기의 정치문화도 이전의 시기와 마찬가지로 신민형과 향리형이 주류를 이루며 혼합된 정치문화의 특성을 보인다고 할 수 있다. 이 제3공화국 시기의 정치문화의 특징은 ① 비교적 권위추종성, ② 자발적인 참여성향의 미약성, ③ 적극적 정부의 기대경향, ④ 인물위주적인 정치정향, ⑤ 상호신뢰 전통의 미약성 등으로 요약할 수 있다(호광석 1996).

제3절 제3공화국의 선거제도와 정당제도

1. 제3공화국의 선거제도와 역동성

1) 제3공화국의 선거제도

제3공화국의 선거정치를 이해하기 위해서는 당시 선거제도에 대해서 면밀히 살펴볼 필요가 있다. 쿠데타 이후 군정 기간 동안 군부는 제2공화국 때와는 상이한 정당 및 선거제도를 마련했다고 상술한 바 있다. 먼저 군정은 정당법을 제정함으로써 정당의 설립과 활동 요건을 처음 법으로 규정하였다. 이에 따르면 정당을 창당하기 위해서는 서울, 부산 및 도 가운데 다섯 곳 이상의 시·도당을 두도록 했고 지구당은 지역구 선거구 총수의 1/3 이상을 의무적으로 설립하도록 했다. 당시 지역구 의석 총수가 131석이었는데 정당 설립을 위해서는 최소한 44개 이상의 지구당 창당이 요구되었던 것이다. 한 지구당의 최소 당원의 수는 50인으로 했다. 정당 설립의 요건이 매우 까다로웠던 것은 야당의 정치 폭을 최대한 제한하려는 의도였다.

선거법 역시 개정했는데 주요 내용은 정당공천제를 실시해서 무소속의 출마를 금지시켰고 의원이 탈당하게 되면 의원직을 상실하도록 했다. 선거제도는 기존의 소선거구 단순다수제 방식에 처음으로 전국구 비례대표제 방식을 도입하였다. 즉 지역구에서는 소선거구 단순다수제 방식으로 의원을 선출했으며, 지역구 투표에 대한 정당별 의석 배율에 따라 전국구 비례대표의석을 배분하도록 했다. 전국구 비례대표제 도입은 직능 대표 발굴이나 사표 방지 등을 명분으로 내세웠지만 실제 배분 방식은 비례성과는 거리가 멀었고, 오히려 비(非)비례적인 배분 방식에 의해 집권당에 안정 의석을 제공하기 위한 것이었다. 의석 배분 방식은 득표율 기준으로 제1당에게 실제 득표율과 무관하게 의석의 절반을 배분하며, 제1당의 득표율이 50%를 넘는 경우에는 전국구 의석의 2/3까지를 배분하도록 했다. 한편, 득표율 기준 제 2당의 의석 배분 역시 흥미로운데, 제2당이 제3당 이하의 정당의 득표율을 모두 합한 것보다 2배 이상을 득표한 경우에는 제1당에 배분하고 남은 전국구 의석을 득표율에 따라 배분하지만, 그렇지 못한 경우에는 제2당에게 잔여 의석의 2/3를 배분하고 나머지는 3당 이하에게 득표율에 따라 배분하도록 했다. 한편, 지역구 선거에서 3석 이상을 차지하지 못하였거나 유효 득표의 5% 이상을 득표하지 못한 정당에게는 전국구 의석을 배분하지 않도록 했다(중앙선거관리위원회 1973, 84).

강원택(2011, 96)은 이 시기 전국구 의석 배분에 대해 매우 불공평한 방식으로 평가하고 있다. 그럼에도 불구하고 이 시기에는 무소속 후보의 선거 출마를 애당초 허용하지 않았기 때문에 정당 후보를 지지한 유권자와 무소속 후보를 지지한 유권자 간 비례대표 의석 배분에 대한 표의 등가성의 문제는 발생하지 않았다. 실제로 1963년 6대 국회의원 선거에서 민주공화당은 33.5%로 전국구 의석의 절반인 22석을 차지한 반면, 국민의 당은 8.8%의 득표를 하고도 전국구 의석을 한 석도 배정받지 못했다. 한편, 투표 방식은 오늘날과 같은 별도의 정당투표를 위한 1인 2표제가 아니라, 지역구 투표만을 행하고 그것을 토대로 비례대표 의석을 배분하는 방식이었기 때문에, 지역구 후보에 대한 지지가 동시에 후보자의 소속 정당 지지로 해석된다는 문제점은 이미 이 시기부터 나타났다(강원택 2011, 96).

이와 같이 비정상적인 전국구 비례대표 배분 방식을 통해 제1당이 유력했던 민주공화당에 매우 유리하도록 만듦으로써 국회 내 안정 의석의 확보를 제도적으로 보장 한 것 이외에도 여타 정당 중 제1야당에게 부분적인 유리함을 제공함으로써 양당적 경쟁 구도의 형성을 염두에 둔 것으로 보인다. 군부가 선거법, 정당법을 제정하면서 양당제에 집착한 것은 "아마도 장면 정부 하에서의 무질서한 정당 난립에 대한 반작용" 때문일지도 모른다. 군부로서는 자신들의 정당이 안정 다수를 확보하는 것이 보장만 된다면 양당제가 정치안정을 위해서도 바람직하다고 판단한 것 같다. 하지만 이들이 생각한 양당체제는 정권을 주고 받는 양당제라기보다는 자신들이 권력을 장기간 독식하는 1.5당제에 더 가까웠을 것이다(김일영 2004, 337~339).

제3공화국 시기의 정당체계는 락소와 타게페라(Laakso and Taagepera 1979)의 계산 방식에 따른 유효 정당 수(the effective number of parties)를 보더라도 양당적인 형태로 유지되었다는 것을 알 수 있다. 제6대 국회의 경우 2.18, 제7대 국회 1.64, 제8대 국회는 2.01로 나타났다(강원택 2011, 97). 즉 제6대 선거에서 야당의 분열로 양당 정치적 특성이 상대적으로 약했지만 제7대 국회의원 이후에는 양당적 경쟁이 보다 뚜렷해지는 양상을 보이기 시작한 것이다. 사실 제7대 이후 민주공화당, 신민당 이외에 의석을 얻은 경우는 제7대 대중당 한 석, 제8대 민중당, 국민당 각 한 석씩이 전부였기 때문에 정치적으로 큰 의미를 부여할 수 없는 정도였다. 제도적으로도 양당 경쟁을 유도하고 있었지만, 야당의 입장에서도 1963년 대통령 선거를 겪고 난 후 야당이 통합하지 않으면 지지표의 분열로 인해 선거 승리가 어렵다는 인식을 갖게 되었다. 이에 따라 1967년 2월 민중당과 신한당이 통합함으로써 신민당을 창당시켰고 이후 박정희 집권기의 정당 정치는 민주공화당과 신민당 간의 양당 구도가 정착되었다(강원택 2011, 97).

2) 제3공화국의 경쟁적 선거제도 요인

제3공화국 출범 당시 민주공화당이 직면했던 정치상황은 정부를 구성하지 않고 있던 잠재적인 여당이 단순히 정당성을 위한 의례로서의 선거를 치르는 것으로 보기에는 매우 불확실하고 복잡한 상황이었다. 이러한 상황은 대부분의 군사정권들이 쿠데타 직후 형식적인 선거를 실시하여 권력의 정당성을 추인 받는 것과는 달리 제3공화국에서 절차적 민주주의 즉, 경쟁적이고 치열한 선거과정을 치렀던 이유가 될 수 있다. 제3공화국 시기의 선거가 치열하게 치러진 배경에는 다양한 원인들이 있겠지만 특히 미국의 압력을 비롯한 쿠데타 세력들간의 갈등을 중요한 이유로 들 수 있다. 한편 쿠데타 세력들이 초기 전 군의 지지를 받지 못한 상태로 권력을 장악했기 때문에 쿠데타 참여 세력과 비참여 세력간의 갈등, 참여세력 내부에서도 민정이양에 대해 찬성하는 세력과 반대 세력간의 알력이 계속되었다. 이 과정에서 쿠데타 세력들은 군인들이 정치에 참여하는 것에 대한 일반인들의 거부감을 무시할 수 있을 정도로 지지기반이 확고하지도 못하였다. 이러한 상황에서 그들은 권력의 안정성을 유지하면서 미국과의 관계를 원만히 할 수 있는 방법으로 민주적 제도를 통한 민정이양방식을 채택했을 가능성이 매우 크다.

(1) 미국의 압력

군정 담당자들이 헌법에 의거한 선거를 통해 민정으로 이양하는 방법을 선택한 것은 미국의 압력이 가장 큰 원인으로 작용했다는 것이 일반적인 견해이다. 당시의 국제적 상황은 미국과 소련간의 냉전이 격화되고 있었던 시기였고, 미국은 공산주의에 대항하여 자유 민주주의의 우월성을 과시해야하는 일종의 의무감을 가지고 있었다. 그러한 시기에 군사쿠데타로 친미정부가 전복되었고, 쿠데타 세력들에 대해 호의적인 평가를 할 이유가 없었다. 그러므로 군정에 대한 미국의 통제력을 계속 유지하고 더 나아가 궁극적으로 미국이 가장 바랐던 한국에서의 "친미적인 반공정부"의 재수립을 위하여 여러 가지 방법으로 쿠데타 세력들에 대한 압력을 행사했으리라 추론할 수 있다. 당시 한국 국가예산의 50% 이상과 국방예산의 72% 이상을 제공하고 있던 미국의 압력은 군사정부의 경제정책들이 유보되거나 축소되도록 할 수 있는 강력한 수단으로 자리잡고 있음을 보여주고 있다.

이러한 자료들은 군사정부가 시급히 경제현황을 해결하기 위하여 긴급한 자금과 물자가 절실히 필요하였고, 미국은 군사정부의 약점을 경제통제라는 수단을 사용하여 효과적으로 통제하였음을 보여주는 좋은 증거라 할 수 있다. 일례로 1961년 7월 군사정부가 미국과 경제원조의 가능성을 토의하기 시작했을 때 미행정부는 "체포된 정치지도자의 석방과 정부를 민간통제 하에 둘 것"을 공약하도록 하는 두 가지 조건을 제시한다. 그해 8월 12일 박정희 의장은 1963년 여름까지 정권을 민정에 이양하겠다고 하는 한편 장면 내각 당시의 정치인들에 대한 모든 기소를 취하하였다. 그리고 투옥 중이던 9,000명을 석방하라고 지시하였다. 또한 1963년 3월 25일자 "United Press International"에는 제1차 경제5개년 계획을 위한 경제원조로 요청되었던 2,500만 달러가 '한국에 합헌적 정부가 수립되는 데 대한 미국의 확고한 결의를 강조하기 위하여' 미국의회에 의해 거부되었다는 기사가 실렸다. 그러므로 여기에서는 우선 미국의 원조정책이 군사정부에 대해 얼마나 통제력을 가지고 있었으며, 원조정책이 한국경제에 어떠한 영향을 미치고 있었는지에 대해 살펴보고자 한다.

일반적으로 원조란 전후 미국이 제3세계 및 서구 자본주의 국가들에게 각종 물자 및 용역 혹은 화폐자본을 거의 무상으로 제공하는 것을 말한다. 당시 미국의 신흥국가들에 대한 원조정책은 냉전체제 하에서 미국의 우위를 지키고자 하는 정치적 목적을 강하게 내포하고 있었다. 즉 원조 수혜국에서 공산주의의 위협을 저지하고 친미 반공 자유정부수립을 돕는 것이 미국 원조정책의 핵심이었다. 이러한 미국의 입장은 1958년 미국 아이젠하우어 대통령의 "상호안전보장계획"에 대한 보고서에서 찾아볼 수 있다.

미국의 원조는 공여되는 방식에 따라 무상증여와 차관으로 구분할 수 있고 제공되는 물자의 내용에 따라 경제적 원조와 군사원조로 나눌 수 있다. 1961년까지 한국은 17년에 걸쳐 약 31억 달러 정도의 원조를 제공받았는데 이러한 원조의 규모는 연평균 GDP의 12%, 연평균 총수입의 73%에 달하는 막대한 것이었다. 이렇듯 상당한 금액을 원조하는 미국의 친미반공정책으로 인하여 한국은 구성할 수 있는 정부의 성격을 친미, 반공, 민주주의로 제한할 수밖에 없었다. 이러한 대미 의존적 경제상황에서 미국이 원조정책으로 한국정부를 통제할 수 있었다는 증거는 여러 곳에서 나타나고 있는데, 우선 1950년대의 미국의 영향력을 살펴보면 다음과 같다. 우선 미국의회가 승인하는 분야에 대해서만 지출하도록 하는 조항을 삽입하여 한국경제의 운영에 깊이 개입하고 있었다. 즉 한국정부는 원조물자에 대하여 자유롭게 사용하지 못하고 있었으며, 그 결과 원조자금으로 계획해야 했던 경제정책 수립과정에서 미국의 영향력에 전적으로 의존하게 되었다.

다음으로 나타난 미국의 한국에 대한 통제는 쿠데타가 발생한 직후인 1961년 6월 5일에 보고된 미 "국가안보회의에 보내는 보고서(Presidential Task Force in Korea, "Report to the National Security Council")"에서 찾아볼 수 있었다. 이 보고서에 의하면 쿠데타 세력을 장차 한국을 이끌어나갈 지도세력으로 인정하되 필요한 경우 원조의 중단과 함께 중요한 추가적 원조를 제공하려는 미국의 의지표현 등으로 미국의 군사정부에 대한 통제력을 극대화시켜야 한다고 보고하고 있다. 또한 군사정부를 설득하여 민정으로 이양하도록 권고하고 있으며 경제적인 통제로 합법적인 정부의 재건을 촉구할 수 있는 행동을 보여야 한다고 주장하고 있었다. 위의 내용 중에서 주목해야 할 것이 바로 선거를 통한 민정이양 촉구인데 이를 위한 압력의 수단으로 원조중단 등으로 대표될 수 있는 경제적 통제를 예로 들고 있다는 것이다. 결국 군정 담당자들은 취약한 한국경제상황으로 인하여 미국의 압력을 더욱 강하게 느낄 수밖에 없었을 것이며, 특히 1962년 이후 본격적인 제1차 경제개발계획이 시작되면서 차관이나 외자도입 등 미국의 경제지원이 절실한 상황에서 미국이 자금원을 통제하여 경제적 압박을 가하고자 하였다면 군정 당국은 심각한 위협을 느낄 수 있었을 것이라 추측할 수 있다.

미국에 의한 원조정책 중 군정기간 동안 또 하나의 중요한 군정 통제수단으로 파악할 수 있는 것이 'PL 480'에 의한 잉여농산물 원조였다. PL 480호 "1954년 농업교역발전 및 원조법(Agricultural Trade Development and Assistance Act of 1954)"에 의거하여 1955년부터 매년 한국에 잉여농산물 원조가 시작되었고 그 규모는 1961년 당시 2억 달러를 넘어서고 있었다. 그러므로 절대적인 식량부족에 시달리고 있던 한국으로서는 미국의 농산물 원조에 의해 크게 의존할 수밖에 없었다. 더욱이 1962년에는 흉년으로 인한 쌀 생산량의 감소는 소위 '쌀값파동'(1963년 2월~6월)을 야기시켰다. 하지만 미국의 원조 이외에는 이러한 문제들을 해결할 방안이 없었다. 식량의 부족으로 인한 물가의 상승과 경제개발계획의 차질은 '단시간에 경제를 윤택하게 만들겠다'는 군정의 홍보를 무색하게 할 수 있었다. 이러한 문제들을 해결하기 위해 군정은 원활한 개발자금과 잉여 농산물의 도입을 촉구하였고, 이러한 상황 속에서 미국이 지원 농산물의 양을 조절함으로써 군정당국의 민정이양발표들을 이끌어냈을 가능성을 확인할 수 있었다.

PL 480호

미국은 자국의 농산물가격을 유지하고 농산물수출을 진흥하는 한편 저개발국의 식량부족을 완화하기 위하여, 1954년에 법제화하여 그 규정에 따라 잉여농산물원조를 각국에 제공하고 있는데, 이 법이 미공법 480호이며, 이를 줄여서 PL 480이라고도 한다.

이 법은 미국의 정상적인 농산물의 대외수출에 일정량 이상을 더하며, 국제시장을 교란시키지 않는다는 2가지 전제조건에 따라 제1관 '현지통화에 의한 판매', 제2관 '기근(饑饉) 기타의 외국구제', 제3관 '국제적인 무상공여, 잉여농산물과 전략물자의 교환 기타' 등의 3개 항목으로 구분하여 수출하도록 되어 있다.
한국은 1955년 이 법의 제1조에 따라 협정을 체결하여, 1956년부터 잉여농산물 원조를 받기 시작하였으며, 1961년에는 국토건설사업을 위하여 제2조에 의한 잉여농산물원조를 받은 일도 있으나, 이 법에 의한 원조는 1981년으로 일단 종료되었다.

출처: [네이버 지식백과] 미공법사백팔십호 [Public Law 480, 美公法四百八十號] (두산백과)

결국 군정에서 가장 중요한 사업으로 주장하고 있었던 경제개발은 미국의 원조와 차관이 없이는 불가능한 상황이었기 때문에 하루빨리 가시적인 경제성장의 지표를 국민들에게 과시하고자 했던 군정은 미국의 합법적 선거를 통한 민정이양 요구를 수용하지 않으면 안 될 상황이었을 것이라고 추론이 가능하다.

(2) 국내적 압력

선거실시와 관련하여 먼저 박정희 개인의 경력문제가 미국과의 관계에 있어서 박정희의 선택폭을 줄였다고 볼 수 있다. 반공정부를 요구하고 있던 미국의 입장에서 박정희의 남로당 경력은 매우 중요한 문제가 아닐 수 없었다. 박정희가 여순사건 당시 남로당 경력으로 인하여 사형을 당할 위기에 처했다는 사실은 미국으로 하여금 쿠데타 이후 박정희의 행보에 더욱 주목하도록 만들었다. 이러한 의심으로 인하여 미국의 지지를 필요로 하던 박정희는 쿠데타를 인정받기 위해서 미국이 원하는 방식인 선거를 통한 민간정부로의 이양을 제시하면서 쿠데타 초기에 소원했던 미국과의 관계도 회복되기를 희망했을지도 모른다.

다음으로 군정세력 내부의 파벌갈등이 선거실시를 촉발시킨 이유로 파악될 수 있다. 1962년 당시 쿠데타 세력들은 반공이념과 막연한 부패해결 의지 등을 제외하고 통일된 행동지침이나 이데올로기가 형성되어 있지 않았다. 또한 군 전체의 지지를 얻은 상황도 아니라 비주류 불만세력 간의 임시연합에 지나지 않아서 쿠데타 이후 군정을 실시하면서도 이른바 '혁명공약'에서 밝힌 민정이양문제와 그 시기에 대해서 일관된 자세를 취할 수 없었다. 더욱이 군정 내부의 파벌은 민정 이양문제를 두고 군정 연장 주장과 민정 이양 주장으로 나뉘어 심각하게 갈등하고 있었다. 이러한 파벌 간 갈등 속에서 군정 초기 박정희가 각각의 파벌들을 효과적으로 통제하지 못하고 있었다는 증거들은 계속해서 불거져 나온 반혁명사건들에서 찾을 수 있다. 이러한 반혁명사건들은 일반적으로 박정희의 '파벌 숙청작업'의 일환으로 조작된 것으로 보는 주장도 있지만 처음부터 박정희가 쿠데타 세력 내에서 확고한 기반을 구축하지 못했다는 반증이 될 수 있다.

군정 내에서 박정희의 권력 장악력을 알 수 있는 사례들은 민주공화당 창당과정에서 더욱 극명하게 드러났다. 대표적으로 민주공화당의 창당과정에서 나타난 김종필계와 반 김종필계의 주도권 다툼에서 취한 박정희의 태도이다. 김종필이 주도하여 조직한 민주공화당 사전조직은 분명 박정희를 대통령 후보로 추대하여 선거를 치를 계획을 가지고 있었고 이를 박정희 자신도 묵인하고 있는 상황이었다. 그러나 예상하지 못했던 김동하 등 이른바 반 김종필계의 거센 반발로 인하여 결국 김종필 플랜이 상당부분 수정되었으며 민주공화당의 창당마저도 어려워지게 되었다. 이러한 상황에서 박정희는 반 김종필계의 민주공화당 창당에 대한 불만을 효과적으로 통제하지 못하였다.

또한 민주공화당 창당과정에서 배제된 것에 대해 노골적으로 불만을 나타내며 당 해체를 주장했던 반 김종필계의 반발로 인한 갈등의 심화는 1963년 2월 18일 박정희의 '민정불참선언'으로 이어졌다. 그 결과 창당의 주역이었던 김종필의 외유로 절정에 이르렀다. 2월 26일 실시된 민주공화당 창당대회에 모습을 나타내지 않은 박정희는 군정 내의 파벌들을 효과적으로 조정하지 못하고 있는 모습으로 비춰지고 있었고, 국외 언론들도 파벌간의 갈등이 또 다른 정국의 혼란을 초래하는 게 아니냐는 관측을 하고 있었다. 민주공화당을 선택한 이후 박정희가 그 해 7월의 공화당 전당대회에서 대통령 후보로 지명되었음에도 불구하고 대통령 후보를 즉각 수락하지 않았다. 박정희가 수락을 위한 시간을 요구했던 것은 민주공화당이 불참한 반 김종필계의 세력을 완벽하게 통제하기에는 당시 그자신의 군정 파벌 내에서의 위치가 확고하지 못했다는 상황을 보여주고 있다.

민정이양을 확실히 결정하지 못하고 있던 상황에서 일관된 목소리를 내지 못한 군정은 이러한 분열이 야당에게 유리한 상황을 만들어주거나 혹은 또 다른 쿠데타를 발생시킬 수 있을 것이라는 점에는 어느 정도 합의를 하고 있었다.

그러므로 미국의 요구에 부응하고 정권의 정당성 확보를 위해 선거를 실시하되 확실하게 이길 수 있는 환경을 만든 다음 선거를 실시하는 방법에 관심을 가질 수밖에 없었을 것이다. 결국 선거실시와 선거참여를 결정한 것은 조직력과 자금이 풍부한 민주공화당과 중앙정보부의 능력에 대한 박정희의 믿음과 '정치활동정화법'을 통하여 통제하였던 구 정치인들의 지지기반이 상당히 약화되어 선거에서 심각한 장애물이 되지 않을 것이라는 결론에 도달했기 때문이라고 할 수 있다.

2. 제3공화국의 정당법

1) 국가재건최고회의하의 정당법 제정

1962년 12월 26일에 개정된 헌법에 대통령후보와 국회의원후보의 정당추천제가 도입됨에 따라 국가재건최고회의는 정당에 관한 제반 규정을 담은 단일법으로 정당법을 제정하여 1962년 12월 31일에 법률 제1246호로 공포하였다. 이로써 최초의 정당법이 마련된 것이다. 이 법은 "건전한 정당정치의 구현을 위하여 정당설립의 자유, 복수정당의 보장, 정당의 민주적인 조직과 활동의 요구, 정당조직의 범위, 정당에 대한 국가의 보호, 대통령후보와 국회의원후보의 정당추천제를 규정하고 있는 헌법에 부합되도록 건전한 복수정당의 보장과 군소정당의 난립방지를 위한다"는 취지를 담고 있었는데, 총 54조와 부칙으로 되어 있는 정당법의 주요내용을 보면 다음과 같다. 먼저 제1조에서 "본법은 정당이 국민의 정치적 의사형성에 참여하는 데에 필요한 조직을 확보하고 정당의 민주적인 조직과 활동을 보장함으로써 민주정치의 건전한 발달에 기여함을 목적으로 한다"고 정당법의 목적을 밝히고 있다. 또한 정당을 "국민의 이익을 위하여 책임 있는 정치적 주장이나 정책을 추진하고 공직선거의 후보자를 추천 또는 지지함으로써 국민의 정치적 의사의 형성에 참여함을 목적으로 하는 국민의 자발적 조직을 말한다"(제2조)고 정의함으로써 선거참여를 명문화하였다.

정당의 구성에 있어서는 "정당은 수도에 소재하는 중앙당과 국회의원 지역선거구를 단위로 하는 지구당으로 구성하며"(제3조 ①), "서울특별시, 부산시,

시·도·구·군에 한하여 당지부를 둘 수 있다”(제3조 ②)고 규정하고 있다. 정당의 성립요건으로는 “국회의원선거법에 의한 지역선거구 총수의 3분의 1 이상에 해당하는 지구당을 가져야 한다”(제25조)고 법정지구당수를 규정하고, “지구당은 서울특별시, 부산시와 도 중 5 이상에 분산되어야 한다”(제26조)고 지구당의 분산을 의무화했으며, 지구당의 법정당원수를 50인 이상(제27조)으로 명문화하고 이러한 요건을 갖춰 중앙당이 중앙선거관리위원회에 등록함으로써 정당이 성립된다고 규정하고 있다. 더욱이 “정당이 제25조 내지 제27조의 요건을 구비하지 못하게 된 때에는 당해 선거관리위원회는 그 등록을 취소한다”(제38조 ①)고 하여 정당의 성립요건 준수를 강조하고 있다.

한편 창당준비위원회에 관해서는 먼저 중앙당의 경우 30인 이상의 발기인이 있어야 하는데(제5조), 발기인의 자격은 “국회의원선거권을 가진 자는 누구든지 발기인이 될 수 있다. 그러나 각령(閣令)으로 정하는 공무원, 국영 기업체 및 정부가 주식의 과반수를 소유하는 기업체의 임원과 다른 법률에 의하여 정치활동이 금지된 자는 예외로 한다”(제6조)고 밝히고 있다. 지구당의 경우는 10인 이상의 발기인이 있어야 하고(제10조 ①), “지구당의 창당에는 중앙당 또는 그 창당준비위원회의 승인이 있어야 한다”(제10조 ②)고 규정하고 있다. 또한 “창당준비를 완료한 때에는 중앙당의 창당준비위원회의 대표자는 중앙선거관리위원회에, 지구당의 창당준비위원회의 대표자는 당해 선거관리위원회에 등록을 신청하여야 한다”(제11조)고 명문화하고 있다.

한편 “국회의원선거권이 있는 자는 누구든지 당원이 될 수 있다. 그러나 각령(閣令)으로 정하는 공무원과 국영기업체 및 정부가 주식의 과반수를 소유하는 기업체의 임원과 다른 법률에 의하여 정치활동이 금지된 자는 예외로 한다”(제17조)고 규정하고, “대한민국 국민이 아닌 자는 당원이 될 수 없다”(제18조)고 당원의 자격을 분명히 밝히고 있다. 또한 정당은 그 강령(또는 기본정책)과 당헌을 공개하여야 하며(제28조), 특히 “정당은 민주적인 내부질서를 유지하기 위하여 정당의 총의를 반영할 수 있는 대의기관 및 집행기관과 소속 국회의원이 있는 경우에는 의원총회를 가져야 한다”(제29조 ①)고 정당의 내부질서에 관한 규정도 포함하고 있다. 아울러 “정당은 헌법과 법률에 의하여 활동의 자유를 가진다”(제30조)고 하여 정당활동의 자유를 보장하고 있고, “정당의 공직선거 후보자

추천은 민주적이어야 하며 그 절차에 관하여는 당헌으로 이를 정하여야 한다"(제31조)고 규정함으로써 민주적이고 자율적인 후보자추천을 명문화하고 있다. 그런데 한 가지 특이한 것은 "대통령이 속하지 아니하는 정당으로서 국회에서 최다수의 의석을 가진 정당의 대표자 1인에 대하여는 국회의장의 세비에 해당하는 액을 지급한다"(제43조)고 규정하여 제1야당 대표자에 대한 수당지급을 명문화하고 있다는 점이다. 이 규정은 양당제를 지향한다는 점에서 마련된 것이라고 볼 수도 있으나, 한편으로는 제1야당을 순화시키기 위한 방편으로 마련된 것이라고도 할 수 있다(호광석 2005; 심지연 2013).

2) 제7대 국회 정당법 개정

제7대 국회의 임기가 중반에 접어들 무렵인 1969년 1월 23일 "군소정당의 난립을 방지하고 건전한 정당제도의 확립을 기하기 위하여 정당의 성립요건과 설립절차를 보장한다"는 취지에서 여·야협상에 의해 정당법의 1차 개정이 이루어져 법률 제2089호로 공포되었다.

개정된 정당법에서는 그동안 별도로 존재했던 정당의 합당절차 등에 관한 법률을 폐지하고 이에 관한 규정이 통합되었다. "정당이 새로운 당명으로 합당(신설합당)하거나 다른 정당에 합당(흡수합당)될 때에는 합당을 하는 정당들의 대표기관이나 그 수임기관의 합동회의의 결의로써 합당할 수 있다"(제4조의 2 ①)고 명문화하고, 정당의 합당은 새로 추가된 합당등록 규정인 제11조 제2항, 제3항 및 제5항의 규정에 의하여 중앙선거관리위원회에 등록 또는 신고함으로써 성립한다(제4조의 2 ②)고 규정하고 있다. 또한 정당의 합당이 성립한 경우에는 그 소속 지구당도 합당한 것으로 보며, 다만 신설합당인 경우에는 합당등록 신고일로부터 3일 이내에 지구당 개편대회를 거쳐 변경등록을 하여야 한다(제4조의 2 ③)는 것을 의무화했고, 기간 내에 변경등록이 없는 경우에는 당해 지구당은 소멸된 것으로 본다(제4조의 2 ④)는 것도 분명히 밝히고 있다.

아울러 합당으로 인한 당원자격에 대해서는 "제4조의 2의 규정에 의한 합당의 경우 합당 전의 정당의 당원은 합당된 정당의 당원이 된다. 이 경우에는 합당 전의 입당원서는 합당된 정당의 입당원서로 본다"(제17조의 2 ①)고 규정하였고, "국회의원인 당원은 이 법에 의한 합당의 등록 또는 신고가 될 때까지 합당될 정당의 당원이 되기를 거부하는 의사를 종래의 소속정당에 통고한 경우에는 합당과 동시에 합당 전의 소속정당에서 제명된 것으로 본다"(제17조의 2 ②)는 규정이 별도로 있다. 한편 개정된 정당법에서는 창당준비위원회의 활동기간을 결성신고일로부터 1년 이내로 제한하고 있고(제9조 ②), 이 기간 내에 중앙당의 창당등록신청을 하지 아니하였을 때에는 그 창당준비위원회는 소멸된 것으로 본다(제9조 ③)고 밝히고 있으며, "창당준비위원회가 소멸된 때에는 중앙선거관리위원회는 지체없이 그 뜻을 공고하여야 한다"(제9조 ④)는 규정이 추가되었다.

개정된 정당법에서 가장 특징적인 내용은 정당의 성립요건을 강화하였다는 점이다. 즉 이전에는 국회의원선거법에 의한 지역선거구 총수의 3분의 1 이상에 해당하는 지구당을 가져야 했는데, 개정된 정당법에서는 그 수를 2분의 1로 늘렸으며(제25조), 지구당의 법정당원 수도 50인 이상에서 100인 이상(제27조)으로 강화한 것이다. 또한 "정당의 창당 및 합당에 관한 대의기관의 결의와 소속 국회의원의 제명에 관한 소속 국회의원의 결의는 서면이나 대리인에 의하여 의결할 수 없다"(제39조의 2)고 하여 서면결의를 금지하는 규정을 추가하였고, 정당이 자진해산할 경우는 "그 대의기관의 결의로서 해산할 수 있다. 다만, 당해 정당의 소속 국회의원이 국회법 제35조에 규정한 교섭단체 구성인원수 이상일 때에는 소속 국회의원의 과반수의 찬성이 있어야 한다"(제39조 ①)고 규정함으로써 정당의 자진해산에 있어서 민주적인 결정을 강조하고 있다. 이처럼 정당의 성립요건과 설립절차가 대폭 보강된 정당법은 1972년 12월 27일 유신헌법이 제정된 후 제2차 개정이 이루어질 때까지 약 3년간 존속하였다.

제4절 제3공화국 주요 정당의 정당강령과 조직, 정당법

1. 정당강령과 이데올로기

제3공화국 시기에는 제6대 국회부터 제8대 국회까지가 포함되며, 이 기간 동안 줄곧 민주공화당이 여당의 위치를 지키는 가운데 야당의 이합집산이 계속

이어지는데, 민주공화당과 신민당의 정강정책을 호광석(2005)의 『한국의 정당정치－제1공화국부터 제5공화국까지 체계론적 분석』을 중심으로 살펴보기로 한다.

쿠데타의 주체들이 중심이 되어 결성한 민주공화당은 강령에서 ① 3·1정신을 받들어 4·19 및 5·16혁명의 이념을 계승하고 민족적 주체성을 확립하여 자유민주주의 정치체제의 확립, ② 자유경제체제의 원칙 아래 합리적인 경제계획으로 조속히 후진성을 극복하고 민생고를 해결하여 국민생활수준의 향상, ③ 민주적 인간성을 함양하고 사회복지제도를 확충함으로써 청신하고 명랑한 사회건설, ④ 교육의 발전, 언론의 창달 및 민족문화의 보호육성과 과학기술의 진흥으로써 문화수준의 향상, ⑤ 모든 영역에 걸쳐 승공을 위한 국력을 함양하여 민족적 숙원은 국토통일, ⑥ 유엔헌장을 비롯한 국제협약을 준수하며 국제사회와의 유대를 강화하여 항구적인 세계평화와 안전에 기여함 등을 밝히고 있다.

강령에서 밝히고 있는 바와 같이 민주공화당은 자유민주주의 정치체제의 확립, 자유경제체제의 원칙과 승공을 표방하는 보수정당임이 확연하다. 민주공화당이 자유민주주의를 신봉하는 정당이라는 사실은 기본정책에서 그 성격이 더욱 분명해진다. 민주공화당의 기본정책은 1. 민주정치의 실현(4개항), 「2. 자립경제의 확립」(13개항), 「3. 사회안정 및 복지의 증진」(8개항), 「4. 교육문화의 향상」(8개항), 「5. 적극외교의 추진」(6개항), 「6. 국방력의 강화」(6개항), 「7. 국토통일의 촉진」(7개항), 등 모두 7개 분야로 되어 있다. 그 중에서도 「자립경제의 확립」분야에 다른 분야보다 많은 항목의 정책들이 제시되어 있는 것으로 볼 때 민주공화당의 정책은 경제의 자립화에 중점을 두고 있음을 알 수 있다.

이러한 기본정책에서 민주공화당은 "헌법을 존중하고 국민의 기본권을 보장한다"로 시작되는 '민주정치의 실현'을 위한 정책을 제시한 데 이어 '사회안정 및 복지의 증진'분야에서도 "민주적 인간성을 함양하고 국민도의의 앙양을 기한다"(제1항)고 밝히고 있으며, '교육문화의 향상'분야에서는 "민주국민의 자질 향상과 자유인으로서의 인간성 함양을 도모한다"(제1항)를 비롯해 학문의 자유 보장(제5항)과 언론의 자유 보장(제8항) 등을 표방하고 있다. 이러한 정책들은 명목상 기본권 및 자유의 보장이라는 민주주의에 충실한 정책들이라고 할 수 있다.

아울러 민주공화당은 '국방력의 강화' 분야에서 "자유우방과 군사적 유대를 공고히 한다"(제1항)는 것을 분명히 하면서 '국토통일의 촉진」 분야에서는 "정치, 경제, 사회, 문화 등 모든 영역에 걸쳐 승공태세를 강화한다"(제1항)와 "승공통일을 위한 민족의 정신적 무장을 강화한다"(제3항)를 명시하여 승공을 강조하고 있다. 이러한 정책들을 볼 때, 과거의 정당들이 반공을 표방한 것에 반해 민주공화당은 반공에서 한걸음 더 나아가 승공을 표방하고 있다는 점이 특징적이다(호광석 2005).

이와 같은 정강정책의 내용으로 보아 민주공화당은 승공을 바탕으로 한 자유민주주의 이데올로기를 신봉하는 보수정당이며, 이러한 자유민주주의 이데올로기는 제3공화국 시기에 국회에 진출한 모든 정당에서 확인된다. 먼저 제6대 국회에 진출한 야당들로는 민정당(民政黨), 민주당, 자유민주당 그리고 국민의 당을 들 수 있는데, 이러한 정당들도 한결같이 자유민주주의를 신봉하는 보수정당들이다. 민정당의 정강정책을 보면, 먼저 7개항으로 되어 있는 정강의 제1항에서 "진정한 자유민주주의에 입각한 새 시대 창조의 선구자가 된다"고 하고, 제3항에서는 "국민자본주의에 입각한 자유경제체제를 확립하고 안정기조위에 경제성장의 증대를 도모하고 자립경제의 터전을 마련한다"고 하여 자유민주주의를 지향하는 정당임을 분명히 밝히고 있다(호광석 2005).

또한 「의회 및 행정정책」, 「경제정책」, 「사회정책」, 「문교정책」, 「외교 및 국방정책」등 5개 분야로 나누어 제시한 정책에 있어서도 민정당의 이데올로기가 자유민주주의임을 확인할 수 있다. 특히 민정당은 「경제정책」분야의 '1. 자주민주 경제체제 확립'에서 '국영기업체의 점차적 민영화'(제1항), '기간산업에의 민간투자의 유치'(제2항), '물가통제의 원칙적 배격, 자유시장을 통한 가격조절'(제3항) 등을 제시하고 있어 자본주의경제체제의 지향을 강력히 표방하고 있다.

한편 민주당도 "일체의 독재와 독선을 반대하고 진정한 자유민주주의의 기수가 된다"(제1항)와 "창의와 자유를 기저로 하는 자유경제체제하에 안정과 성장으로 현대적 복지사회를 이룬다"(제3항)는 내용을 담은 5개항의 정강을 제시하고 있다. 이 같은 정강은 민정당과 유사한 것으로서 자유민주주의 이데올로기의 표현이라고 할 수 있다. 이러한 민주당은 정강에서 통일과 관련하여 "국력을 배양하고 「유엔」과 민주우방과의 유대를 강화하여 자유사회의 기본질서 하에 국토통일을 촉진 시킨다"(제5항)고 함으로써 자유민주주의에 대한 분명한 신념을 밝히고 있는데, 이것은 정책의 「외교국방정책」분야에서 '승공을 위한 거국적 태도를 확립하고 「유엔」을 위시한 외교 강화에 의한 국토통일'을 마지막으로 제시하고 있는 것에서 확인 할 수 있다(호광석 2005).

자유민주당의 정강정책도 다른 정당들과 마찬가지로 자유민주주의 이데올로기를 바탕으로 하고 있다. 먼저 정강에서 "조국의 빛나는 전통을 영원히 계승하고 자유민주주의 정치제도를 확립하여 자유평등의 사회를 건설한다"(제1항), "개인의 인권, 재산권을 극력 보호하여 모든 경제활동을 자유롭게 함으로써 국가의 산업발전에 원동력이 되게 하여 부강한 조국을 중건한다"(제2항)고 밝혀 자유민주주의를 지향하고 있음을 강조하고 있다. 또한 「산업경제정책」분야의 '일반 정책'에서 "근검절약의 미풍을 진작하여 개인자본의 축적을 적극 장려한다"(제1항)는 것을 서두에 밝혀 자본주의경제의 발전을 추진하겠다는 의지를 보여주고 있다.

한편 '국민의 당' 역시 5개항으로 되어 있는 정강의 제1항에서 "폭력혁명과 독재정치를 물리치고 자유민주주의의 터전에서 민주정치 제도를 바로 세워 맑고도 바른 정치의 기강을 세운다"고 하였고, 제2항에서는 "개인의 창의와 기업의 자유를 바탕으로 자유경제체제하에 온 국민이 고루고루 잘 살 수 있는 자립경제의 달성으로 복지사회를 마련한다"고 하여 다른 정당들과 유사하다고 보여진다(호광석 2005).

또한 기본정책에 있어서도 국민의 당은 다른 정당들과 마찬가지로 자유민주주의 이데올로기를 지향하고 있다. 특히 「정치」분야의 정책의 경우 "진정한 민주적 대의정치체제를 확립하고 호헌, 준법정신의 구현을 기한다"(제1항), "평화적 정권교체의 정치공도를 확립하고 일체의 폭력혁명과 독재정치는 이를 배격한다"(제2항), "국민의 기본인권의 옹호는 물론 특히 언론, 출판, 집회, 결사의 자유를 보장한다"(제3항)고 하였으며, 「산업경제」분야의 정책에서도 "국민생활의 향상과 기본수요의 충족을 기하기 위하여 자유경제원칙 하에 자립경제의 달성을 기한다"(제1항)고 밝히고 있다. 이렇듯 정강정책상 제6대 국회에 진출한 정당들은 모두 자유민주주의 이데올로기를 지향하는 보수정당들임을 알 수 있으며, 따라서 이들 정당들 간의 이데올로기적 분열현상을 찾아볼 수 없다(호광석 2005).

제7대 국회에서도 민주공화당이 여당의 위치를 지키는 가운데 제1야당으로 신민당이 등장하게 된다. 통합야당인 신민당은 통합 당시 통합선언문 및 통합결의문과 함께 ① 의회민주주의의 실현, ② 공명선거의 확립, ③ 선명야당의 구현, ④ 보복행위의 배제, ⑤ 국제신임의 엄수, ⑥ 자유경제체제의 확립, ⑦ 민족국가의 완성 등으로 되어 있는 공약 7장을 발표한 바 있는데, 여기에서 알 수 있는 것처럼 신민당은 의회민주주의의 실현을 최우선의 과제로 제시하는 한편 자유경제체제의 확립을 주장하는 보수정당임이 분명하다. 이러한 신민당의 이데올로기의 보수성은 1968년 5월 20일에 개정 발표한 강령과 정강 그리고 당면정책을 통해 더욱 분명해진다.

신민당의 강령을 보면, 다음과 같이 5개항으로 되어 있다.

가. 우리 당은 자유와 인권을 존중하는 민주주의의 기초 위에서 모든 독제를 배제하고 제도와 기구를 쇄신하여 민주국가의 완성을 기한다.

나. 우리 당은 사회정의에 입각한 대중경제를 지향하여 독점을 방지하고 자유와 계획을 조정함으로써 민생의 안정을 기한다.

다. 우리 당은 국민 누구나의 생존을 보장하며 그 노력에 따라 적정한 보수가 분배되는 사회제도의 확립을 기한다.

라. 우리 당은 모든 사회악을 제거하고 전통에 입각한 신문화 창조를 선도하여 새로운 민족정신의 진작을 기한다.

마. 우리 당은 자유우방과의 유대를 공고히 하며 자유역량의 배양으로 민족주체성에 입각한 민주적 평화통일을 기한다.

또한 정강에서는 ① 국토통일의 실력태세 확립, ② 민주주의의 구축과 국정개혁, ③ 대중경제의 질서 확립, ④ 복지사회의 건설, ⑤ 도의확립과 교육의 쇄신, ⑥ 국방태세의 정비강화, ⑦ 자주실리외교의 적극적 전개 등 7개항을 밝히고 있다.

한편 신민당은 「제1장 국토통일의 방침」, 「제2장 정치」, 「제3장 경제」, 「제4장 사회」, 「제5장 교육문화」, 「제6장 국방」, 「제7장 외교」등 모두 7개 장으로 되어있는 장문의 당면정책을 제시하고 있다. 그 중 「제2장 정치」는 '1. 민주정치 질서의 확립', '2. 민주사법 질서의 확립', '3. 민주행정 질서의 확립' 등 3개 분야로, 「제3장 경제」는 '1. 경제개발과 대중경제의 질서확립', '2. 조세정책의 개혁', '3. 건전재정의 확립과 금융의 민주화', '4. 외자도입과 무역정책', '5. 공업화체제와 지하자원개발', '6. 농업정책의 혁신', '7. 수산업과 산림정책', '8. 통신과 교통경제' 등 8개 분야로 세분하여 구체적인 정책을 제시하고 있다.

이렇듯 신민당은 자유와 인권을 존중하는 민주주의의 기초 위에서 민주국가를 건설하는 것을 강조하고 있는데, 이것은 신민당이 자유민주주의를 신봉하는 정당이라는 증거이다. 실제로 신민당은 당의 성격에서 "우리 당은 자유민주주의를 수호하는 정당이다"(제1항)라고 스스로 밝히고 있어 이러한 평가를 더욱 뒷받침하고 있다(호광석 2005).

그런데 한 가지 주목할 만한 것은 신민당이 대중경제를 강조하고 있다는 점이다. 강령의 두 번째에서 '사회정의에 입각한 대중경제를 지향하여'라고 밝히고 있고, 정강의 3항에서는 '대중경제의 질서확립'을 설명하고 있을 뿐만 아니라 당의 성격 3항에서도 "우리 당은 대중경제체제의 확립을 지향하는 정당이다"라고 규정하는가 하면, 당면정책 「제3장 경제」에서도 '1. 경제개발과 대중경제의 질서확립'을 제시하고 있다. 이처럼 신민당이 강조하는 대중경제는 그 내용을 살펴보면 한마디로 말해 혼합경제라고 할 수 있다. 강령에서 신민당은 "사회정의에 입각한 대중경제를 지향하여 독점을 방지하고 자유와 계획을 조정함으로써 민생의 안정을 기한다"고 하여 대중경제의 지향이 독점의 방지와 자유와 계획의 조정을 통해 민생을 안정시키는 것으로 설명하고 있는데 이것은 정강에서 더욱 분명해진다. 정강의 '3. 대중경제의 질서확립'에서 "(…)모든 반민주적 경제질서를 일소하고 민주질서에 입각한 대중경제를 확립할 것이며(…) 개인의 창의와 기업의 자유를 경제의 기저로 하되 경제의 독점화, 부의 편재는 가치평등의 원칙에서 이를 조정한다"라고 밝히고 있어 대중경제체제란 개인의 창의와 기업의 자유를 기저로 하되 경제의 독점화와 부의 편재를 가치평등의 원칙에서 조정하는 체제라는 것으로 명확히 설명하고 있다(호광석 2005).

또한 당의 성격에서도 "우리 당은 현하(現下)의 경제체제가 농민·노동자에 대한 무자비한 수탈과 중소기업의 희생 위에 관료 특권재벌들의 독점적 치부를 위하여 봉사하는 반민주적이고 반대중적인 것임을 명백히 한다. 우리 당은 합리와 시장기능에 의한 자유경제의 원칙을 존중하는 동시에 우리나라의 경제건

설의 방향을 무엇보다도 농민경제의 발전의 기초 위에 건전한 공업화를 추진할 것이며 민주주의의 기초부대인 중산계층의 이익을 중점적으로 대변하여 노동자의 권익을 보호하여 절대 다수의 국민이익을 발전시키는 대중경제체제의 확립을 기할 것을 다짐한다"고 밝혔다.

결국 신민당이 강조하는 대중경제는 관료 특권재벌의 독점적 치부를 초래한 반민주적이고 반대중적인 경제를 자유경제의 원칙하에, 농민경제의 발전의 기초위에서 건전한 공업화를 추진하고, 중산계층의 이익을 중점 대변하면서 노동자의 권익을 보호함으로써 절대 다수의 국민이익을 발전시키겠다는 경제정책인 것이다. 이처럼 독특한 경제정책을 제시했음에도 불구하고 신민당의 이데올로기는 자유민주주의에 경도된 보수성에서 결코 벗어나지 못하고 있음은 확실하다(호광석 2005).

이에 반해 제7대 국회에서 1석을 차지한 대중당은 민주공화당이나 신민당과는 달리 민주사회주의를 표방하는 혁신정당이다. 대중당은 '1. 우리 당의 이념', '2. 우리 당의 성격', '3. 우리 당의 노선' 등 3부분으로 되어 있는 강령에서 민주적 사회주의를 당의 이념으로 분명히 밝히고 있다. 대중당은 "인도주의에 근거를 두고 있으며 민주적 독립과 시민의 자유와 평등 사회정의라는 기본적 가치의 실현을 추구하는 사상이요, 운동"으로 민주사회주의를 규정한다. 이러한 이념에 따라 대중당은 '3. 우리 당의 노선'에서 자유와 평등을 이상으로 하는 민주적 사회주의 정치체제의 확립과, 일당독재를 일삼는 공산주의와 기타 모든 독재세력을 배제하고 참다운 민주정치의 실현을 목표로 하는 한편, 사적 이윤추구를 기본법칙으로 하는 자유자본주의적 경제체제를 시정하고 공익우선과 자유경쟁을 조화시킨 민주적인 사회경제체제의 확립을 추구하며, 완전고용의 달성, 사회보장의 충실, 국민소득의 인상 균등화를 통하여 점진적으로 복지국가건설을 기할 것임을 밝히고 있다.

이처럼 민주사회주의를 지향하는 대중당은 정책에 있어서도 당의 이념과 노선을 재확인하고 있다. 특히 「2. 경제」분야의 정책 제1항에서 "모든 사적 이윤추구는 공익에 우선할 수 없으며 불순자본의 형성이나 독점재벌의 횡포는 이를 단호히 배격한다"고 하였고, 「3. 사회」 분야의 정책에서도 "근로대중은 일할 권리와 사회적으로 자주생활 할 수 있는 보수를 받을 권리와 또는 그 기업경영과 이익분배에 참여할 권리를 부여하도록 적극 노력한다"(제1항), "노동운동을 완전 자주화하고 노동단체의 정치참여를 자유화하며 국제노동운동기구의 가입을 적극 추진한다"(제2항) 등의 진보적인 정책들을 제시하고 있다. 이러한 대중당이 진출함으로써 제7대 국회는 2개의 보수정당과 1개의 혁신정당으로 출범하게 되지만, 대중당의 세력이 워낙 열악하여 이데올로기의 분열현상이 두드러지지 나타나지는 않는다(호광석 2005).

한편 제8대 국회에는 역시 집권여당인 민주공화당과 3선 개헌에 대한 반대투쟁으로 1969년 9월 7일 해산했다가 13일만인 1969년 9월 20일에 재창당한 신민당이 각각 원내 1, 2위를 점한 상태에서 국민당과 민중당이 1석씩을 차지하여 진출하게 된다. 재창당한 신민당은 처음 창당 시의 강령을 그대로 제시했고, 다만 정책에 있어서는 기본정책과 당면정책으로 나누어 구체적인 정책들을 제시하고 있으나, 내용상 이전과 마찬가지로 보수정당의 색채를 버린 것은 아니었다. "우리 신민당은 자유와 평등 그리고 인간다운 생활의 실현을 위해 투쟁하는 진정한 민주주의 정당이다(…)"라고 시작되는 전문과 함께 신민당은 '자유민주질서의 확립', '대중경제체제의 확립', '민주통일·자주외교의 실현', '국방태세의 완비', '복지사회의 구현', '인간의 완성·민족문화의 창달' 등을 기본정책으로 제시하고 있다. 이러한 기본정책에서도 알 수 있는 바와 같이 재창당한 신민당 역시 언론·집회·결사·신앙의 자유를 국민의 기본적인 권리로 규정하고 자유와 권리를 침범할 수 없도록 헌법적인 보장을 확립하는 것에 중점을 두고 있는 자유민주주의를 지향하는 보수정당이다.

한편 국민당과 민중당도 다른 정당들과 마찬가지로 자유민주주의를 지향하는 정강정책을 제시하고 있어 제8대 국회의 정당들 간에 이데올로기의 분열현상을 찾아볼 수 없다. 먼저 국민당은 7개항으로 되어 있는 강령의 제1항에서 "인간의 존엄과 자유·평등을 이념적 내용으로 하는 진정한 민주주의를 모든 국가활동과 국민생활의 기본원리로 삼고 독재정권의 타도와 사회정의의 실현을 위하여 투쟁한다"라고 밝히고 있다. 민중당도 정강정책에서 자유민주주의를 신봉하고 있음을 분명히 하고 있다. 이렇게 볼 때 제3공화국 시기에 국회에 진출한 정당들은 제7대 국회의 대중당만을 제외하고 모든 정당들이 자유민주주의를 지향하는 보수정당들이며, 민주사회주의를 표방했던 대중당마저도 신민당으로의 흡수통합이 이루어지는 것을 볼 때 제2공화국 시기와 달리 이데올로기의 분열현상이 두드러지지 않았다는 것으로 볼 수 있다(호광석 2005).

2. 민주공화당과 신민당의 조직 구조

1) 민주공화당의 조직구조

군사정권은 김종필을 중심으로 정치 활동 재개에 1년 앞서 민주공화당을 사전조직 한 후에 1963년부터 근대화 정당을 표방하면서 사무국을 중심으로 강력한 원외정당체계를 구축한다. 이른바 이원조직으로 불리는 민주공화당의 조직 원리는 사무국 조직과 원내대표기구를 전혀 다른 차원의 조직으로 분리하여 후자에 대해 전자의 우위를 확보하려던 것으로 일종의 '사무국집권적' 조직원리였다.

[그림 2-1]에서 보는 바와 같이 사무국조직은 중앙을 정점으로 시·도의 지구당으로 뻗치며, 특히 도의 저변조직인 기간핵심조직은 점조직 원리에 따라 리, 동 및 자연부락까지 침투하고 있다. 또한 사무국을 중심으로 하는 집행기관과 각급 위원회를 중심으로 하는 의결기관을 별개로 두고 있으면서 각 단계에서 상호병렬적·대칭적 관계를 갖도록 하고 있다. 집행기관의 경우는 당총재로부터 지구당사무국에 이르기까지 단일한 수직적 명령계통을 유지하고 있고, 의결기관의 경우도 별개의 명령계통으로 이어져 있다. 그러면서 중앙위원회와 중앙사무국, 시·도지부위원회와 시·도지부사무국, 지구당위원회와 지구당사무국이 상호 대등적으로 설치되어 있는 것이다.

이 같은 조직으로 출발한 민주공화당은 1963년 8월말 706,011명 당원을 확보하였으나, 3년 뒤인 1966년 11월 21일 중앙연수원 준공 당시에는 150만명의 당원을 확보하였으며, 한때는 1,500명의 대규모 사무당원을 두어 전국의 여론을 수렴하게 하고 이를 바탕으로 정책을 수립하려는 의욕을 보여 자못 대중정당으로서의 면모를 갖추고자 노력하였다. 무엇보다도 '당에 의한, 당을 통한 정치'를 표방했던 이원조직은 원내 및 국회의원이 중심이 되었던 종래의 정당에서 볼 수 없는 구조였다.

[그림 2-1] 민주공화당의 기구

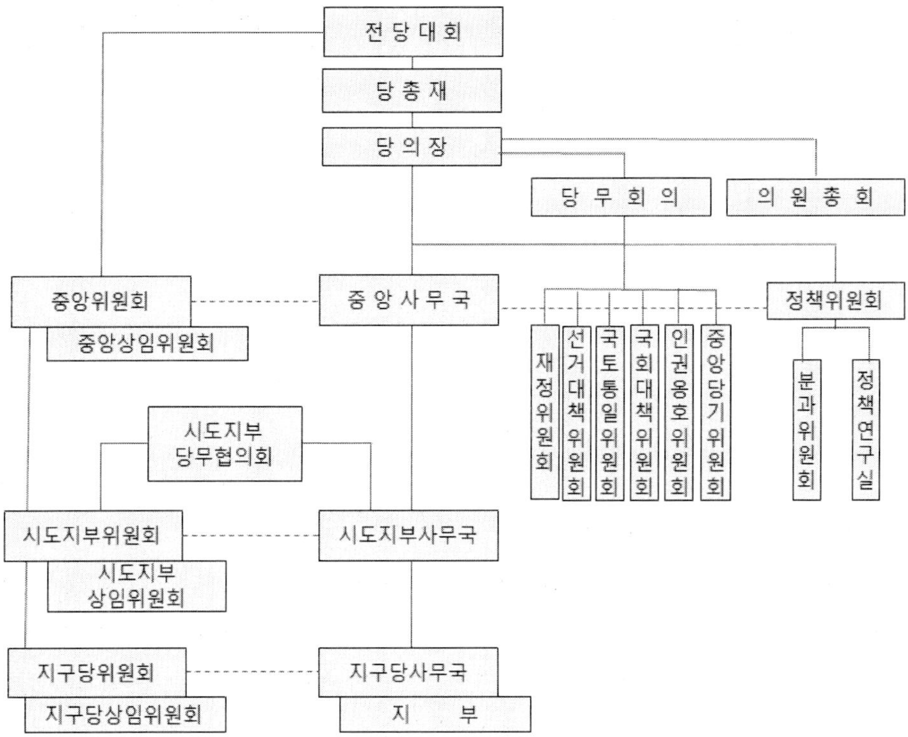

이처럼 조직 원리에 있어서는 국민의 정당을 지향하고 당내 파벌이나 계파의 존립을 허용하지 않았지만, 현실적으로는 창당과정에서부터 파벌의 소지를 안고 출발함으로써 민주공화당도 다른 정당들과 마찬가지로 파벌간의 대립·갈등이 나타나게 된다. 특히 사무국이 전국적인 당조직을 주도하는 이원조직에서부터 이질성이 내포되었던 것이다(호광석 2015).

민주공화당은 <표 2-1>에서 보는 바와 같이 각기 출신배경을 달리하는 인적 구성을 바탕으로 결성됨으로써 파쟁의 가능성이 높았는데, 1963년 1월 창당준비를 위한 발기모임에 참여했던 인사들 중에는 ① 육사 8기생을 중심으로 한 쿠데타 주체세력들과, ② 민간인 발기인들 중 노장층, 그리고 ③ 민간인 발기인들 중 소장층 및 중앙과 지방의 사무국 간부들로 부류가 정해져 있었다. 바로 이들이 뒤에 민주공화당의 주류, 비주류, 당료파로 불리게 된다.

〈표 2-1〉 민주공화당의 파벌(1961년 창당 당시)

주류계(김종필계)	당료계	반김종필계	구 민주·신민계	구 자유당계
김종필 김용태 김동환 신윤창 길재호 이병희 서상린 김택수	예춘호 정태성 김호칠 박규상	장경순 오치성 강상욱 조창대 조남철 (5월동지회)	민관식 박준규	김성곤 김진만 현오봉 최치환 구태희

이러한 민주공화당 내의 파벌은 발기 전부터 이미 쿠데타 주체세력들 사이에서 발생하였다. 김종필의 구상인 이원조직기구안에 대해 김동하 등 군출신 발기위원들은 당기구의 일원화를 주장하며 이른바 반(反)김종필 세력을 형성하여 당내 헤게모니를 장악하고자 하였으나 김종필을 지지하는 사무당원들 때문에 뜻을 이루지 못하게 되자, 1월 21일 최고위원직과 발기위원직의 사퇴를 선언하였다. 이를 계기로 김윤근 등 해병대 출신 최고위원들의 결속이 강화되었으며, 이때부터 최고회의와 당 사이에 당기구 수정문제로 인한 갈등이 빚어졌다.

그 결과 당 내분 직전까지 이른 상황에서 고립화된 김종필은 24일 발기위원장직의 사퇴의사를 표명하게 되고, 박정희 최고회의의장은 최고위원들에게 민주공화당의 분규를 수습하도록 지시함으로써 김종필계와 반 김종필계의 충돌은 간신히 피하게 되었다. 27일 발기위원회에서 무조건 단합에 뜻이 모아져 김동하와 김종필의 사표를 반려하기로 결정하고 양 파의 묵계로 일단 휴전이 합의되었으나, 묵계의 파기로 결국 '김종필 구상'대로 창당작업이 진행되었다. 1963년 2월 김종필이 창당준비위원장에, 정구영이 부위원장에 선출된 후 사무국 부서를 김종필계 일색으로 확정시키고, 5개 창당분과 위원회와 13명의 중앙사무국 간부 중에서 반 김종필계는 단 2명만이 임명됨으로써 일단 김종필계의 승리로 끝이 난다.

그러나 반 김종필계는 '4대 의혹사건' 등 부정한 정치자금으로 창당한 민주공화당을 통한 민정참여는 혁명공약의 명백한 위반이라고 주장하며 여론과 박정희에게 호소하게 된다. 또한 김재춘은 최고회의 내의 온건파인 유양수, 박태준, 김종오 등을 규합하여 박정희의 민정참여를 요구하였다. 이에 박정희는 2월 18일 김종필계의 반발에도 불구하고 '2·18 민정 불참 선언'을 하고, 이어 21일 김재춘을 중앙정보부장에 임명하는 한편 최고회의와 중앙정보부 간부들의 대폭 개편을 단행하고 아울러 '4대 의혹사건'에 대한 재수사를 착수하도록 지시하였다. 이러한 과정에서 김종필이 일체의 공직 사퇴를 선언하고 25일 외유를 떠남으로써 김종필계와 반 김종필계의 갈등은 반 김종필계의 승리로 일단락되었다.

이후 민주공화당은 1963년 2월 26일 창당대회를 열고 총재에 정구영, 당의장에 김정렬을 선출하고 출범하지만, 박정희의 '3·16성명'과 '4·8조치' 등으로 정국이 혼미해짐과 더불어 당해체론까지 대두되어 진통을 겪다가 간신히 5월 10일 정당등록을 마치게 된다. 그러나 민정이양을 위한 제5대 대통령선거가 10월 15일로 예정됨에 따라 민주공화당은 박정희의 출마 불가피성에 당론을 모으고, 8월 31일 제3차 전당대회에서 박정희의 입당과 총재 추대, 그리고 대통령후보 지명 및 이에 대한 수락을 받음으로써 민주공화당은 박정희의 친정(親政)체제를 갖추게 된다. 이어 1963년 10월 29일 김종필이 외유에서 돌아와 당에 복귀하게 되고, 11월 16일 제6대 국회의원선거가 실시된 후 12월 2일 박정희는 김종필을 당의장에 지명하는 한편 김종필은 중앙사무국 간부를 원외인사로 개편함으로써 다시 한 번 김종필계가 전면 부상하게 된다. 그러나 제6대 국회의원선거를 전후해서 민주공화당 내에는 김종필을 중심으로 한 주류계와 예춘호, 정태성 등 민간인 출신의 당료계, 장경순을 비롯한 반 김종필계, 민관식, 박준규 등의 구 민주·신민계, 그리고 김성곤, 김진만, 현오봉 등 구 자유당계 등의 5개의 뚜렷한 파벌이 형성된다.

이러한 파벌들은 국회의장직과 당직을 놓고 격돌하게 되는데, 박정희는 비교적 중립을 지키면서 국회의장에 이효상, 부의장에 장경순을 임명하였고, 원내총무에 김용태를, 부총무에는 최치환과 예춘호를 지명하여 파벌간의 안배원칙을 적용했지만, 당의 요직에는 김종필-김용태 라인이 형성되어 주류가 핵심을 이루었다.

그러나 김종필-김용태 라인은 1964년 4월 야당이 제안한 내무, 경제기획, 농림 등 3개부처 장관에 대한 불신임안의 표결과정에서 당소속의원 22명이 야당에 동조함으로써 이른바 '표의 반란'이 일어난다. 비주류 대부분이 가담한 이 사건으로 당내 주류 대 비주류간의 대립은 첨예화되는데, 4월 22일 김용태를 비롯한 원내총무단이 사임하고 중도적인 김성진 총무 아래 부총무에는 현오봉, 김준태, 구태회, 김우경 등 비주류가 기용된다. 이어 6월 5일 김종필은 당의장직을 사퇴하고 또 한 번 외유를 떠나게 된다. 이로써 다시 한 번 반 김종필계의 득세가 이루어지게 되는 것이다.

이후 민주공화당의 파벌양상은 1965년부터 복합파벌과 파벌연립의 성격을 띠며 [그림 2-2]와 같이 재편성되기 시작하였다.

특히 주류 내부의 파벌판도가 재구성되는데 김용태 중심의 강경주류와 길재호 중심의 온건주류로 갈라지고, 온건주류는 김성곤 중심의 비주류 및 강상욱 중심의 5월동지회 등과 제휴하여 연립노선의 형성을 도모하게 된다. 주류의

[그림 2-2] 민주공화당의 파벌변화(1965년 12월)

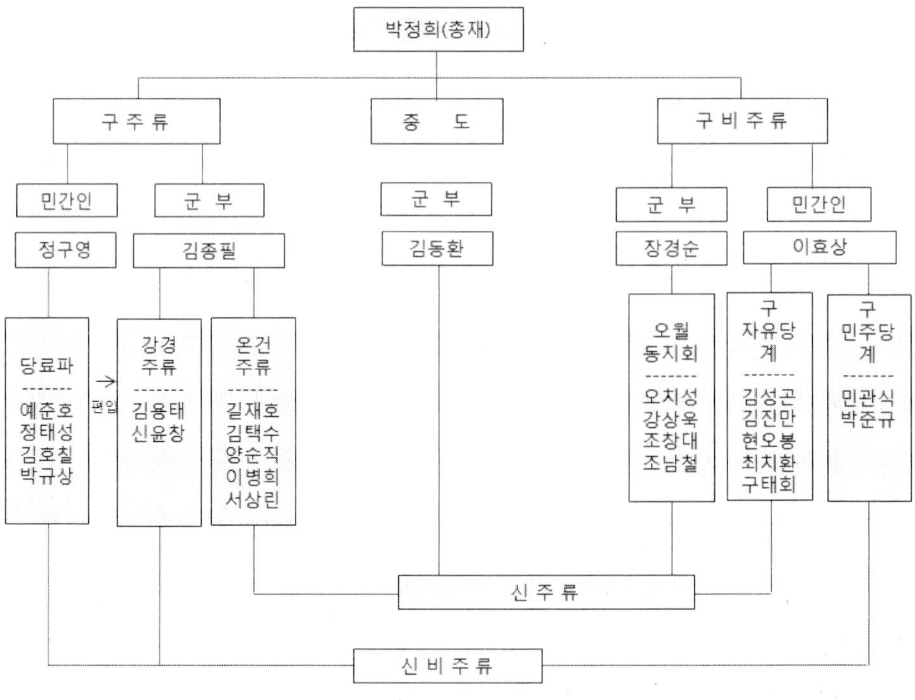

공동목표는 김종필의 복귀에 있었는데, 그러한 상황에서 1965년 12월 국회의장단과 12개 상임위원장선거를 계기로 파벌들간의 대립이 격화되었다.

그때까지 소외되어온 주류는 원내요직 참여를 위해 노력하지만, 박정희는 이효상 국회의장과 장경순 국회부의장을 유임·지명하는데, 국회에서의 투표 결과 과거와 같은 '표의 반란'이 재연되고 만다. 박정희의 지시를 거부하고 50여표의 조직적인 반란표가 나온 것이다. 이 사건을 계기로 김용태 중심의 강경주류파는 쇠퇴하고 길재호, 김성곤을 중심으로 한 신주류가 형성된다.

이후 1965년 12월 27일 제3차 전당대회에서 김종필은 또다시 당의장에 복귀하고, 사무총장에 길재호가 임명되어 김종필－길재호 라인이 형성됨으로써 신주류가 당을 장악하게 된다. 한편 신주류에 의해 밀려난 김용태는 1968년 5월 25일 '한국국민복지연구회사건'으로 제명 처분되고, 이에 대한 불만으로 5월 30일 김종필이 당의장직과 의원직을 사퇴함으로써 신주류는 더욱 강력한 위치를 확보하게 된다.

그 후 당권을 장악한 신주류는 3선개헌을 본격적으로 추진하는 반면, 다음의 대권을 노리는 김종필을 지지하는 구 강경주류에서는 개헌 저지를 위한 서명활동에 들어감으로써 다시 한 번 파벌갈등이 노골화되나 결국 3선개헌안은 국회에서 변칙 통과됨으로써 유신체제의 제4공화국이 출범하게 된다. 3선개헌안 통과 후 1970년 12월 당직개편에서 김진만 원내총무, 길재호 사무총장, 백남억 당의장서리, 김성곤 재정위원장 등 이른바 4인체제가 형성되고, 당 운영은 이들을 중심으로 행해진다. 이때부터 민주공화당은 4인체제라는 단 하나의 파벌이 있는 정당이 되었다.

그러나 1971년 박정희가 다시 제7대 대통령으로 선출되고 박정희는 김종필을 국무총리로 임명함으로써 4인체제는 김종필의 복귀에 대한 반발로 오치성 내무장관 해임결의안 투표에서 반란표를 던지게 된다. 이를 계기로 이른바 4인체제가 붕괴됨으로써 파벌적 현상이 줄어들게 된다.

2) 신민당의 조직구조

1963년 1월 1일자로 정치활동이 재개되자 야권에서도 새로운 정당을 만들려는 움직임이 일어나고, 재야세력의 이합집산은 다시금 복잡한 양상으로 전개되기 시작하였다. 1월 9일 윤보선, 김병노, 이인, 전진한 등 이른바 4자회담으로 신당의 창당이 구체화되었으나, 전 민주당계의 박순천, 홍익표는 단일 야당의 선행조건으로 대통령후보 사전합의를 주장하면서 윤보선, 김병노, 이인 등은 대통령후보에 출마하지 않고 순수 재야인사들을 옹립할 것을 제의하였지만, 이것이 수용되지 않자 1월 17일 성명을 내고 범야단일 정당 대열에서 이탈하였다.

열흘 후, 전 신민당계, 전 자유당계, 전 민주당계 일부, 그리고 무소속 등이 모여 민정당을 정식으로 발족시켜 윤보선을 대통령후보로 추대하였다. 그러나 민정당은 신민계와 비신민계의 암투가 있을 뿐 아니라 김도연, 소선규의 구 한국민주당 정통파와 유진산 등의 대립이 나타나기 시작하였다. 한편 민정당 창당과정에서 이탈한 박순천을 중심으로 한 세력들은 1963년 7월 18일 민주당을 재창당하였다.

이후 야당 내에는 범국민적 야당통합 추진운동과 대통령 단일화 운동의 움직임이 일어나게 되었다. 이를 위해 4인의 원로인 이범석(민우당), 허정(신정당), 김병노, 윤보선 등이 회합을 거듭한 결과 민정당, 신정당, 민우당의 통합에 합의를 보고 1963년 9월 5일 '국민의 당' 창당대회를 개최하였으나 대통령후보 결정 문제를 놓고 격심한 갈등을 일으킨다. 결국 비민정계와 김병노를 추종하는 민정당계 대의원만으로 지명대회를 열어 허정을 대통령후보로 추대하였다.

그러나 윤보선을 중심으로 한 나머지 민정당계는 '국민의 당'에서 이탈하여 민정당으로 복귀함으로써 비 민정당계만으로 창당한 국민의 당은 결국 단일정당으로 통합되지 못했다. 대통령후보를 둘러싼 민정계와 비민정계의 대립은 야당통합마저 물거품으로 만들고 고질화된 파벌싸움의 상처만 남기게 되었다. 이 파동은 한국민주당 이래 오랜 동지였던 윤보선과 김도연을 갈라서게 하였고, 윤보선과 유진산을 멀게 만드는 직접적인 요인으로 작용하였다.

이후 민정당은 한·일회담 반대를 위한 공동전선을 위해 1965년 5월 8일 민주당과 합당하여 민중당으로 출범하였으나, 국회에서 월남파병 동의안과 한·일협정비준동의안이 변칙 통과되자 윤보선은 김도연과 함께 강경파들을 이끌고 민중당을 탈당하여 신한당을 결성함으로써 민중당은 두 달도 못 가서 분당되고 말았다.

한편 통합야당인 민중당에서 윤보선이라는 강경파를 꺾기 위해 연합세를 형성했던 민정당계의 비주류인 유진산계와 민주당계는, 공동의 적인 강경파가 물러나자 이번에는 내부분열로 파벌양상을 보이는 듯했으나, 이후 1967년 제6대 대통령선거를 앞두고 민중, 신한 양당은 본격적인 야당 대통령후보 단일화를 추진하기 시작하여 극적인 타협을 통해 1967년 2월 7일 통합야당인 신민당이 탄생하게 되었다.

이러한 과정을 거쳐 창당된 신민당은 [그림 2-3]과 같은 조직을 갖추었다. 먼저 신민당은 의결기관으로 전당대회와 중앙상무위원회를 두고 있는데, 1973년 5월 전당대회부터는 당초 심의기관이었던 정무회의가 의결기관으로서의 성격을 갖게 된다. 당헌상에 의하면, 전당대회가 당의 최고의결기관이지만, 실질적인 당 정책의 최고 심의결정기관은 정무회의로서 이 정무회의는 당내 각 파벌들의 연합체적인 성격을 지니고 있다. 그러한 이유에서 당권의 변동과는 무관하게 그 구성이 유지되었던 것이다.

[그림 2-3] 신민당의 기구

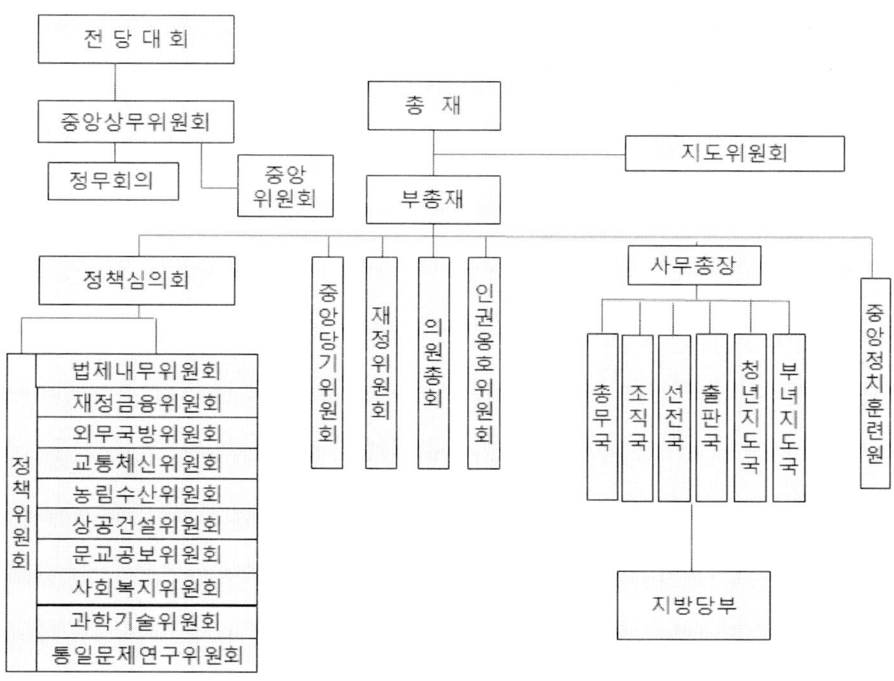

이밖에 중앙당조직으로는 정책심의회, 중앙당기위원회, 재정위원회, 중앙인권옹호위원회, 의원총회, 중앙위원회 등의 심의기관을 두었다. 집행기관으로는 총재와 부총재 그리고 사무총장과 중앙정치훈련원 등을 두고, 당무에 관한 자문기관으로 지도위원회를 두었다. 당원의 규모는 1971년도부터 1979년까지의 기간을 볼 때, 1971년도에 416,440명으로 가장 많았고, 유신체제가 시작된 1973년에는 224,576명이었으며, 1977년에는 219,105명으로 가장 적었고, 1979년에는 333,675명으로 나타났다.

그러나 이 같은 신민당의 당원수는 과장된 것이며, 공식적인 당원명부에 기재되는 법정당원 수에 근접한 숫자로 보는 것이 타당할 것이라는 지적이 367명에 불과한 반면, 부산진 을지구당은 31,396명이었고, 1979년에는 강원·속초·인제·고성·양양지구당이 312명에 불과한 반면, 전북 전주·완산지구당은 18,148명으로 현격한 차이를 보이고 있다. 이러한 공식 구조를 갖고 있는 신민당도 다른 정당들과 마찬가지로 공식적인 조직과 비공식적인 조직의 이중성을 보이고 있다. 특히 신민당은 창당 과정에서 여러 정파들이 우여곡절 끝에 통합된 정당이기 때문에 출범 당시부터 파벌적 요소를 안고 있었다.

창당 당시 신민당은 민정당계, 신한당계, 민주당계, 재야중도계, 총재 직계, 구 자유당계, 혁신계 등 다양한 파벌들이 존재해 있었으나, 1967년에 양대 선거 이후 당내파벌은 <표 2−2>와 같이 유진오 총재를 중심으로 한 민정계(유진산계)와 총재 직계의 친위부대로 구성된 주류를 비롯하여 비주류의 신한계, 민주계, 재야 등 4개 파벌로 정리가 되었다.

그 후 1970년 1월 26일 임시전당대회에서 유진산이 비주류의 이재형을 물리치고 당수가 되자 윤보선은 장기영, 조한백, 이정래, 장준하, 신각휴, 신중목 등을 이끌고 신민당을 탈당하여 1971년 1월 5일 국민당을 창당한다. 이로써 신민당의 파벌은 범진산계, 반진산계로 양분되고, 다시 범주류와 비주류, 중도계로 재구성된다.

〈표 2-2〉 신민당의 파벌(1968년 4월)

주류		비주류							
유진오		박순천			윤보선			재야	
민정당계		민주계			신한계				
유진산 김의택 고흥문 유 청 장열모 정윤근 유채송 이민우 김수한 김현기	서범석 이충환 이상돈 김영삼 김은하 조윤현 김형일 박한상 김상훈 이중재	김선영 대완선 이병하 박용만	홍익표 김대중 김판술 박영록 조일환 박종률 김상현	정일형 김홍재 송일영 임준석 민홍식	정해영 유옥우 이은배	윤제술 조한백 정성대 이정구 신태옥 정운감 우감인	이재형 김재광 김원만 조영규 노홍문 조중호 김학준 한옥균	박병태 김홍일 --- 장준하 부완혁 --- 장기영 임천호 신중목 김병돈	박기출 조현식 엄갑수 이명하

그러나 1971년 5월 이른바 제2진산파동을 계기로 신민당 내의 파벌판도는 <표 2-3>과 같이 크게 달라지게 된다. 유진산을 중심축으로 하여 모여 들었던 범주류는 진산파동 이후 김영삼·고흥문계와 양일동계로 갈라지고, 이철승과 정해영이 독자세력을 이루기 시작한다. 한편 비주류는 김대중을 중심으로 단일 세력권을 형성하는 한편, 총재권한 대행을 맡은 김홍일 주변에는 중도계가 집결한다.

1971년 7월 20일 전당대회가 열려 김홍일, 김대중, 양일동 3인의 당권경쟁이 벌어지고 총재에 김홍일이 당선되는 것을 계기로 김홍일의 주변 세력은 하나의 독자적 계보를 형성하게 되고, 양일동마저 김홍일을 지지함으로써 유진산계와 결별하게 된다. 김영삼·고흥문계도 독자세력을 구성할 태세를 갖춤으로써 신민당 내 파벌은 범주류와 비주류 및 중도계로 3분되어 범주류는 김홍일계, 유진산계, 김영삼·고흥문계, 이철승, 양일동계의 5개 파벌이 구성하게 된다.

이 같은 신민당의 파벌 변화는 1972년 9월을 기해 극한적인 대립과 분열을 보이게 된다. 9월 26일 신민당 전당대회는 유진산, 고흥문, 김영삼, 이철승 등이 이끄는 구 주류계와 김홍일계의 일부만 참석한 가운데 강행되어 유진산을 총재

〈표 2-3〉 유진산 파동 이후 신민당의 파벌(1972년)

범주류					비주류	중도·소장계	
김홍일계	유진산계	김영삼·고흥문계	이철승계	양일동계	김대중계	중도계	소장계
김형일 김재광 (동아정경연구소) 노승환 심봉섭 한건수 박 일	권중돈 유옥우 신도환 조일환 김수한 채문식 이상신 김재화 정규헌 이대우 김상진 (원내) 이민우 유치송 이충환 (원외)	(한국문제연구소) 이중재 김은하 조윤형 김현기 김용성 이택희 박해충 편용호 황낙주 이상조 최형우 신상우 조홍래	(한국정책연구회) 김준섭 양해준 임종기 진의종 오홍석 오세응	(신조회) 유 청 박한상 김기섭 이종남 유성범 김정두	(내외문제연구소) 윤제술 정일형 홍익표 김응주 윤길중 김원만 정헌주 박종률 송원영 홍영기 김상현 조연하 천명기 김승목 유제연 김경인 김록영 김창환 김윤덕	정해영 (친유진산계) 박병배 (친김홍일계) 서범석 정성태	이택돈 황은환 최병길 나석호 이기택 (친신도환계)

로 선출한다. 반면에 반유진산세력인 김홍일계, 김대중계, 양일동계 대의원들은 27일 별도의 전당대회를 열고 26일의 전당대회를 불법 무효라고 의결함으로써 신민당은 사실상 양분되는 사태를 맞게 되었다. 신민당이 양분된 가운데 10월 17일 유신체제가 선포됨으로써 제3공화국이 막을 내리고 제4공화국이 시작된다.

제5절 제5대 대통령 선거와 제6대 국회의원 선거

1. 제5대 대통령 선거

1) 선거 환경

(1) 정치 환경

군사쿠데타 세력은 직후에 정권을 민간에게 이양하고 본연의 임무로 돌아가겠다는 뜻을 밝혔지만, 실상은 그렇지 못했다(한국군사혁명사편찬위원회 1962, 7). 박정희가 민정에서도 지속적으로 권력을 유지하고자 했던 모습은 1961년 8월경에 나온 '8·18계획서'에서 잘 나타나있다. 이 계획의 핵심내용은 크게 세 가지로 구성되어 있었다. 첫째, 선거과정에서 박정희에게 강력히 도전할 구정치세력을 물리쳐야 한다. 둘째, 스스로의 득표조직과 군인만이 아니 정권담당 세력을 형성해야 한다. 셋째, 새 헌법과 선거제도 고안이었다(김영수 1964, 173).

민정에 참여하고자 했던 민주공화당과 박정희 자신에게 유리하게 구성된 것만은 아니었다. 쿠데타 세력내부에서 민정이양에 반대하는 세력과 선거에 참여하여 민정에서도 권력을 장악하려는 김종필계가 대립하고 있었으며, 민정참여세력 간에도 민정이양과정에서 주도권을 획득하려는 김종필계와 반 김종필계 사이의 갈등이 민주공화당의 창당과정에서 노골적으로 노출되었다. 이러한 집권 세력의 분열은 선거에서의 승리라는 목표를 향한 내부결속을 병행하는 것이다.

민정이양에 대한 박정희 자신의 갈등과 내부의 갈등 사이에서 박정희는 다양한 행보를 거듭하게 된다. 먼저 박정희는 개헌안이 확정된 이후 민정이양 계획을 발표하였으나 1963년 2월 18일 이른바 2·18 성명으로 대통령에 출마하지 않겠다고 선언하였다.[3] 하지만 3월 15일에는 민정이양을 유보하고, 군정을 다시

3 박정희의 민정 참여는 군부와 미국의 반대에 직면해 있었다. 1963년 2월 26일 각 군 수뇌부들은 박정희의 민정 참여를 반대하는 입장을 결의했다. 미국은 "정치적, 대중적 지지를 받은 정권의 창출과 정치무대에서 군대를 철수시키고 한국에 대한 국제적인 지지를 유지하기 위한 목적"에서 박정희의 민정 참여를 반대했다.

4년간 연장하는 국민투표를 실시하겠다고 번복하면서 한국 정치를 시계가 불확실한 혼란과 파국으로 이끌어 갔다(안병욱 외 2005, 55). 이러한 일련의 박정희의 번복은 의도적 결과일 수도 있다. 김종필에 이어 중앙정보부장에 취임한 김재춘은 3월 11일 김동하, 박항임 등이 연루된 반혁명 사건을 발표하였다. 이어 며칠 후인 3월 15일 박정희의 측근 박종규의 사주를 받은 수도경비사령부 소속 군인 80여명이 무장을 한 채로 최고회의 앞마당에서 군정연장데모를 벌이는 사건이 발생하였다. 다음 날 박정희는 기다렸다는 듯이 민정불참 약속은 물론 민정 이양 약속까지 파기한다(한국민주화운동사 2008, 379). 동시에 '비상사태수습을 위한 임시조치법'을 공포하여 모든 정당 활동을 정지시키고 언론·출판과 집회·결사의 자유를 제한하는 조치를 취한다. 또한 먼저 비밀리에 사전 조직된 민주공화당이 박정희를 대통령 후보로 지명하지만 박정희는 즉각적인 수락을 보류한다. 이러한 군정에서 민정으로 이양하는 과정에서 중앙정보부는[4] 중요한 역할을 수행한다.

중앙정보부는 최고회의 직속기관으로 공식적으로는 국내외정보수집과 범죄수사에 있었으나 군정기간 중 대부분의 임무는 이른바 군정 반대자들의 색출과 검거였다고 할 수 있다. 이러한 중앙정보부의 또 하나의 중요한 활동이 바로 민주공화당의 사전조직을 지휘 감독한 것인데 초대 중앙정보부장이었던 김종필은 군정통치가 종식되고 민정으로 이양된 이후를 대비한 준비작업으로 비밀리에 민주공화당의 사전조직을 만들었다. 당시 김종필은 중앙정보부의 전신인 '정책연구실'을 설치하고 언론인, 교수, 정부의 중견 관리들 중에서 '참신한 인사'를 발탁하여 1962년 여름부터 비밀리에 교육에 들어갔고 후에 이들을 중심으로 당 조직을 설계하였는데 이렇게 조직된 민주공화당은 지금까지 한국의 정당에서는 볼 수 없었던 대중정당의 형태와 이원조직체계를 가지고 있었다.

민주공화당이 중앙정보부의 치밀한 계획 속에서 조직되고 있다는 사실과 더불어 민주공화당을 창당하기 위한 자금계획에 대한 의혹도 높았다. 창당자금 계획으로 폭로된 것들은 차관 등의 도입시에 이른바 '헌금'을 받거나 직접적으

4 중앙정보부는 1961년 6월 10일에 공포된 '국가재건최고회의법'에 의해 설치되었다. 중앙정보부는 박정희 정권 18년 동안 정치사찰과 공작, 민주화운동 탄압, 사회 전반에 대한 감시, 고문과 같은 인권침해 등 억압기구로서 악명을 떨친다. 쿠데타 기획 단계부터 강력한 정보조직을 구상했던 김종필은 육사 8기생들과 함께 중앙정보부 창설을 주도했다.

로 경제활동에 개입하여 자금을 확충하는 방법 등이었는데 그 중 중요한 사건들이 바로 '4대의혹사건'과 '김-오히라 메모사건' 그리고 '3분폭리사건'이었다. 민주공화당의 창당자금을 확보하기 위해서 추진되었다고 알려진 '4대의혹사건'과 '3분폭리사건'에 대한 국민들의 불신과 야당의 공격은 구 정치세계의 부정부패를 일소하기 위해 감행했다는 쿠데타의 명분을 훼손하는 결과를 초래하였다. 특히 '3분폭리사건'은 1963년의 식량파동을 계기로 폭리를 취했기 때문에 더욱 국민들의 원성이 높았던 사건이다. 한편 민주공화당의 사전조직과 관련하여 '황태성사건'이 불거져 나왔는데 이 사건은 뒤에 1963년 대통령 선거과정에서 박정희의 사상논쟁에서 불리한 증거로 회자되기도 하였다.

4대의혹 사건

5·16군사정변 후 군사정권에 의해 저질러진 4가지 부정부패사건.

4가지 사건은 1. 증권파동, 2. 새나라자동차사건, 3. 워커힐사건, 4. 회전당구기(파친코)사건이다.

1. 증권파동은 1961년부터 정부의 육성책으로, 1962~1963년에 중앙정보부(현재의 국가정보원)가 증권회사들을 설립하고 주가조작으로 부당이득을 보고 증권회사를 비롯하여 5,300여 명에 이르는 일반투자자들에게 엄청난 재산 손실을 주었다.
2. 새나라자동차사건은 중앙정보부가 자동차공업을 육성시킨다는 명목으로 새나라자동차공업주식회사를 설립하여 일본 승용차 수입허가 과정에서 공권력 남용과 횡령 등의 부정행위로 승용차를 시가의 2배 이상으로 국내시장에 판매하여 거액의 폭리를 취한 사건이다. 결과적으로 국산자동차공업은 육성시키지 못하고 많은 예산만 낭비하였다.
3. 워커힐사건은 중앙정보부가 외화획득 목적을 빙자하여 주한미군의 종합위락시설을 건설하기 위하여 1961년 서울 광장동에 '워커힐호텔'을 지으면서 막대한 공작자금을 횡령한 사건이다.
4. 회전당구기(파친코)사건은 1961년 불법 도박기계인 회전당구기 100여 대를 재일교포 재산을 반입하는 것으로 세관을 속여 국내에 수입하도록 허용하고, 서울의 33곳에 개설을 승인하려 한 사건이다.

이러한 사건들은 군사정권이 정치자금을 조달하기 위해 저지른 부정·불법 사건이었다. 5·16 군사정변 세력이자 군사정권의 가장 핵심권력기관인 중앙정보부를 통해 민주공화당의 정치자금을 확보하려 하였다. 이 사건으로 초대 중앙정보부장이었던 김종필은 정계에서 일시적으로 은퇴, 외국으로 도피하고 사건관련자 일부는 군법회의에 구속·송치된다.

출처: 21세기 정치학대사전, 정치학대사전편찬위원회, 한국사전연구사

박정희가 민정이양을 대비하여 여당 창당 준비와 헌법과 법률을 개정한 것에 비해 민간 정치인들은 1963년이 되기 전까지는 1962년 정치활동정화법에 따라 정치활동을 할 수 없었다. 민간 정치인들의 정치활동은 1963년 1월 1일부터 군정으로부터 허용되면서 재개되었다. 대부분의 민간 정치인들은 통합 야당을 결성하여 향후 있을 대선과 총선에서 군정세력에 대항하자는 의견을 공유하고 있었다.

정치활동정화법(정정법)

정정법은 민간정치인의 정치활동을 제한하기 위한 목적으로 1963년 국가재건비상조치법 22조 3항에 근거하여 만들어 졌다. "국가재건최고회의는 정치활동을 정화하고 참신한 정치도의를 확립하기 위하여 5·16 군사혁명 이전 또는 이후에 특정한 지위에 있었거나 특정한 행위를 한 자의 정치적 행동을 일정 기간 제한하는 특별법을 제정할 수 있다. 윤보선 대통령은 정정법의 제정이 정치보복의 악순환을 가져온다고 반대하며 3월 22일 하야성명을 발표한다.

야권의 첫 모임은 1월 3일 김병로의 집에서 김병로와 전진환, 이인, 윤보선에 의해 이루어졌다. 이 모임에서 이들은 "민정의 기본은 확고히 하기 위하여 범야 세력의 대동단결로 꾸며지는 새 정당은 결코 기성그룹의 연합체가 아니다."라는 내용의 공동성명을 발표하였다. 또 곧 발촉될 신당이 초파벌적인 정당이 될 것임을 시사하고 조속한 시일내에 신당을 창단한다는 원칙에 합의하였다(동아일보 1963년 1월 4일).

민정당은 5월 14일 창당대회를 개최하여 윤보선을 대통령 후보로 추대하였

다. 한편 민주당도 박순천의 집에서 이상철, 홍익표, 현석호 등 30여명의 전 민주당원들이 회동하여 민주당계를 중심으로 창당운동을 할 것을 결의했다. 세부적으로 박순천, 홍익표를 중심으로 민주당계를 세력과 지식층을 광범위하게 규합한 신진 세력을 규합하여 야당 단일운동을 추진하다는 것이다. 민정당에는 구 민주당의 '신파'와 '구파'가 모두 참가하였으나 1월 17일 신파는 민정당을 탈퇴하여 허정이 결성한 신 정당에 가입하였고 제2공화국의 집권당이었던 민주당은 박순천을 중심으로 재건되었다. 한편 군정에 맞설 강력한 야당의 필요성이 증대됨에 따라 야권통합파들은 윤보선의 민정당과 허정의 신정당을 중심으로 1963년 7월 18일 통합정당인 '국민의 당'을 출범시켰으나 윤보선을 추대하는 민정계와 허정을 추대하는 반민정계가 끝내 단일 대통령 후보 타협에 실패함으로써 각각의 정당들이 독자후보를 내게 되었다.

특히 윤보선은 1963년 7월 5일 야당통합을 전제로 대통령 후보 사퇴를 선언했으나 같은 해 10월 9일 정민회의 변영태가 독자적으로 대통령 선거운동을

[그림 2-4] 국민의당 창당(1963년 9월 5일)

출처: 중앙선거관리위원회(1973).

계속 할 것을 선언한 이후 야당의 단일 대통령 후보는 끝내 성사되지 못하였다. 대통령 후보 등록 당시 출마를 표명한 구 정치인 세력은 민정당의 윤보선을 비롯하여 「국민의당」의 허정(후에 사퇴), 「정민회」의 변영태, 「추풍회」의 오재영, 「자유민주당」의 송요찬(후에 사퇴), 「신흥당」의 장리섭 등이었다. 이러한 야당의 분열은 야당 내부의 갈등에 가장 큰 원인이 있었지만 1963년 공포된 정당법의 무소속 출마 금지조항이 군소정당을 양산하고 야당을 분열하는 수단으로 작용하였다.

정정법이 해제되기 시작한 1963년 1월 1일부터 각 정당은 야당통합을 하려는 시도를 하였지만 결국 실패한 상태로 선거 운동 시기를 맞이하게 된다. 야당통합 운동의 실패는 각 정당과 계파간의 이해관계의 차이가 주된 원인이었다. 계파 간의 이해대립은 민주당계와 신민당계에서 가장 크게 나타난다. 민주당계는 장면과 같은 거물급 정치인들이 정정법에서 풀려나지 않은 상황에서 정치활동을 시작하게 되었다. 이런 상황에서 야당 통합운동의 주도권을 신민당계에 빼앗길지 모른다는 염려가 야당통합 운동에서 이탈하는데 크게 작용하였다. 정치적 영향력이 약한 상황에서 야당통합을 민주당계 위주로 한다는 계획은 사실상 실현 불가능한 계획이었다. 민주당은 대통령 후보를 내지 않으면서 간접적으로 야당을 지원하기는 했지만, 대통령 후보를 낸 당의 당원만이 선거운동을 할 수 있는 선거법 아래에서 실질적인 야당 지원의 효과를 내기는 어려웠다.

민주당계가 야당 통합 운동에서 이탈하기는 했지만 나머지 정당간의 야당통합은 실현될 가능성이 완전히 없었던 것은 아니었다. 윤보선이 중심이 된 민정당과 허정이 중심이 된 신정당과 구 자유당계의 민우당은 야당통합을 위해 국민의 당 출범까지 이루어냈다. 그럼에도 불구하고 야당통합이 무산되게 된 원인은 세력이 가장 컸던 민정당계가 투표를 통하여 대통령 후보를 선출하고자 주장했던 것에 반해서 비민정당계는 협의를 통하여 대통령 후보를 선출하기를 원했기 때문이다. 이후 결국 윤보선이 9월 13일 민정당 소속으로 대통령 후보를 등록하였고, 14일에는 '국민의 당' 소속으로 허정이 대통령 후보를 등록함으로써 결국 야권은 단일 대통령 후보의 선출에 실패한 상태로 대통령 선거운동에 돌입하게 되었다.

(2) 사회경제 환경

군부는 조국근대화를 목표로 정했다는 점에서 케네디 정부의 정책 노선과 일치했으나 그 구체적인 접근 방법에는 차이가 있었다. 군부가 1962년 1월에 공포한 제1차 경제개발 5개년 계획은 1962~64년 사이 국내외적으로 어려움에 직면하자 기존의 개발계획안을 수정하기 시작했다(김일영 1995, 204). 국가자본주의적 경제정책은 미국의 압력에 의한 대외구조적 자율성 한계 이외에도 재벌의 저항과 대내구조적 자율성의 한계, 그리고 계속되는 경제정책의 실패로 벽에 부딪히게 되었다. 특히 미국의 군부에 대한 적대적인 태도와 압력에 굴복해 미국의 강제성 권유를 받아들여 수출지향적인 경제개발 5개년 계획과 긴축정책을 통한 인플레이션을 억제시키는 수정안을 채택하였고(김일영 1995, 204), 박정희는 개혁은 실패했다고 자인해야 했다(손호철 2006, 145 재인용).

1963년의 한국경제는 급증하는 미곡가격과 수입원자재의 가격상승으로 인하여 심각한 경제적 어려움에 처하였고, 계속되어 온 경제정책의 실패로 국민들 사이에 경제위기에 대한 불안감이 높아지고 있던 시기였다. 한편 1967년은 1차 경제개발계획의 결과가 나타나기 시작한 시기로 대도시를 중심으로 산업화와 경제개발의 혜택이 돌아가고 있었다. 그러나 1969년을 고비로 경제성장은 둔화되기 시작하였다.

경제정책의 성과를 조기에 가시화하기 위해 성급하게 실시된 제1차 경재개발 5개년 계획은 1962년 GDP 성장률 2.4%에서 1963년에는 오히려 2.35%로 하락함으로써 경제기획원이 당초 책정한 목표의 절반에도 못 미치는 저조한 실적을 올렸다. 이러한 경제계획 실패의 배경에는 1962년 6월 10일 실시된 통화개혁의 실패 등 군정초기의 여러 경제정책의 잇따른 실패가 중요한 요인으로 지적되고 있다. 그러나 본질적으로는 당시 계획했던 경제정책이 1963년부터 계속되는 경제적 어려움으로 인하여 장기적인 성장계획보다 단기 안정계획으로 상당부분 변경되었다는 점에서 원인을 찾을 수 있다. 더욱이 원활한 경제정책을 수행하기 위한 자금수급의 어려움으로 인한 계획의 수정은 경제정책입안에 대해 경험이 없는 경제정책 담당자들의 일관성 없는 정책으로 인해 필연적인 실패가 예견되기도 하였다. 또한 외자 의존적인 경제계획을 수립하면서 장기적인 목표보다 단기적인 성과에 치중하여 급변하는 외자도입과정을 제대로 계획에 넣지 않았던 초기의 과잉의욕이 자초한 결과였다고 볼 수 있다.

1962년 6월에 실시된 통화개혁은 군정 스스로 실패를 자인하였던 몇 개의 정책 중 하나였는데 쿠데타 이후 급격하게 위축된 경제활동을 회복한다는 명분 아래 실시된 이 정책은 무분별한 통화량 증가를 일으켜서 5·16 이후 반년만에 통화량이 2배로 증가하는 결과를 가져왔다. 당초 통화개혁정책의 목표는 증가한 통화량을 한꺼번에 회수하고 강제로 동결된 자금을 기반으로 하여 산업개발공사를 설립, 5개년 경제개발 계획에 매진한다는 것이었다. 그러나 구정권 시기의 부정축재자금 등 음성적인 자금을 양성화한다는 통화개혁 실시되자 기대했던 자금의 회수와 경기회복과는 달리 유통의 일대 마비현상과 생산위축이라는 경제혼란이 초래되었고 국가경제는 더욱 피폐해져갔다. 이에 대해 최고회의는 통화개혁 실패의 책임을 물어 김동하 재경위원장을 외무국방위원장으로 옮기고 통화정책의 발상자인 유원식 위원을 사임시켰다. 결국 이 정책은 물가고와 경제위기라는 이중고를 남긴 군정기간동안 실시된 경제정책의 실패 중 하나였다.

군사정부가 실시한 농촌의 부패를 탕감하는 고리채 정리정책은 시행 초기 농촌에서 상당한 호응을 받았다. 그러나 이후 농어촌 고리채 정리는 많은 부작용을 가져오게 되었는데, 긴급한 채무를 벗어난 후에 농어촌의 서민들이 변통할 수 있는 농어촌 사금융이 거의 차단되는 후유증이 발생하였다. 고리채를 신고한 이웃은 더 이상 급전을 융통하지 못하였고 전통적인 농어촌의 상부상조 풍속은 서로간의 반목과 불신으로 인하여 심각한 갈등을 빚게 되었다. 결국 정부는 1962년 9월 3일 「농어촌고리채정리법」을 개정하기에 이르렀는데 이것은 초기의 정책에서 상당부분 후퇴한 것이 되었고, 결국 군정의 경제정책 중 실패한 정책으로 평가받게 되었다.

군정기간 중 경제개발 5개년 계획의 자금조달을 목표로 한 적극적인 증권시장 육성정책을 실시한 덕분에 1962년 4월 주가가 폭등하였고, 이로 인해 주식투자의 과열현상이 나타났다. 그러나 갑작스런 주가의 폭등에 뒤이은 폭락으로 인하여 많은 파산자들이 발생하였고, 일부 투자자들의 자살사건이 속출하는 등의 일대 사회 혼란이 일어났다. 특히 이러한 주가폭락은 중앙정보부가 배후에서 대한증권거래소를 직접 장악해 주가를 조작함으로써 막대한 이득을 취하고 이를 정치자금으로 사용했다는 의혹이 제기되면서 파장을 일으켰다. 이후 증권파동은 군정당국이 증권파동의 주동자들을 '특정범죄처벌에 관한 임시특례법'으로 구속하면서 진정국면으로 접어들었다. 그러나 이 사건은 군정기간의 다른 경제사건들과 함께 구악을 일소하겠다는 군정의 정책에 대해 국민들이 심한 불신을 갖는 계기가 되어 군정이 과거 자유당 정권과 큰 차이가 없다는 냉소감이 국민들에게 확산되는 결과로 나타났다.

군정기간동안 물가는 1961년 대비 59% 상승한 반면 연평균 경제성장률은 3.6% 수준에 그친 결과, 물가상승문제의 해결이 중요한 정책으로 대두되었다. 특히 통화개혁의 실패로 인한 경제질서 혼란을 막고자 군정은 1962년 8월 「물가조절에 관한 임시조치법」을 공포하고 13개 품목의 가격을 통제하는 가격통제 정책을 실시하기에 이르렀다. 이러한 물가고를 더욱 부추긴 것은 1962년의 통화개혁 실패와 더불어 흉년으로 인한 식량부족으로 나타난 곡가의 급격한 상승이었다. 1962년의 기상악화로 인해 미곡작황이 전년도에 비해 15.7% 감소하였고 평년작보다도 4.9% 감소하였다. 특히 1963년도 1/4분기에 곡물가격이 10.6% 상승하였고 2/4 분기에는 1/4 분기보다 44.7% 상승하면서 '쌀값파동'이 극심하였다.

(3) 대외 환경

제5대 대통령선거를 치를 즈음의 외교상황은 쿠데타 이후 미묘한 긴장관계를 유지하고 있던 미국과의 관계개선에 초점이 모아지고 있었다. 쿠데타에 대한 즉각적인 지지를 표명하지 않았던 미국이 경제체제라는 강력한 무기를 사용할지 모른다는 위기를 해소하기 위하여 1961년 11월 박정희 최고회의 의장과 미국의 케네디 대통령과의 면담이 되었다. 이후에도 미국의 경제원조가 절대적으로 필요한 상황에서 최대한 미국과의 관계를 원만하게 유지하는 것이 이 시기의 중요한 외교적 노력이라고 할 수 있다. 또한 대미외교 뿐만 아니라 중립국외교에 역점을 두어 친선방문이나 초청외교에 주력하였는데, 이러한 적극적인 외교정책은 막대한 외화를 낭비하고 군정의 전시효과를 노린 것에 지나지 않는다는 비난을 받기도 하였다.

특히 이 시기에 북한과 관련한 사건으로는 '황태성 사건'이 있어 이후의 1963년 대통령 선거에서 박정희 측에 심각한 사상논란을 야기시켰다. 선거에서 박정희의 사상을 의심하도록 한 이 사건의 요지는 북한의 무역성부장을 지낸 황태성이 박정희와 김종필을 면담하려 기도하다 중앙정보부에 체포되었다. 이 과정에서 '국민의 당' 대통령 후보였던 허정이 1963년 9월 기자회견을 통해 공화당의 사전조직과 당조직 구성과정에서 황태성의 능력을 활용하였다고 주장하였다. 이후 윤보선이 선거기간 중에 과거 황태성과 박정희의 관계와 박정희의 남로당 전력을 들어 황태성 사건의 전모를 밝히라고 촉구하면서 박정희와 민주공화당을 공격하였다. 그러나 박정희와 군정은 이와 같은 의혹에 대해 전면적으로 부정하면서 이후 더욱 강경한 반공주의정책을 펴나감으로써 남북관계는 첨예하게 대립하게 되었다.

2) 제5대 대통령 선거제도와 선거과정

(1) 선거제도

제3공화국의 헌법은 1962년 12월 17일 실시된 최초의 국민투표를 통해 통과되었다. 투표율은 85%였으며, 예측보다 훨씬 높은 78.8%의 높은 찬성률로 확정되었다(동아일보 1962년 12월 18일). 이로서 군정의 결여된 정통성은 제3공화국을 통해 새롭게 국민적 정통성이 부여 된 것이다(이강로 1997, 96). 이것은 제3공화국의 기본 정치제도가 1962년 5월 쿠데타에 의해 권력을 상실했던 야당세력에게도 받아들여진 것을 보여준다. 그리고 제3공화국은 정치제도의 정통성을 창출하는 기본 메커니즘으로 "비교적 경쟁적인 선거"를 채택했다는 점에서 군정이나 유신체제와는 다른 이론적 접근이 요구된다(이강로 1997, 95). 또한 "제3공화국은 선거에 의한 대통령중심제 정부가 정통화되기 시작" 했다고 강조된 것이다(안병준 1987, 437).

개정헌법에 의해서 이제 대통령은 제2공화국 국회 간선 방식이 아니라 다시 국민이 직접선거로 뽑을 수 있게 되었다. 다만 대통령의 잔여임기가 2년 미만인 때에는 국회에서 간접선거로 뽑을 수 있게 하였다. 선거관계법의 제정은 1962년부터 준비하여 1963년 1월 1일자로 정치활동이 재개됨에 따라 개정헌법의 권력구조에 맞추어 선거관리위원회법과 국회의원선거법이 1963년 1월 16일에, 대통령선거법이 2월 1일에 각각 제정·공포되었다.

당시 처음으로 제정된 정당법과 개정된 선거법도 야당에게 불리하게 작용하였다. 정당법은 정당의 설립요건을 까다롭게 규정하고 있었다. 이에 따르면 지구당의 당원수는 50명 이상으로 규정함으로써 각 당의 전체 당원수는 전국적으로 2,000명 이상이 되어야 했다. 국회의원 입후보를 위해서 50명의 추천 인원을 획득하는 것은 그리 어렵지 않을지 모르나 당비를 내는 당원 50명을 모으는 것은 당시 정치활동이 금지된 이후 바로 선거를 치러야 하는 야당에게는 그리 쉬운 문제는 아니었다. 이런 조항은 야당의 재정난과 인물난을 동시에 겪게 할 수밖에 없었다(김철수 1963, 55).

개정된 선거법이 선거공영제를 추구하고 있다는 점에서 긍정적인 면이 있지만, 야당 보다는 여당에게 유리하게 작용되었다. 정치활동금지 상황에서 미리 조직을 다졌던 여당은 크게 아쉬울게 없었지만, 정정법으로 인해 조직력이 붕괴된 야당은 선거공영제로 자유로운 선거 운동이 제약되었기 때문이다. 선거법은 선거운동을 할 수 있는 자의 범위를 극도로 제한하고 있었다. 입후보자 자신, 선거사무장, 정당 또는 후보자가 개최하는 연설회의 연설원, 선거사무연락소의 책임자 또는 입후보자와 동일한 정당에 속하는 선거사무원만이 선거운동을 할 수 있고 기타 일반 선거인은 선거운동원 조차 될 수 없었다. 이러한 조항들은 선거운동과정에서 야당에게 불리하게 작용했다. 예로, '국민의 당' 대통령 후보 허정은 선거운동기간에 야당 후보단일화를 위해 어렵게 사퇴했다. 하지만 선거법의 제약으로 민정당 윤보선 후보의 선거운동을 지원하기 힘들었다.

국회의원선거법은 지연·혈연 등 과거의 폐해를 없애기 위하여 선거구를 과거 233개에서 131개로 하여 그 구역을 확대하였고 전국선거구에 의한 비례대표제를 처음으로 도입하였다. 또한 대통령과 국회의원 후보자가 되려는 자는 반드시 소속 정당의 추천을 받도록 하였고 복수정당제와 2대 정당제를 확립하기 위하여 정당등록요건을 강화하고 정당에 의한 후보자의 추천제 등을 골자로 하고 있다.

선거와 관련한 법률은 법률 제1262호 대통령선거법이었으며 같은 해 8월 6일 부분 개정되었다. 개정된 대통령선거법의 주요내용은 다음과 같다.

① 선거권은 만 20세 이상의 국민으로 하고 선거사범의 선거권 회복기간을 연장한다.

② 피선거권에 있어서는 국민으로서 선거일까지 계속하여 5년 이상 국내에

거주한 40세 이상의 자이어야 하고 선거범의 피선거권회복기간을 연장하고 병역의무의 기피로서 형을 받은 자에 대하여는 일정기간 피선거권을 박탈한다.

③ 선거인명부의 작성에 있어 군인은 당해 부대장, 함장의 확인에 의하여 작성할 수 있게 하였고 선거인의 주소이전을 확인하여 선거인은 선거인명부작성일로부터 선거인명부 확정일인 선거일 전 5일까지의 사이에 주소를 이전한 때에는 전주소지에서 퇴거신고를 하고 신주소지에 전입신고를 하여 전입지에서 투표할 수 있게 한다.

④ 후보자등록에 있어서는 정당의 추천을 등록요건으로 한다. 등록무효사유로는 피선거권 상실, 소속 정당의 해산, 후보자의 당적 이탈·변경의 경우에 한하며 정당은 등록된 후보자의 추천을 취소·변경할 수 없도록 한다.

⑤ 선거운동에 있어서는 선거운동원제를 폐지하고 자유선거운동을 극히 제한하는 반면 공영선거운동방법을 확장하였으며 선거운동의 주체를 정당중심으로 하였다. 또한 첫째, 선거운동기구로서 선거사무소 1개소와 서울특별시·부산시·도 및 개표구마다 1개의 연락소를 두었고, 둘째, 선거운동을 할 수 있는 자를 후보자와 동일정당에 소속하는 선거사무장, 연락소의 책임자, 연설원 및 선거사무원으로 제한하였다. 셋째, 선거운동방법은 선전벽보를 첩부하도록 하였고 후보자는 선전문을 각 일간신문지에 5회까지, 정당은 후보자와 정강정책·선거강령 등의 선전문을 각 일간신문지에 10회까지 광고할 수 있다.

⑥ 정당은 구·시는 개표구마다 10매 이내, 군은 읍·면마다 1매의 현수막을 선거관리위원회의 검인을 받아 게시할 수 있고 선거운동기간은 당해 후보자의 등록이 끝난 때부터 선거일 전일까지의 사이에 할 수 있도록 한다.

⑦ 선거비용의 항목을 법정화하고 제한액은 중앙선거관리위원회가 정하여 공시하는 범위 안에서 지출할 수 있도록 제한하였고 정당은 선거비용의 지출을 위하여 선거사무소와 선거연락소마다 회계책임자를 선임하여야 하고 회계책임자는 선거일 후 15일까지 당해 선거관리위원회에 지출보고서를 제출하여야 한다.

⑧ 선거는 기표방법에 의한 1인 1표의 무기명투표이며 투표소는 그 설치순위를 법정하였고 병영 내에는 설치할 수 없게 하였으며 투표용지에는 정당과 후보자의 성명 및 기호의 부호와 투표용지의 일련번호를 인쇄하고 투표함은 1

투표구 당 2개 이내로 제한한다.

⑨ 당선인은 직접선거에 있어서는 유효투표의 다수를 얻은 자를 중앙선거관리위원회가 결정하였으며 최고 득표자가 2인 이상인 때에는 국회에서 재적의원 과반수가 출석한 공개회의에서 다수표를 얻은 자를 당선인으로 결정한다.

⑩ 선거소송은 대법원에 제기하여야 하며, 소송을 제기할 때에는 증거보전을 위하여 투표함·투표지 등을 법원에 보전 신청할 수 있다.

⑪ 벌칙을 전반적으로 강화되었다.

(2) 선거과정

제5대 대통령선거는 역대 대통령 선거에서 가장 많은 7명이 입후보하였다. 민주공화당은 1963년 5월 27일 박정희를 당의 대통령 후보로 지명한 후 친여세력이었던 자유민주당과 부분적인 합당을 통하여 대선에 임하였다. 그에 비해서 야권은 후보가 난립하는 과정을 겪게 되었다. 야권의 후보자가 많았던 이유는 야권이 단일후보를 내세우지 못하고 각기 출마했기 때문이었다. 민정당은 윤보선, 국민의 당은 허정, 자유민주당은 송요찬, 추풍회는 오재영, 정민회는 변영태, 신흥당은 장복석을 각각 후보로 내세웠다. 선거과정에서 자유민주당과 국민의 당이 입후보를 사퇴하여 여당 단일후보와 4명의 야권 후보자가 경쟁하게 되었다. 9월 15일부터 본격적인 후보자들간의 선거운동이 시작되었지만, 사실상의 선거운동은 민주공화당과 민정당의 양당 중심으로 전개되었다. 그러나 높은 물가와 식량난으로 인하여 경제상황이 악화되어 유권자들은 선거에 대한 관심은 높게 나타나지 않았다(동아일보 1963년 9월 19일). 또한 군정의 계속되는 실정과 야당의 분열을 지켜본 유권자의 입장에서는 여당과 야당 어느 한쪽을 지지하기 쉽지 않았다. 이러한 상황은 조직력과 자금력으로 고정표를 확보하기 쉬운 여당에게 유리하였다. 그에 비해서 야당은 열악한 조직력과 자금력으로 '선거붐'을 조성하고자 했지만 유권자들의 선거에 대한 무관심으로 어려움을 겪을 수밖에 없었다.

그런데 실제 대통령 선거 운동 기간 중 유권자의 주목을 끌었던 이슈 중 하나는 사상논쟁이었다. 그 동안 국민의 높은 관심을 끌지 못하던 대통령선거는 9월 23일 박정희의 서울중앙방송 정견발표를 통해 급변하게 되었다. 박정희는 이 정견발표에서 "이번 선거는 개인과 개인의 대결이 아니라 민족적 이념을 망각한 가식의 자유민주주의 사상과 강력한 민족적 이념을 바탕으로 한 자유민주주의 사상과의 대결"이라는 뜻을 밝힌다(조선일보 1963년 9월 24일). 하루 뒤인 9월 24일 윤보선은 박정희 의장의 어제 발언을 어떻게 생각하느냐의 기자들의 질문에 여수반란 사건의 관련자가 정부 안에 있고, 여수반란 사건은 민주주의와 민족주의를 신봉하는 사람이 한 것은 아니라는 뜻을 통해 박정희 후보의 연루 사실을 밝힌다. 뒤이은 서울 유세에서는 박정희 후보 이름을 직접 거론하며 여순반란 사건에 관련되었음을 폭로하였다(조선일보 1963년 9월 25일). 윤보선은 이 발언이 각 신문에 일제히 보도되자 정계가 발칵 뒤집혀지고 당시 최고회의가 긴급히 열려 대책을 논의하는 사태가 벌여졌다고 회고한 바 있다(윤보선 1967, 171~172).

윤보선의 발언은 선거 정국의 분위기를 완전히 바꿔 놓았다. 박정희와 민주공화당은 윤보선의 발언을 '매카시즘'의 악랄한 수법이라고 비난하면서, 정파싸움으로 잃어버린 국민의 신망을 회복하려 후보자에 대한 상식 이하의 인신공격을 하고 있다고 비난하였다.[5] 군정은 최고회의에서 윤보선을 서울지검에 고발하였다.[6]

9월 24일 이후 사상논쟁은 야당이 박정희의 사상에 대해 의혹을 제기하고 이이 대해 박정희와 민주공화당이 반박하는 양상으로 흘러갔다. 대통령 후보자 중의 한 사람이 공산주의자냐 아니냐의 문제는 유권자들이 흥미를 가지지 쉬운 소재였기 때문이다. 그에 반해 박정희가 제기한 민족주의와 민주주의에 관한 문제는 선거운동 과정에서 심도 있게 다루어지지는 못했다. 야당은 이외에도 황태성과 박정희의 관계, 1948년 여순반란사건 관련 여부에 대해서 집요하게 추궁하며 박정희의 사상을 문제 삼았다(동아일보 1963년 9월 26일). 이에 박정희는 "구(舊)정객들은 정적을 빨갱이로 모는 비열한 짓을 하고 있다"고 비난하며 자신의 사상에는 아무런 문제가 없다는 뜻을 밝혔다. 이와 함께 박정희는 투표

5 "민정당은 한민당 이래 정적으로 빨갱이로 몰아 무고한 백성을 학살시키던 수법을 부리지 말라"든가 "자기 비위에 맞지 않으면 상대방을 공산당으로 몰던 한국민주당의 수법을 버려야 한다" 등의 신문 광고를 통해 윤보선 후보 측의 폭로를 '악랄한 매카시즘의 수법'으로 비판했다(김규환 외 1965, 53).

6 고소장은 9월 26일 서울지검 특별부에 제출했다(조선일보 1963년 9월 27일).

하루 전인 10월 14일에 발표한 성명에서 집권하면 공직 채용에 있어서 연좌제를 폐지하고 투옥 중인 정치권 인사들을 석방시키겠다고 공약하였다. 박정희의 이러한 공약은 선거운동 말기에 집중적으로 사상 공격을 받는 과정에서 급조된 면이 강했고, 반공적인 면은 앞으로 더 강화하겠다는 내용도 포함되어 있었기 때문에 국민들의 큰 공감대를 얻기 힘들었다. 특히 선거를 하루도 남겨두지 않고 발표된 성명이 짧은 시간동안 많은 유권자에게 큰 영향을 미치는 데에는 한계가 있었다.

그럼에도 불구하고 사상논쟁은 표면적으로 야당이 '선거붐'을 일으키는데 일정한 영향력을 미친 것으로 보인다. 9월 24일 윤보선의 전주 발언 후 전반적으로 선거유세에서 청중수의 증가로 이어졌다. 물론 단순히 선거유세에서 청중의 증가가 유권자의 선거에 대한 관심도의 증가와 완전히 일치한다고 보기는 힘들겠지만, 어느 정도의 가늠 척도는 될 수 있을 것이다. 이것은 박정희와 윤보선간의 사상논쟁 뿐 아니라 9월 하반기에 가서야 본격화된 야당 선거운동의 영향도 있었다. 또한 10월로 넘어가면서 야당 후보 단일화의 움직임이 계속해서 일어나 유권자들의 관심을 끌었다. 10월 2일 국민의 당의 허정에 뒤이어 10월 7일 자유민주당의 송요찬이 사퇴를 하면서 야당 후보 단일화에 대한 기대는 높아졌다. 하지만 나머지 3명의 야권 후보들은 끝내 사퇴를 하지 않아 야당 후보 단일화는 끝내 이루지 못했다.

박정희 측은 민정당을 부패하고 권모술수에 능한 구악(舊惡), 구정치인(舊政治人)으로 규정하며, 이번 선거는 구악에 젖은 구정치인과 개척정신에 불타는 신진세력과의 대결이며 구악집단과 민중세력의 대결이라고 하며, 조국의 근대화는 낡고 가식된 민주주의의 탈을 쓴 구정치인에게 기대할 수 없다고 강조했다. 이에 대해 민정당은 공화당이 역사상 유례가 없는 공포정치와 비밀정치를 하고 있다고 비난했고, 군정기간 중 공화당 창당 자금 마련을 위해 저지른 증권파동, 워커힐, 새나라자동차, 파친코 도입 사건 등 소위 4대 의혹 사건의 진상을 공개하라고 공격하였다(김규환 외 1965: 52~56). 하지만 박정희와 윤보선 양측 모두 자신의 주장을 확실하게 입증할 수 있는 근거를 제시하지 못한 체 10월 15일 투표일을 맞이했다.

[그림 2-5] 제5대 대통령선거 당시의 후보자 벽보

출처: 중앙선거관리위원회(1973).

심지연(2009, 182)은 5대 대통령 선거는 “쿠데타로 정권을 장악한 군부가 국민의 신임을 받아 재집권에 성공하느냐, 아니면 군정종식을 내건 구정치인이 집권해 진정한 의미의 민정이양을 이루느냐” 하는 의미를 지니고 있다고 평가한다.

3) 선거결과

제5대 대통령 선거는 박정희가 압도적으로 승리할 것이라는 국내외 언론의 예상을 깨고 이전의 어느 대통령 선거보다 치열하게 진행되었다.[7] 박정희는 유효투표총수의 46.6%에 해당하는 4,702,640표를 얻어 예상한 것보다 훨씬 낮은

7 1961년 6월 공보부에서 실시한 정부 시책의 여론조사에서 79% 이상이 잘하고 있다는 긍정적인 평가를 내렸다(조선일보, 1961년 6월 14일). 그러나 1963년 8월 9일에 실시된 공보부의 여론 조사에서는 1961년 8월 여론 조사에 비해 “잘 한다”는 평가가 56.4%에서 25.7%로 감소하였고, “못한다”는 2.3%에서 9.8%로 증가했다. “말할 수 없다”는 5.7%, “그저 그렇다”는 30.5%를 나타냈다(조선일보, 1963년 8월 10일). 선거를 2달여 앞둔 상황에서 박정희와 군정에 대한 평가가 나빠진 것을 확인할 수 있는데, 특히 이 여론조사가 군정 기관인 공보부에서 실시되었다는 것에 주목 할 필요가 있다.

지지를 받으며 대통령에 당선되었다. 윤보선은 유효투표총수의 45.1%인 4,546,614표를 유효득표 하면서 박정희에게 15만여 표(1.5%)의 차이로 낙선하게 되었다. 총선거인수는 12,985,015명이었으며 이중 11,036,175명이 투표하여 85.0%의 투표율을 보였다. 개표결과는 다음 <표 2-4>와 같다.

윤보선의 패배 원인은 야권 후보의 난립으로 볼 수 있다. 만약 야권이 완전한 후보 단일화를 이루었다면 박정희에게 승리를 거둘 수 가능성이 컸던 선거였다. 박정희와 윤보선을 제외한 다른 야권 후보들이 얻은 표는 약 83만 표에 달했기 때문이다(김일영 2004, 343~344). 박정희가 선거에서 고전한 이유는 크게 군정시기의 경제정책 실패로 인한 경제상황의 악화, 4대 의혹사건과 같은 부정부패에 대한 반감, 선거과정에서 야당 후보들의 일부 단일화 등이 복합적으로 작용했기 때문으로 볼 수 있다. 미대사관도 대통령선거에서 야당 후보에 대한

〈표 2-4〉 제5대 대통령선거 후보자별 득표현황

시도별	유효투표총수	후보자별 득표수				
		신흥당	민주공화당	추풍회	민정당	정민회
		장복성	박정희	오재영	윤보선	변영태
합계	10,081,198	198,837	4,702,640	408,664	4,546,614	224,443
서울	1,231,578	10,537	371,627	20,634	802,052	26,728
부산	503,601	3,419	242,779	11,214	239,083	7,106
경기	1,163,847	27,554	384,764	54,770	661,984	34,775
강원	749,823	24,528	296,771	35,568	368,092	24,924
충북	509,767	14,971	202,789	26,911	249,397	15,699
충남	993,102	23,359	405,077	47,364	490,663	26,639
전북	826,473	18,223	408,556	37,906	343,171	18,617
전남	1,338,142	22,604	765,712	51,714	480,800	17,312
경북	1,504,330	34,622	837,124	58,079	543,392	31,113
경남	1,144,032	16,014	706,079	60,645	341,971	19,323
제주	116,503	3,006	81,422	3,859	26,009	2,207

출처: 중앙선거관리위원회(1973, 753).

강한 지지가 나타난 가장 중요한 요인으로 경제적 문제를 제시했다(Philip C. Habib, 1963). 미대사관의 정무담당 참사관 이었던 하비브(Philip C. Habib)는 군정의 경제정책의 실패로 특히 도시 지역에서 군정에 대한 지지가 낮아졌다고 평가했고, 이것이 야당의 높은 지지율로 나타났다고 보았다. 경제적 어려움은 선거 전의 여론조사 결과에서도 잘 나타났다.[8]

제5대 대통령 선거에서 나타난 현상 중 하나는 이른바 '여촌야도(與村野都)'의 투표 행태가 재연되었다는 것이다. 여촌야도 현상은 1958년 5·2총선부터 한국의 선거에서 나타난 주요 투표행태이다. 이 시기부터 도시에서 야당의 표가 많이 나오게 된 이유는 이승만 정권의 실정, 피교육층의 증대 그리고 도시화의 진행이 있었기 때문이었다. 군정이 들어서자 국민들은 인플레이션이 점진적으로 수습되고 경제발전이 이루어질 것이라는 기대감을 가졌다. 하지만 여전히 경제는 살아나지 않고 가계는 어려워졌다. 이것은 도시 서민층의 군정에 대한 불만으로 이어졌다. 게다가 교육의 확대에 의한 피교육층의 증가도 군정에 대한 불만을 높이는 데에 기여하였다. 또한 여촌야도 현상은 "전국에 걸쳐 각급 행정기관의 선거에 대한 폭넓은 개입과 지지의 동원이 이루어졌으며 또한 엄청난 규모의 정치자금이 살포된 요인으로 볼 수 있다(강원택 2011, 100). 특히 이러한 양상이 심하게 나타난 곳이 바로 농촌 지역이었으며 도시 지역은 상대적으로 이러한 불법적인 행태로부터 자유로웠다(…). 이는 도시 지역의 유권자들이 상대적으로 행정기관의 개입과 위협에도 불구하고 여당인 공화당을 외면하고 민주주의를 외치는 야당에게 보다 많은 지지를 보낸 데 비하여 농촌 지역에서는 행정기관의 개입과 동원에 수동적으로 따르는 이른바 '준봉투표(여성이 가족이나 친인척의 투표성향을 따라하는 투표)'가 보다 광범위하게 나타"났던 것이다(장훈 2000, 16~17).

도시와 농촌에서 박정희, 윤보선, 기타 후보들이 얻은 득표수와 득표율은 다음과 같다.

---

8 한국일보는 선거를 앞 둔 9월 15일 '전국여론조사내용'을 발표했다. 그 중 '국민의 살림형편은 작년에 비해 어떻게 달라졌는가'라는 조사결과 1962년도에는 '나아졌다' 22%, '못해졌다' 26%, '마찬가지다' 50%, '무답' 2%였다. 하지만 1963년도에는 '나아졌다'는 응답은 단 7%로 전년도에 비해서 15%가 줄었으며, '더 못해졌다'는 63%로 40% 가까이 증가했으며, '마찬가지다'는 29%, 무답 1%로 살림형편이 악화됐다는 결과가 나왔다. 특히 이 조사는 살림형편의 악화는 상류층과 농민보다는 서민층과 도시에서 더 악화된 것으로 나타났다.

〈표 2-5〉 도시·농촌에서 득표수와 득표율 비교

비고	농촌	도시
박정희	3,480,000 (50.8%)	1,214,000 (37.8%)
윤보선	2,713,000 (39.5%)	1,833,000 (57.1%)
기타 후보	669,000 (9.7%)	163.000 (5.1%)
총 계	6,870,000 (100%)	3,210,000 (100%)

출처: 동아일보(1967년 5월 5일).

제5대 대통령 선거는 여촌야도 현상과 함께 이전의 선거에서는 보여주지 않았던 남북투표 행태도 나타났다. 위도 36도를 기준으로 이북지역인 서울, 경기, 강원, 충청에서는 윤보선의 지지가 높았고, 이남지역인 영남과 호남에서는 박정희에 대한 지지가 높았다. 여촌야도 현상이 이승만 정권부터 나타난 이전의 투표성향이라면 새롭게 등장한 남북투표 현상은 새로운 요인들이 제5대 대통령 선거에서 유권자에게 작용했음을 의미한다. 이러한 투표현상은 박정희와 윤보선 사이에서 벌어진 사상논쟁의 영향으로 보는 관점과(손호철 1995) 다양한 요인이 복합적으로 작용한 결과로 보는 관점(이병준 2010)이[9] 제시되고 있다.

군정의 실정과 부패, 비민주적 정권욕에 따른 여론 악화, 선거 막판 야당의 후보단일화에도 불구하고 박정희가 승리할 수 있었던 이유는 무엇이었을까? 선거의 승리요인은 군정과 공화당의 조직력과 자금력, 사상논쟁과 밀접한 관련이 있다. 윤보선과 야당의 박정희에 대한 사상논쟁은 큰 효과를 거두지 못했으며, 오히려 사상논쟁 과정에서 민족적 민주주의라는 이름으로 부각된 박정희의 민

9 이병준은 남북투표 현상은 맥흉작에 대한 지원을 중심으로 한 전남과 경남에 대한 군정의 구호정책 집중은 이 지역에서 상대적으로 박정희에 대한 지지가 많이 나오는데 기여했다고 보았다. 다른 요인으로 민정당 당원이었던 김사만의 "부산과 대구에는 빨갱이가 많다"는 영주발언은 영남지역 사람들의 분노를 사면서 이 지역에서 윤보선이 표를 잃는데 크게 작용했다고 평가하고 있다. 전남에서 윤보선의 지지도는 선거를 앞두고 민정당에서 일부 탈당한 민주당 구파 계열로 하락했다고 보았다.

족주의는 지식인층에 큰 관심을 끌었다. 해방 직후 좌익세력이 강했고 1956년 대통령 선거에서 조봉암 표가 많이 나왔던 지역에서의 승리는 사상논쟁과 밀접과 관련이 있다고 할 수 있다(한국민주화운동사 1, 2008, 386). 이 당시 중앙정부부장을 맡고 있었던 김형욱은 자신의 회고록에 "중앙정보부의 분석 결과에 따르면 사상논쟁을 거치면서 과거 좌익세력의 분포가 많고 조봉암 표가 많이 나온 지역에서 박정희에 대한 지지가 깜짝 놀랄 만큼 상승했다"고 적고 있다(김형욱 1987, 64~81). 여기에 박정희가 10월 9일 사상 문제로 인한 연좌제를 폐지하겠다고 공약한 이후 이들 지역에서 박정희 우세는 확고해졌다는 것이다. 중앙정보부는 이러한 분석에 입각하여, 박정희의 승리를 확신했으며 실제로 선거 결과도 유사하게 나왔다. 사상논쟁에서 민족적 민주주의가 박정희 정권의 민족주의 정치노선을 상징하는 담론으로 인식되면서, 진보적인 생각을 가지고 있던 사람들이 박정희를 지지했던 것이다.

제5대 대통령선거 관련 개황을 전체적으로 종합해보면 다음과 같다. 제5대 대통령선거는 이전의 선거에 비해 투개표 과정에서의 부정은 상당히 적었던 것으로 나타났다. 부산 지역에서 개표 도중 전기가 나간 사건 등 몇몇 작은 사건이 있었으나 선거결과에 큰 영향을 줄만한 사고는 아니었다. 대부분의 언론들

[그림 2-6] 제5대 대통령취임식

출처: 중앙선거관리위원회(1973).

도 투개표가 공정하게 이루어졌다고 평가하였다. 이러한 평가는 서구의 언론이나 UNCURK(유엔한국통일부흥위원단), 미국대사관도 같은 시각이었다.[10] 물론 선거운동 과정에서의 부정은 이전의 선거와 같이 상당 부분 동일하게 나타났기 때문에 이 선거를 공명선거라고 부르기는 무리가 있을 것이다. 하지만 이승만 정권시절 같이 "선거에 이기고 개표에 졌다."는 야당의 탄식이 나올 정도의 개표 부정은 나타나지 않았다. 유권자의 의사가 전혀 반영될 수 없는 투개표과정에서의 부정이 상당히 줄어들었다는 것은 이전 선거보다 표에 유권자의 의사가 과거에 비해 상대적으로 제대로 반영된 선거라고 볼 수 있을 것이다(한국일보 1963년 8월 4일).

투개표 과정에서 부정이 상당히 줄어들게 된 이유는 다음과 같이 요약될 수 있다. 첫째, 각급선거관리위원회에 야당 추천인 참여가 허용되었다. 야당은 공명선거 보장을 위해 각급선거관리위원회에 정당 추천인의 참여를 계속 요구했었다. 이에 1963년 8월 1일 최고회의 상임위원회에서 박정희는 "공명선거를 기하기 위해 어떻게든지 야당측 주장을 들어주어야 한다"고 강조하면서 야당이 추천하는 인사를 각급선거관리위원회에 참여시키도록 하라고 지시한다(한국일보 1963년 8월 2일). 박정희의 이런 지시는 개정선거법에 반영 되었고, 개정법 선거 당시 중앙선거관리위원회에 등록된 정당의 지구당수가 많은 순에 따라 공화당과 민정당이 각각 1명씩 각급선거관리위원회에 참여하게 되었다. 둘째, 사회적인 분위기가 부정선거에 대한 반감이 컸다. 불과 2년 전에 부정선거로 인하여 이승만 정권이 붕괴된 경험을 당시의 사람들은 기억하고 있었다. 그 어느 선거보다 공정한 선거를 이룩해야 한다는 사회적 열망이 컸었다. 한 언론 기관에서는 "공명선거가 될 것이라고 생각하는가?"라는 질문에 "공명선거가 될 것이다"는 답변이 35%, "걱정이 된다" 37%, "치러봐야 안다"는 답변이 33%로 국민 중 3명은 공명선거에 대해서 긍정적이지 않은 생각을 가지고 있었다(한국일보 1963년 9월 15일). 이런 상황에서 군정이 투개표과정에서 대대적인 부정을 하기는 힘들었을 것이다.

10 미 대사관도 투개표 과정을 "민주적 선거는 질서정연한 방식으로 실시되었다. 우리가 염려했던 눈에 띄는 보복이나 대규모 조작은 발생하지 않았다고" 밝히고 있다. 국가기록원, 「1960년대 초반 한미관계: 1961~63(하)」. p.265.

2. 제6대 국회의원선거

1) 선거제도 및 선거과정

(1) 선거제도

군사정권은 신헌법 부칙 제2조의 규정에 의하며 1963년 11월 26일에 제6대 국회의원선거를 실시하기로 하고 이 선거에 적용될 국회의원선거법을 제정, 1963년 1월 16일 법률 제1283호로 공포하였다. 제6대 국회의원 선거를 위한 선거법 마련은 개정 헌법이 공포되기 이전에 이미 헌법 개정 작업과 병행하여 준비되기 시작했다. 소선거구제와 함께 소위 전국구 제도로 알려진 비례제를 병행하도록 규정한 1963년 개정 국회의원 선거법의 개정 취지는 당시 선거법에 비교적 명확하게 서술되어 있다.

"현행 국회의원선거법이 4·19의거 이후 1960년 6월 23일에 제정·공포된 것으로서 그 내용이 양원제의 국회구성과 내각책임제의 권력구조를 전제로 하였고 정당 중심의 선거운동이 아니고 후보자 본위였으므로 후보자 난립의 폐를 막을 길이 없었고 막대한 선거비용이 소요되었으며 지연·혈연 등의 정실에 좌우되는 폐단이 있었으므로 이를 폐지하고 개정헌법과 8·12성명의 취지에 따라 정국의 안정을 얻고 지연·혈연의 폐를 방지하기 위하여 소선거구제에 다수대표제와 전국선거구에 비례대표제를 병용하고 입후보의 난립을 방지하기 위하여 정당추천을 등록요건으로 하였다. 또한 선거관리의 공정과 선거비용의 경감을 기하기 위하여 공영제를 철저히 하고, 선거운동원을 전몬 폐지하고, 주로 연설회를 통하여 선거운동을 할 수 있게 하여 선거비용의 지출을 경감할 수 있도록 하려는 것"이라고 개정 취지를 밝히고 있다.

그러나 당시 언론보도 등에 비추어 볼 때 실질적으로 새로운 선거제도를 결정지을 수 있는 유일한 세력인 군부 세력이 새로운 선거제도를 마련하면서 처음부터 이러한 형태의 선거제도를 구상한 것은 아닌 것 같다(김영태 2010, 33). 예컨대 군부세력이 선거법을 구상중이라는 것을 거의 최초로 밝힌 1962년 5월 6일, 당시 박형빈 국가재건최고회의 내무위원은 '내년 총선거에 대비한 선거법은 현재 연구중'에 있다고 밝힌다. 그리고 사견임을 전제로 '국회의원 수는

100명 내지 120명 정도가 될 것이며 선거의 부정을 방지하고 돈을 사용하지 못하도록 하기 위하여 중선거구제와 공영제를 채택할 것'이라고 언급하였다. 또한 김종필 중앙정보부장 역시 공명선거 치를 수 있는 선거법을 연구하고 있다고 전제하면서 120명 내외를 중선거구제로 선출하는 방안이 논의되고 있으나, 중선거구제가 절대적인 것은 아니며 소선거구제를 유지하자는 의견도 있다고 밝히기도 하였다. 이처럼 5·16 군사쿠데타 이후 초기에는 선거제도의 개편방안으로 1957년 선거구제를 유지하자는 의견이 있었던 것으로 보인다. 그러나 1962년 8월 23일을 계기로 상황은 급변하게 되었다. 즉 8월 23일 이후락 대변인이 선거제도 개혁과 관련해 첫째, 금력, 혈연, 지연 등의 폐단이 많았던 현행 선거구를 고치고, 둘째, 비례대표제의 장점을 많이 취하며, 셋째, 정당난립과 반국가활동 방지를 도모하는 정당법을 마련하는 것이 박정희 의장의 소신이라는 것을 밝히면서 비례대표제 도입에 관한 논의가 급물살을 타게 되었다.

최종적으로 1963년 1월 16일 전체 175석 가운데 1인 소선거구로 131석과 전국구 비례대표로 44석을 선출하는 선거법이 마련되었다. 새로 제정된 선거법에서 가장 논란이 되고 주목을 끌었던 부분은 비례대표제로 선출하는 소위 전국구 의석이다. 전국구 의석은 일반적인 비례제와 달리 제1당의 득표율이 과반수를 초과할 경우 일반적인 비례제와 마찬가지로 각 정당의 득표율에 따라 의석을 배분하지만, 제1당의 득표율이 과반수 이하 일 때는 제1당에 과반수 의석을 먼저 배분하도록 하였다. 제1당에게 배분하고 남은 의석은 제2당의 득표가 제3당 이하 나머지 정당의 득표 총수 2배를 초과한 경우 득표율에 따라 배분하지만, 그렇지 못한 경우 제1당에게 배분하고 남은 의석 가운데 2/3를 제2당에게 그리고 나머지를 제3당 이하 정당에게 배분하도록 하는 규정하였다. 이는 제1당에게 안정적인 의석을 보장함으로써 정권의 안정성을 보장받으면서도 제2당에게도 일정 의석을 보장하여 야당을 포함한 나머지 정치세력, 특히 잠재적인 제1야당으로부터 제도의 민주적 정당성에 대한 동의를 얻어냄과 동시에 군소정당과 후보의 난립이라는 선거제도 개선 취지에 부합한다는 명분을 최대한 활용한 것이라고 할 수 있다(김영태 2010, 36). 이러한 전국구 의석 배분은 당시의 정당의 역학관계와 정치적 고려에 의하여 배분기준을 법제화한 것으로 해석되어진다. 즉, 제1야당에 대한 전국구 의석의 과잉배분기준은 야당의 건전한 발전이라는 명목도 있지만 야당에 대한 배려를 통하여 보다 껄끄럽지 않은 야당으로서 그리고 공생하는 집권당의 파트너로서 국정의 원활한 운영을 꾀한 것으로 보인다.

이에 야당을 포함한 시민사회가 비례대표제를 크게 반발하고 나섰다(경향신문 1963년 12월 22일). 한편 선거구제와 무관하지만 제3공화국 초기 선거제도에서 가장 주목할 만한 것 가운데 하나는 후보 등록 시 정당공천을 필수 요건으로 하여 무소속 출마가 원천적으로 금지되었다는 점이다. 이처럼 쿠데타 세력이 비례대표제를 전격적으로 도입하고, 무소속의 출마를 금지시킨 것은 자신들의 정치적 안정성을 선거제도를 통해 보장받으려는 매우 정략적인 정치적 의도에서 비롯된 것이라고 할 수 있다. 즉 비례대표제를 도입하여 먼저 비례의석의 절반을 제1당에게 배분함으로써 안정적인 의석을 확보하고, 둘째, 비례대표제를 도입을 통해 비례의석을 목표로 한 야당의 분열의 꾀할 수 있으며, 셋째, 비례대표 의석이 생기기 때문에 자동적으로 지역구 의석이 축소되고 이에 따라 지역구의 크기가 커지면서 명망이 있는 인사만이, 그것도 정당 공천을 통해서만 출마할 수 있게 되어 군소정당 후보들을 압박할 수 있고, 넷째, 비례대표 정당명부 작성과정의 순위 결정 과정을 군부 쿠데타 세력이 주도함으로써 정당에 대한 장악력을 높일 수 있고, 다섯째, 정당 조직이 갖추어지지 못한 기존 정치세력에 무소속 출마 금지는 커다란 압력이 될 수 있다는 것이다. 이상묵(2006, 175)은 군부가 자신들이 지지기반이 약한 상황에서 국회의원 선거제도의 개정은 그들이 국회 과반수의 의석을 확보하고 이를 통해 국회를 통제하려고 했으며, “국회 과반수 의석 확보는 쿠데타로 권력을 잡은 그들의 지배정당성을 어느 정도 강화시켜 줄 것으로 기대했다.”고 보았다. 국회의원 입후보자의 정당추천제 역시 이러한 맥락에서 이루어진 것이다. 이 규정은 여당의 수적 우위를 확보하는 데에 도움이 될 뿐 아니라 야당 세력의 분열을 통해 견제 세력의 약화를 도모함이었다. 당시 정치규제에 묶여 있던 많은 정치인들이 선거를 앞두고 해금되면서 그들이 출마를 위해 새로운 정당을 만들게 함으로써 야당의 분열을 유도한 결과였다. 또한 이전의 선거에서처럼 무소속 후보자들이 많은 득표와 의석을 차지하는 것을 방지하려는 목적이었다(이상묵 2010, 180).

선거구획정은 인구 20만을 기준으로 획정하도록 하였다. 다만 시·군·구의 일부를 분할하여 다른 시·군·구의 지역구에 편입시티는 이른바 게리멘더링은 금지하게 함으로써 인구 편차가 더욱 커진 것도 이 선거법의 특징이다. 또한 선거운동은 정당 본위로 하고 개인의 선거운동을 제한하였으며, 공영선거운동을 확대하고 선거운동의 방법을 엄격히 한정하였다. 선거인 명부는 정기작성제에서 수시작성제로 변경되었다.

주요내용을 1960년 6월 23일에 공포되고 제5대 국회의원선거 시 적용되었던 법률과 비교하여 살펴보면 다음과 같다.

① 선거사범에 대하여 선거권 회복기간을 연장한다.

② 피선거권에 있어 선거사범의 피선거권회복기간을 연장하며 병역의무기피로 인한 처형자(處刑者)에 대하여는 집행종료나 면제 후 또는 집행을 받지 아니하기로 확정된 후 7년간 피선거권을 박탈한다.

③ 선거구를 지역구와 전국구의 2가지로 하고 지역구 및 전국구의 의원정수는 헌법의 규정에 의한 정수의 범위 내인 지역구 131명, 전국구 44명 총 175명을 의원정수로 한다.

④ 선거인명부는 선거일 공고일 현재 구·시·읍·면의 장이 그 관할 구역 내에 있는 선거권자를 주민등록표에 의하여 선거일전 20일까지 작성하는 직권·수시작성제로 한다.

⑤ 선거관리기관인 선거관리위원회에 관하여는 헌법에서 엄격한 중립적 독립기관으로 규정되었으며 중앙선거관리위원회는 대통령이 임명하는 2인, 국회에서 선출하는 2인, 대법원판사회의에서 선출하는 5인의 위원으로 구성하며, 시·도선거관리위원회는 당해 지역을 관할하는 지방법원이 추천하는 법관 2인, 제1야당에서 추천하는 2인을 중앙선거관리위원회가 위촉하는 위원으로 구성하며, 구·시·군선거관리위원회는 시·도선거관리위원회가 선정하는 5인과 원내여당과 제1야당에서 추천하는 2인의 위원으로 구성하고, 투표구선거관리위원회는 지역구선거관리위원회가 선정한 5인과 원내여당 및 제1야당에서 추천하는 2인으로 구성한다.

⑥ 의원후보자의 등록은 정당의 추천을 요건으로 하고 지역구에 있어서는 1인을, 전국구에 있어서는 의원정수 내의 후보자를 순위로 정하여 명부로 제출토록 하였으며 정당은 등록된 후보자에 대한 추천을 취소·변경할 수 없고 후보

자명부의 순위를 변경할 수 없도록 하였고 후보자가 피선거권 상실, 소속정당의 해산, 당적이탈·변경 시에는 그 등록을 무효로 한다.

⑦ 선거운동에 있어서는 선거운동의 주체가 정당이 되고 선거운동의 방법을 대폭 제한한 반면 공영선거운동의 범위를 확장하였다. 선거운동방법으로서 특별히 금지한 분야는 유사기관의 설치, 탈법방법에 의한 문서·도화의 배부, 허위방송, 허위논평보도, 신문·잡지의 통상방법 이외의 배부, 특수관계를 이용한 선거운동, 호별방문, 서명·날인운동, 인기투표, 음식물 제공, 소란행위, 야간연설, 후보자 비방, 기부의 권유 및 요구, 기부 받는 행위, 교통시설 편의제공, 선거일 후 답례 등이다.

⑧ 선거비용에 있어서는 선거비용의 비목을 결정하고 비목별로 비용을 제한한다. 회계책임자의 선임은 원칙적으로 정당에서 하고 예외로 정당의 지구당이 없는 경우에만 지역구 후보자가 선임할 수 있게 한다.

⑨ 투표는 기표방법에 의한 직접 또는 우편투표로서 1인 1표이며 병영 내에는 투표소를 설치할 수 없게 하고 투표시간은 상오 7시부터 하오 5시까지로 하여 1시간을 연장하였다. 선거인이 후보자를 선택할 시 당해 후보자와 소속 정당을 동시에 선택한 것으로 한다.

⑩ 전국구 후보자의 의석배분에 있어서는 우선 배분대상정당을 지역구 선거에서 3석 이상의 의석을 차지하지 못하였거나 유효투표 총수의 100분의 5 이상을 득표하지 못한 정당은 제외하였고, 구체적인 배분방식에 있어 제1위로 득표한 정당의 득표비율이 100분의 50 이상인 경우 득표비율에 의하여 제1당에게 의석을 배분하나 제1당에 배분되는 의석은 전국구의원정수의 3분의 2를 초과할 수 없으며 제1당의 득표비율이 100분의 50 미만인 경우 제1당에게 전국구의석의 2분의 1을 배분한다. 제2당의 득표가 제3당 이하의 정당의 득표총합의 2배를 초과할 때에는 득표비율에 의하여 제1당에게 배분하고 남은 잔여의석을 득표비율에 따라 배분하나 이를 초과하지 못한 때에는 잔여 의석의 3분의 2를 제2당에게 배분하고 그 잔여의석을 제3당 이하의 정당의 득표비율에 따라 배분한다.

(2) 선거과정

제6대 국회의원 선거는 제3공화국 출범한 후 처음으로 치러지는 선거이자 대통령 선거에서 여당인 민주공화당이 승리한 후 한 달여 만에 치러지는 선거로서 정국에 초미의 관심이 되었다. 여당은 안정 세력을 구축해주어야만 정국 안정을 기할 수 있고 강력한 경제정책을 수행하여 경제발전을 이룩할 수 있다고 주장하였다. 이에 반해 야당은, 특히 민정당, 국민의 당, 민주당 및 자유민주당은 독재를 방지하고 민주주의를 수호하기 위해서는 민주공화당에 과반 수 이상의 의석을 허용해서는 안 되며 야당 국회를 만들어 견제해 한다고 주장하였다. 그러나 선거의 쟁점이 구체적인 정강정책보다는 여당이 유권자에게 안정을 호소한 반면, 야당은 여당에 대한 견제를 호소하는 데 당력을 집중시켰던 관계로 유권자들은 안정이냐 견제냐를 놓고 선택을 해야 했다. 그러나 야당진영은 입후보자의 난립과 선거운동 자금의 부족, 조직력의 미비 등으로 인해 기본적으로 여당에 비해 불리한 상황에서 경쟁해야 했으며, 효과적인 견제의 구조를 만들지 못했다(호광석 2005, 189).

그 동안 자의 반 타의 반 미국으로 외유를 떠났던 김종필이 귀국해 공화당 당의장으로 복귀했다. 군정기간 동안 김종필을 중심으로 비밀리에 신당을 창당하기 위한 움직임이 있었다. 박정희, 김종필 등은 패권정당의 방식을 통해 군부의 장기집권을 모색했던 것이다. 그러나 군인들이 참여할 신당 창당을 비롯한 집권계획은 군 동료들과 민간인들의 저항에 부딪혀 정치적 위기를 맞이하기도 했지만, 시행착오를 거치면서 결국 민주공화당이 집권의 중심적 역할을 맡게 되었다(김용호 2001, 117~144). 그리고 1963년 6대 국회의원 선거와 함께 민주공화당은 군부의 집권 세력으로 전면에 떠오르게 되었다(강원택 2011, 102).

본격적인 국회의원 선거 태세를 갖추면서 공화당은 구정치인을 배제하고 새로운 인물을 발굴하고자 노력했다. 장훈(2000, 8)에 따르면, 처음에 공화당은 사무국이 중심이 되어 각 과거 정치에 간여한 적이 없는 지역의 명망가나 지도적인 인물들을 선별적으로 고른 다음 이들이 각 지구당의 추천 과정을 거쳐 중앙당의 인준을 받아서 국회의원 선거에 나서도록 하였다. 그러나 이런 애초의 구상과는 달리 공화당이 공천한 162명 중 절반가량이 구정치인들이었는데 이는 군부의 정치개입과 공화당의 창당 명분이었던 구습에 물들지 않은 참신한 정치 세력의 등장과는 상당히 거리가 먼 것이었다. 박정희 스스로 공천은 '이상 6, 현실 4'를 반영한 것이라고 자인할 만큼 문제가 적지 않았고 이로 인해 당내 반발도 적지 않았다(김용호 2001, 146~7). 이러한 결과의 현실적 원인은 '참신한 정치 신인'의 발굴이 생각만큼 용이하지 않았고, 직전에 실시된 대통령 선거에서 공화당이 예상외로 고전을 겪으면서 국회의원 선거를 앞두고는 당선 가능성이 높은 기성 정치인들을 대거 공천했기 때문이라는 지적이 있다(강원택 2011, 102).

선거 쟁점 중 하나는 미국이 한국에게 요구한 경제안정화 프로그램(재정 안정계획)이었다(김일영 2004, 351~352). 당시 미국은 이 프로그램을 한국 정부에 강제하기 위해 1,500만 달러의 원조를 유보하고 있었는데 야당은 이것은 박정희 정부의 무능과 외교 실패의 증거라고 공격했다. 박정희는 버거 미국대사에게 원조를 조속히 제공해서 이런 소문을 불식시키라고 압력을 넣었는데, 미국은 이 문제가 정치 쟁점화되는 것을 막고 여당이 의회에서 다수 의석을 차지할 수 있도록 선거 직전 1963년 보조금으로 책정된 금액 중 1,000만 달러를 빼내어 제공했다. 원래 지원하기로 한 재원에서 지급된 지원금이 아니라는 점 때문에 논란이 일기는 했지만, 박정희에게 불리한 소문을 잠재우고 여당에게 유리한 분위기를 만드는 데 기여했다. 그리고 선거 직전인 11월 22일 발생한 케네디 미국 대통령의 암살 사건도 공화당에 유리한 영향을 미쳤다. 조의를 표현하기 위하여 국내 선거운동이 24시간 중단되기도 하였고 이것이 막바지 선거열기를 식히는 역할을 하여 선거결과에 다소 영향을 미쳤을 것이란 관측이 많다. 또한 박정희는 선거가 임박했음에도 장례식 참석을 위해 미국으로 향했는데 이 사건은 유권자들이 안정 희구적인 선택을 하도록 만드는 분위기 조성에 도움을 주었다는 주장이 있다(강원택 2011, 103).

제6대 국회의원 선거에는 <표 2-6>에서 보는 바와 같이 131명의 의원을 선출하는 지역구 선거에 12개 정당이 참여하고 847명의 후보자가 출마하여 평균경쟁률은 6.5대 1이었다.

여당인 민주공화당과 야당인 민정당은 131개 전지역구에 입후보자를 공천하였고, 민주당은 120명, 자유민주당은 117명, 국민의 당은 110명, 보수당은 79명을 각각 공천하였다. 이밖에 41명을 공천한 자유당을 비롯하여 정민회, 추풍회, 신민회, 신흥당, 한국독립당 등의 5개 정당은 공천율이 30%이하였다. 이전의 국회의원 선거와는 달리 제6대 국회의원 선거부터 정당공천제로 인하여 무소속 입후보자는 한명도 없었다.

〈표 2-6〉 제6대 국회의원 선거 입후보 현황

정당·단체명	후보 자수	비율	정당·단체명	후보 자수	비율
민주공화당	131	15.5	정 민 회	36	4.3
민 정 당	131	15.5	추 풍 회	33	3.9
민 주 당	120	14.2	신 민 회	29	4.6
자유민주당	117	13.8	신 흥 당	11	1.3
국민의 당	110	13.0	한국독립당	9	1.0
보 수 당	79	9.3	합 계	847	100
자 유 당	41	4.8	평균경쟁률	6.5 : 1	

출처: 중앙선거관리위원회(1973).

2) 선거결과

선거 결과 공화당이 압승을 거두었다. 공화당은 지역구에서 88석, 전국구에서 22석을 얻어 총 175석 가운데 110석을 얻었다. 야당의 경우에는 민정당이 41석을 얻어 제2당이 되었고, 민주당은 13석, 자유민주당 9석, 국민의 당 2석 등이었다. 앞서 언급한 대로, 공화당은 다수당에 유리한 선거제도의 도움을 크게 받았다. 공화당의 의석은 63%나 되지만 실제로 공화당이 얻은 득표율은 33.5%에 불과했다. 단순다수제 선거제도의 불비례 효과에 더해 제1당에 유리하도록 규정한 전국구 의석 배분 방식에 따른 결과였다. 이와 함께 야당의 난립으로 야당 지지 성향의 표가 분산된 것도 공화당이 득표율에 비해 많은 의석을 차지할 수 있었던 또 다른 요인이었다. 선거에 참여한 야당은 모두 12개의 정당 이었는데, 11개 정당이 1개 정부 여당을 상대로 다수제에 기초한 소선거구제에서 승리를 얻기는 거의 불가능한 일이었다(이상묵 2010, 181). <표 2-7>에서 볼 수 있듯이 1개 이상의 지역구 의석을 차지한 야당이 4개나 되었다. 전체 야당의 득표수가 66.5% 임에도 불구하고 단지 32.8%의 지역구 의석만 차지했다. 이런 관점에서 4개 야당이 연합을 했더라면 보다 좋은 성적을 낼 수도 있었겠지만 각 당 이해관계의 상충과 후보자들의 고집, 특히 비례대표제 채택으로 득표율을 높이지 않으면 안 되는 상황이었기 때문에 사전조정이나 연합전선은 이룰 수 없었다(심지연 2009, 185).

〈표 2-7〉 정부여당과 야당의 도시·농촌지역 의석수 비율(1963~1973년)

선거년도	여당(공화국)		야당	
	도시지역구	농촌지역구	도시지역구	농촌지역구
1963	46.7%	75.2%	53.3%	24.8%
1967	23.3%	94.1%	76.7%	5.9%
1971	17.9%	71.1%	82.1%	28.9%
1973	47.1%	50.9%	44.1%	34.8%

출처: 이상묵(2010) 재인용.

여당은 농촌 지역에서의 높은 의석수 전환비율에 힘입어 전체 농촌 선거거구에서 73.3%의 의석을 차지했다. 이러한 결과는 공화당이 야당에 비해서 농촌 지역에서 더 경쟁력이었음을 보여 주는 것이다. 그럼에도 불구하고 권력유지전략은 단기적인 선거이익 보다는 장기적으로 권력 유지라는 정치적 이익(political interest)을 목표로 했기 때문에 여당이 국회 과반수 유지는 하겠지만 여당의 의석수가 이전보다는 약간 줄어들 것으로 예측했다. 대신 줄어든 선거 이익은 다른 정치적 이익, 즉 정치적 안정을 얻음으로써 상쇄될 수 있을 것으로 기대했다(이상묵 2010, 182).

공화당 승리의 중요한 또 다른 요인은 앞선 대통령 선거에서도 나타났던 금권, 관권선거일 것이다(강원택, 2011, 103). 선거 비용을 예로 들면, 당시의 선거비용 한도액이 지역구 당 평균 110만 원이었는데 모든 공화당 소속 후보들은 200만 원 이상 뿌린 것으로 전해졌고, 공화당이 사용한 선거비용은 1조 1천 5백만 원이라고 보고했지만 실제로는 3조 원 이상이라고 추정할 정도였다(김용호 2001, 147). 5대 대통령 선거와 6대 국회의원 선거를 모두 승리하면서 군부는 이제 정치제도상의 절차를 통해 계속해서 집권할 수 있는 길을 열게 되었다. 박정희와 민주공화당은 군정 초기부터 안정적 의석을 바탕으로 패권정당의 방식을 통해 장기집권을 모색했었다. 군인들이 참여할 신당 창당을 비롯한 집권계획은 군 동료들과 민간인들의 저항에 부딪혀 정치적 위기를 맞이하기도 했지만, 시행착오를 거치면서 결국 민주공화당이 집권의 중심적 역할을 맡게 되었다(김용호 2001, 117~144). 이러한 의미에서 제6대 국회의원 선거와 함께 민주공화당은 군부의 집권 세력으로 전면에 떠오르게 되었다.

투표율은 총선거인수는 13,344,149명이었으며 이중 72.1%인 9,622,183명이 투표에 참여 하였다. 이러한 투표율은 이전에 실시된 역대 국회의원 선거에 비해 가장 낮은 수치였는데 이처럼 투표율이 저조하게 나타난 원인은 4·19혁명으로 수립된 민주정부를 비합법적인 방법으로 붕괴시키고 등장한 군사정권에 대한 정치적 불신감과 정치적 회의로 인한 결과 그리고 직전의 대통령 선거로 인한 피로감 등이 복합적으로 작용한 결과라 할 수 있을 것이다(호광석 2005, 189). 투표현황을 정리하면 <표 2-8>과 같다.

〈표 2-8〉 제6대 국회의원선거 투표현황

(단위: 명, %)

인구수	선거인수	투표자수			기권자수	인구대 선거인 수비율	투표율	유효 투표율
		유효표	무효표	합계				
26,278,025	13,344,149	9,298,830	323,353	9,622,183	3,721,966	50.8	72.1	96.6

출처: 중앙선거관리위원회(1973, 686).

〈표 2-9〉 제6대 국회의원선거 시·도별 투표현황

시·도	선거인수 (부재자수 포함)	투표자수 (부재자수 포함)	투표율(%)	부재자투표		
				신고자수	투표자수	투표율(%)
합계	13,344,149	9,622,183	72.1	373,699	348,417	93.2
서울	1,774,155	1,021,302	57.6	32,730	30,617	93.5
부산	686,993	467,760	68.1	12,435	11,717	94.2
경기	1,429,892	985,581	68.9	36,529	33,647	92.1
강원	823,498	619,829	75.3	23,000	21,056	91.5
충북	694,670	542,669	78.1	20,812	19,659	94.5
충남	1,306,741	978,292	74.9	40,756	37,774	92.7
전북	1,146,772	837,663	73.0	34,665	32,682	94.3
전남	1,798,695	1,324,142	73.6	59,818	55,460	92.7
경북	2,036,277	1,532,947	75.3	61,060	57,629	94.4
경남	1,494,661	1,188,320	79.5	47,481	44,063	92.8
제주	151,795	123,678	81.5	4,413	4,113	93.2

정당·단체별 득표현황을 살펴보면, 총 12개 정당이 참여한 가운데 투표가 실시되어 지역구와 지역구의 득표수에 따라 의석을 배분하였는바 5개 정당만이 의석을 확보하였다. 민주공화당이 가장 높은 득표율을 보였고 의석에 있어서도 가장 많이 차지했다. 전국 득표율은 33.5%이었으나 전국의석의 배분기준에 따라 제1당에 50%가 배분되어 전국구 44석 중 22석을 배분받았다. 지역구 당선자수도 33.5%의 득표율에 비하여 확보한 의석수 비율은 67.2%로 득표수에 비하여 의석의 획득은 두 배이다. 민정당은 지역구 27석에 제1야당으로서 배분받은 전국구의석 14석을 합하여 41석을 차지하였다. 전체 의석수의 23.4%이다. 반면 불과 전국 득표수에서 6.5% 뒤진 민주당은 전국구의석을 5석 밖에 배정을 못 받았다. 제2당이 제1당에 배분된 의석을 제외한 나머지 의석의 3분의 2를 배분 받

〈표 2-10〉 제6대 국회의원선거 정당·단체별 당선자 및 득표수 비교

(단위: 명, %)

정당별	당선자수			당선자 비율	득표수	득표율
	지역구	전국구	계			
자유당	–	–	–	–	271,820	2.9
신민회	–	–	–	–	165,124	1.8
자유민주당	6	3	9	5.1	752,026	8.1
신흥당	–	–	–	–	189,077	2.0
한국독립당	–	–	–	–	128,162	1.4
국민의당	2	–	2	1.3	822,000	8.8
보수당	–	–	–	–	278,477	3.0
민주당	8	5	13	7.4	1,264,285	13.6
민정당	27	14	41	23.4	1,870,976	20.1
정민회	–	–	–	–	259,960	2.8
추풍회	–	–	–	–	183,938	2.0
민주공화당	88	22	110	62.8	3,112,985	33.5
합계	131	44	175	100	9,298,830	100

출처: 중앙선거관리위원회, 대한민국선거사 제1집, p.688.

았기 때문이다. 후보자에 대한 투표를 정당의 투표로 간주하고 전국의석을 배분하는 것이 위헌이라는 판결을 받아 현재 공직선거법에서는 정당투표를 별도로 실시하고 있으나 당시에는 지역구 후보자에 대한 투표를 바로 정당에 대한 지지로 보고, 득표비율에 따라 전국구 의석을 배분하였다.

당시 정당의 역학관계와 정치적 고려에 의하여 전국구 의석의 배분기준을 법제화한 것이다. 상술한 바와 같이, 제1야당에 대한 전국구 의석의 과잉배분기준은 야당의 건전한 발전이라는 명목도 있지만 야당에 대한 배려를 통하여 국정의 원활한 운영을 꾀한 것이다.

직업별 당선자 분포를 살펴보면 <표 2-11>과 같다. 무직자인 당선자가 58명으로 가장 많았고 다음으로 회사원, 농업의 순이다. 전국의원은 정당에서 추천하기 때문에 직업별 분석은 큰 의미가 없어 설명을 생략한다.

학력별 당선자 현황을 보면 고학력화 현상이 강화되었다는 것을 알 수 있다. 전문대학의 졸업자 및 중퇴자와 대학교 졸업자인 당선자 비율이 84%로 제5대 국회의원선거의 76%보다 높았다.

〈표 2-11〉 제6대 국회의원선거(지역구) 직업별 당선자 현황

(단위: 명, %)

직 업 별	당선자수	비율	직 업 별	당선자수	비율
농 업	26	14.9	교 육 자	1	0.6
상 업	6	3.4	언론 및 출판업	7	4.0
공 업	1	0.6	회 사 원	27	15.4
수 산 업	1	0.6	공익사업	1	0.6
광 업	3	1.7	기 타	29	16.6
운 수 업	3	1.7	무 직	58	33.1
변 호 사	10	5.7			
의사 및 약업	2	1.1	합 계	175	100

출처: 중앙선거관리위원회, 대한민국선거사 제1집, p.691.

〈표 2-12〉 제6대 국회의원선거(지역구) 학력별 당선자 현황

(단위: 명, %)

학 력 별	당선자수	비율	정당·단체별	당선자수	비율
국교졸업	3	1.7	대학중퇴	9	5.2
중학중퇴	1	0.6	대학졸업	102	58.3
중학졸업	2	1.1	대학원졸업	15	8.6
고교중퇴	1	0.6	기 타	2	1.1
고교졸업	18	10.3	고시합격	2	1.1
전문중퇴	3	1.7			
전문졸업	17	9.7	합 계	175	100

출처: 중앙선거관리위원회, 대한민국선거사 제1집, p.690.

정리하면 제6대 국회의원선거는 국회의원선거 사상 처음으로 지역구와 전국구로 나누어 소선거구 다수대표제와 비례대표제를 병용하여 실시한 선거였다. 입후보는 정당추천제를 요건으로 하였기 때문에 무소속의 입후보는 원천적으로 불가능하였다. 최초로 도입된 전국구의원 제도는 그 의석배분 비율에 있어 제1당과 제2당에 대하여 우월적으로 특혜를 주는 제도로서 이는 국정의 안정과 제1야당의 배려로 양당정치의 정착을 도모하려는 제도로 도입하였으나 국민의 지지도와 의석수의 획득이 불균형이 심하여 국민의사가 왜곡되는 것을 법적으로 허용했다는 모순을 안고 있다. 이 밖에도 제6대 국회의원선거는 이전의 국회의원선거 중 가장 투표율이 낮았다. 정당추천제를 법제화하여 무소속출마를 불허한 것은 기본권을 유린하는 요소가 다분하다는 평가이다. 다른 한편으로 역대선거에 비하여 군소정당이 줄고 5개 정당만이 국회에 진출함으로써 정당의 난립을 막겠다는 헌법과 선거법의 의도가 현실화 되었다고 평가되어진다.

제 6 절 제6대 대통령 선거, 제7대 국회의원 선거와 3선 개헌 국민투표

1. 제6대 대통령선거

1) 선거환경

(1) 정치 환경

1963년 5대 대통령 선거 때 박정희는 15만 표의 차이로 어렵게 승리했지만 1967년의 상황은 그 때와는 많이 달라져 있었다. 우선 야당은 여전히 분란에서 벗어나지 못하고 있었다. 한일협정 비준을 앞두고 이에 대한 국민적 저항이 커지고 야당 통합의 요구가 높아지면서 1965년 5월 민정당과 민주당은 합당을 통해 민중당을 창당했다. 그러던 가운데 6월 14일 창당 대회에서 윤보선과 유진산의 갈등으로 인해 민주당 총재였던 박순천이 당수가 되는 이변이 일어났다. 이후 윤보선은 민중당을 탈당했고 함께 탈당한 다른 의원들과 함께 신한당을 창당하였다. 하지만 민중당과 신한당 두 야당 내부에도 각각 주류와 비주류 사이에 대립이 심각했고, 또 그 안에 다시 몇 개의 파벌들이 나누어져 있는 상황이었다(신동아 1967년 2월호, 163~164). 이렇게 야당이 지리멸렬한 가운데 1966년 서민호가 사회민주당(1967년 대중당으로 개칭)을 창당하였다. 하지만 창당발기인 대회의 결의문이 문제가 되어 당직자들이 구속되는 등 정권의 탄압으로 제대로 활동조차 할 수 없었다(한국민주화운동사 2008, 493). 제6대 대통령 선거를 앞두고 민중당은 유진오를, 신한당은 윤보선을 대통령 후보로 지명했다. 그러나 야당 통합 없이는 선거에 승산이 없다는 여론과 야권 내부의 압력에 의해 두 정당은 다시 합당을 결정하고 대통령 후보는 윤보선이, 대표위원은 유진오가 각각 맡도록 결정하였다. 그러나 이미 야당은 박정희 정권에 제대로 대응할 수가 없는 상태였다.

한편으로 한국과 일본은 미국의 동아시아 지역통합전략에 따라 관계정상화를 위한 교섭을 이미 1951년부터 진행중이었다. 하지만 한일회담은 난항의 연속이었다. 한국과 일본은 청구권과 어업문제에 대하여 첨예한 대립을 보이고 있었다. 군사정권은 쿠데타 직후인 1961년 5월 22일 일본에 조속한 회담 재개를 제의하면서, 한일회담은 10월 재개되었다. 난항을 거듭하고 있던 한일수교가 성공을 거두게 된 데에는 여러 이유가 있는데 먼저 미국의 동북아 정책을 들 수 있다. 한국전쟁 이후 미국은 동북아에서 소련과 공산주의에 대응하는 정치, 경제, 군사, 문화적 지역통합정책을 추구하였는데 한국과 일본 양국의 내부사정과 배상문제 등으로 인하여 한·미·일 삼각동맹을 체결하지 못하고 있었다. 특히 미국은 1950년대 후반 미국의 경제적 쇠퇴로 인하여 전후 미국의 원조로 부흥을 이룩하고 있는 유럽 국가들과 일본 등 동맹국들의 경제적인 책임부담을 요청하게 되었다. 미국의 입장에서는 한국과 일본의 관계정상화는 한국에 대한 미국의 지출을 줄이면서도 동북아의 안정을 이룰 수 있는 기회라고 판단하였다. 이러한 이유로 미국은 한국의 경제개발과 일본의 동북아에서의 역할 강화를 동시에 추구하게 되었고, 한국과 일본에 관계정상화 협상의 압력을 가했다. 다음으로 일본의 경제적 이해관계가 한일 수교의 성공을 이끌었다고 할 수 있는데 일본은 전후 피폐했던 경제가 한국전쟁으로 호황을 누리게 되었고 이러한 호황의 결과물들인 과잉생산품들을 수출할 시장이 필요한 상태였다. 마지막으로 한국의 정치·경제적 이해관계가 맞물려 있었다. 당시 미국의 경제원조로 지탱하고 있던 한국의 경제가 1958년 이후 미국달러화의 약세와 미국무역수지 악화로 인하여 경제원조가 급격히 감소하면서 경제개발정책 등에서 정책수행의 차질을 빚고 있었다. 경제회복을 약속했던 군정으로서는 미국원조의 감소로 인한 어려움을 상쇄할 수 있는 새로운 지원국을 모색해야 할 상황이었다. 이러한 원인들이 복합적으로 작용한 결과 정부는 학생과 야당의 격렬한 반대를 무릅쓰고 1965년 6월 22일 한일기본조약을 체결하였다.

하지만 이는 박정희 정권에게는 상당한 정치적 부담으로 작용했는데 한일수교교섭이 본격적으로 시작된 이후 이를 반대하는 시위가 계속되었고, 1964년 3월 6일 야당은 대일 굴욕외교반대 '범국민투쟁위원회'를 결정하고 전국 순회유세에 들어간 상태였다. 1963년 3월 24일부터 대학생들의 시위가 전국적으로 확산되고 반대의 대상이 굴욕적 한일회담에서 박정희 정권 하야로 이동하자 1964년 6월 3일 비상계엄령을 선포하게 된다.[11] 박정희 정권은 자신에 대한 반

11 1964년 한일협정반대투쟁은 굴욕적 한일회담 반대에서 그 대상이 박정희 정권 자체로 완

대와 타도를 분명히 한 대학생들을 막기 위해 비상계엄 선포와 동시에 군 병력을 동원하여 한일회담반대투쟁을 강력하게 탄압하였다. 한편으로 제3공화국 들어 최대의 학생시위였던 6·3시위 직후 한일수교교섭을 담당하고 있던 김종필은 또다시 책임을 물어 외유를 떠나야 했다. 물론 그는 1965년 12월 공화당의장으로 화려하게 복귀하게 된다.

하지만 한일협정을 조인하는 과정에서 계속된 학생들의 시위는 박정희의 '민족적 민주주의'의 부정으로 이어지면서 박정희 정권과 더 이상 양립하기 힘들게 되었다(한국민주화운동사 2008, 404). 박정희는 민정이양을 위한 1963년 10월 대통령 선거에서 '민족적 민주주의'를 내세워 승리를 거두었고 이 과정에서 대학생들의 지지를 받았었다. 하지만 학생들의 민족주의·민주주의 지향은 정통성 없는 권력을 가지고 굴욕적 저자세로 한일회담을 추진하는 정권에게 더 이상 지지를 보낼 수 없었다.

1960년대 중반 한일협정반대투쟁의 소용돌이 속에서 한국군이 베트남전쟁에 참전하게 되었다. 한국군의 베트남 파병 논의는 1950년대부터 시작되었다. 1961년 박정희와 케네디 회담 때 박정희 당시 국가재건최고회의 의장은 한국군 파병을 먼저 제안했으며, 1962년 김종필이 베트남을 방문했을 때도 파병의사를 밝혔다. 이때까지만 해도 미국이 베트남에 파병할 병력이 절실히 필요할 때가 아니었으므로 박정희의 제안은 실현되지 않았다. 그러나 베트남전쟁의 상황이 악화되고, 대부분의 동맹국들이 파병에 미온적인 태도를 보이자 적극적인 파병 의사를 밝힌 박정희는 미국의 중요한 파트너로 격상되었다(박태균 2007, 290; 홍규덕 1999, 63).

한국군의 월남파병은 곤경에 처한 우방의 안보를 지원한다는 표면적인 이유와 실질적으로 주한미군이 베트남으로 파병되는 것을 차단하고 경제개발에 필요한 외화를 획득한다는 군사·경제적인 목표를 동시에 추구하는 결정이었다.

전히 이동 하는 모습을 보인다. 박정희 정권의 부정부패 스캔들이 연이어 터지고 학원사찰의 실상이 폭로되면서, 또한 민생고와 같은 경제적 어려움이 가중되면서 한일협정반대투쟁은 박정희 정권의 퇴진으로 이어진 것이다(한국민주화운동사 2008, 430). 1964년 6·3 시위에서 학생들은 주로 "① 박 정권 하야 ② 악덕재벌 처단 ③ 학원사찰 중지 ④ 여야 정객의 반성 촉구 ⑤ 민생고 시급 해결 ⑥ 부정부패 원흉 처단" 등의 구호를 외쳤다(경향신문 1964년 6월 3일자).

한국군의 월남파병은 1963년 9월 11일 130명의 의무부대와 10명의 태권도 교관을 파견한 것이 처음이었다. 월남전에 한국군을 파병하는 문제와 더불어 1966년 3월 7일에 서명한 '한·미 파월증파조건 합의록(브라운 각서)'로 월남전으로 인한 대미 경제혜택이 문서로 공식화되었는데, 가장 두드러진 특징 중 하나는 한국의 건설업계의 베트남 진출의 길이 확보되었다는 것이다. 그러나 국군의 월남파병은 야당과 학생들의 격렬한 반대 속에 여당 단독으로 이루어졌고, 한일 수교 반대 시위와 더불어 계속된 월남파병반대 시위로 사회는 극도의 혼란에 빠졌다. 이러한 시위는 한일수교문제와 맞물려 정권퇴진문제로 확대되어 정국의 혼란을 가중시켰다.

1963년 대통령 선거와 국회의원 선거에서 패배한 이후 야권은 민주당 구파와 신파가 각각 민주당과 민정당으로 다시 한 번 분열되어 있었다. 그러나 한일국교 정상화를 서두르는 여당에 대항하여 '한일국교정상화반대공동투쟁'을 전개하면서 민정당과 민주당은 1965년 5월 민중당으로 통합되기에 이른다. 그러나 민중당 내에서의 권력투쟁에서 패배한 윤보선은 한일국교정상화문제가 여당에 의하여 일방적으로 국회를 통과한 것을 저지하지 못한 것을 비난하면서 민중당을 이탈하여 신한당을 창당하였다. 제6대 대통령 선거를 앞두고 민중당은 유진오를 대통령 후보로 선출하고 신한당은 윤보선을 후보로 선출하는 등 또 다시 야권분열의 양상을 보였다. 이러한 야당의 분열은 이번 선거에서 반드시 승리해야 한다는 당위론이 우세해져 다시 야권통합을 시도한 결과 대통령 선거 직전인 1967년 2월 7일 유진오 총재와 윤보선 후보체제의 신민당이 탄생하였고, 윤보선은 통합 시민당의 대통령 후보로 제6대 대통령 선거에 재출마하였다.

(2) 사회경제 환경

제6대 대통령 선거는 역대 대선 가운데 경제 쟁점이 가장 높은 비중을 차지했던 선거이다. 1963년부터 실시했던 제1차 경제개발 5개년 계획이 종결되고 1967년부터 제2차 경제개발 5개년 계획이 시작되었다. 아래의 표는 각 분야에서 제1차 경제개발 계획의 실적인데 당초 7.1%로 책정했던 경제성장률은 1962년을 제외하고 고속성장을 시작하여 경제개발 계획기간동안 목표를 초과 달성하였다. 이러한 경제성장은 정부와 야당의 능력을 과시하는 지표로 활용되었다.

특히 이러한 경제발전은 그 성과를 본격적으로 느끼기 시작한 도시지역 주민들이 정부와 여당에게 지지를 보내는 계기가 되었고, 그 결과 경제성과에 대한 정부와 여당의 적극적인 홍보는 선거에서의 승리에 중요한 요인으로 작용하였다(강원택 2011; 심지연 2013).

제2차 경제개발계획기의 경제정책은 '산업구조를 근대화하고 자립경제 확립 촉진'을 목표로 제1차 경제개발 계획에서 나타난 문제점들을 보완해 특히, 농업개발과 고용확대, 중화학공업의 건설과 과학, 기술의 진흥 등이 중점산업으로 강조되었다. 제2차 경제개발 계획은 평균 9.7%의 고도성장을 기록하며 주로 2차 산업에 의해 주도되었다. 이러한 고도성장은 국민소득의 급격한 상승을 유발하여 1인당 GDP는 1966년의 125달러에서 1971년 278달러로 높아졌다.

동시에 이 시기는 한일협정의 체결로 일본으로부터 청구된 지불 1차년도의 1966년에 무상자금 1,208만 달러, 재정차관 1,407만 달러가 지불되었고, 1967년에 무상자금 3,700만 달러, 재정차관 2,500만 달러가 도입되었다. 특히 1966년부터

〈표 2-13〉 제1차 경제개발 5개년 계획의 실적

(단위: 백만불, %)

연도 / 경제지표	1962	1963	1964	1965	1966	평균
1인당 국민총생산	239	247	271	280	3.7	–
경제성장률(%)	4.1	9.3	8.9	8.1	11.9	8.5
국민저축율(%)	0.8	7.0	6.5	5.8	10.5	6.1
제1차 산업(%)	33.4	32.5	35.1	32.3	31.7	33.0
제2차 산업(%)	21.7	23.0	22.3	24.8	25.7	23.5
제3차 산업(%)	44.9	44.5	42.6	42.9	42.6	43.5
정상수지	–292.0	–402.8	–221.0	–198.6	–250.6	–
수출	54.8	86.8	119.1	175.1	253.7	–
수입	421.8	560.3	404.4	450.0	673.2	–
1인당 GDP(달러)	87	100	103	105	125	–

1967년 사이 한국은 총 1억 850만 달러의 민간차관을 일본으로부터 들여왔는데 이러한 자금이 경제성장에 중요한 원동력이 되었다. 그러나 이 과정에서 정부의 인가와 상환보증이 필요하였으므로 차관을 들여오는 한국기업은 정부의 인가를 얻기 위해 일정비율의 뇌물을 상납하였고, 이러한 뇌물은 공화당의 정치자금으로 활용되는 부작용도 발생하였다.

또한 국군의 월남파병은 한국 경제가 고도성장을 이룩할 수 있는 발판을 수립하는 중요한 요인이 되었다. 월남전으로 인한 경제특수는 당시 한국이 월남에서 벌어들인 외화소득으로도 추정할 수 있는데, 그 총액은 AID(Act for International Development) 차관의 추정치로 1966년부터 1972년 사이 총 9억2천 5백만 달러 정도로 보고되었다. 이러한 많은 양의 자금유입은 경제발전의 목표를 수행하는 데 큰 도움을 주었고, 특히 월남전은 한국 기업이 월남에 진출할 수 있는 계기를 마련하여 한진과 같은 신흥재벌이 등장하게 되었다.

(3) 대외 환경

제6대 대통령 선거를 앞둔 시점인 1966년 말부터 1967년 상반기에 집중되었던 외국 국가원수들의 방한은 정부와 여당이 이들을 현 정부의 치적을 과시하는 선전도구로 활용하고 있다는 비난을 들었다. 1966년 10월 31일 미 존슨 대통령의 방한을 시작으로 서독의 뤼프케 대통령, 태국의 타놈 수상, 호주 홀트 수상 등이 입국하였고, 이들을 위한 환영행사와 산업시찰이 대대적으로 이루어졌다. 특히 존슨 대통령의 방한 뒤 한국군의 경비병력 파견이 공식적으로 공포되기도 하였다.

한편 이 시기에 계속된 대남 침투간첩 체포 발표는 사회 위기감을 고조시키고 있었는데, 대표적인 사건으로 1967년에는 1월 동해상에서 어로보호작전을 수행하던 해군함대 소속의 PCE 56호 격침사건으로 남북관계가 긴장국면에 접어들었고. 1967년 3월 22일 북한 중앙통신 부사장 이수근의 귀순과 같은 해 7월 8일 동백림 사건 등이 대표적이다. 1967년 7월 8일 중앙정보부장 김형욱은 교수·학생 등 194명이 관련된 '간첩단 사건'을 발표했는데, 이것이 이른바 동백림 사건이다. 동백림 사건이 어떤 의미를 갖는지는 이 사건을 발표한 날 동아일보의 1면 기사가 잘 보여주고 있다. 이날 동아일보 1면은 부정선거관련시장, 군수,

경찰서장 등에 대한 대폭적인 인사 조치가 있을 것이라는 기사와, 신민당이 일괄 선거소송을 제기했다는 기사가 오른쪽 반을 차지하였다. 나머지 반은 '북괴 대남간첩사건'(동백림 사건)에 대한 중앙정보부의 발표가 차지하고 있었다(동아일보, 1967년 7월 8일자). 당시 6·8총선의 부정선거로 전국이 들끓고 있을 상황에서 국민들의 관심을 돌리고 반정부 투쟁세력들을 위협하기에 간첩단사건보다 더 좋은 것은 없었다. 중앙정보부는 부정선거규탄시위가 한창이던 7월 8일부터 18일까지 무려 일곱 차례에 걸쳐 '동백림을 거점으로 한 북괴 대남적화공작단'에 대한 수사 결과를 발표하여 언론과 국민의 관심을 집중시켰다(한국민주화운동사 2008, 509).[12]

2) 선거 제도 및 선거 과정

(1) 선거 제도

제6대 대통령선거를 위한 선거법은 제6대 국회 막바지에 국회의원선거법과 함께 이전의 대통령선거법도 개정하여 공포하였다. 1966년 12월 14일에 법률 제1848호로 개정·공포된 대통령선거법의 주요내용을 보면 다음과 같다.

① 국외체류 부재자에 대한 우편투표제도를 신설하여 그 방법과 절차를 국회의원선거법과 같이 한다.

② 구·시·읍·면의 장은 개표구 선거연락소 책임자의 신청이 있는 때에는 확정된 선거인명부 사본 1통을 교부하여야 한다.

③ 선거인명부의 열람기간이 「선거일전 30일부터 10일간」에서 「선거일전 25일부터 5일간」으로 단축한다.

④ 선거인명부의 확정일이 「선거일전 5일」에서 「선거일전 7일」로 단축된다.

⑤ 선거비용으로 확정되지 아니하는 비용에 「선거인명부사본의 교부에 소요되는 경비」를 신설한다.

---

12 중앙정보부의 발표와 달리 동백림 사건 관련자 중 실제로 한국에 돌아와서 간첩행위를 한 경우는 거의 없었다. 중앙정보부는 대규모 간첩단이라고 하여 무려 203명의 관련자들을 조사했지만, 최종심에서 간첩죄가 인정된 사람은 1명도 없었다. '국정원 과거사 진실규명을 통한 발전위원회'는 2006년 1월 26일에 당시 정부가 단순 대북접촉과 동조행위를 국가보안법과 형법상의 간첩죄를 무리하게 적용하여 사건의 외연과 범죄사실을 확대·과장했다고 밝혔다. 또한 사건조사 과정에서의 불법 연행과 가혹행위 등에 대해 사과할 것을 정부에 권고했다.

⑥ 투표통지표는 구·시·읍·면의 장이 작성하여 선거일전 2일까지 교부하고 미교부된 투표통지표는 투표구선거관리위원회에서 선거일전일까지 다시 교부하도록 한다.

(2) 선거 과정

1967년 3월 24일 정부는 제6대 대통령선거를 5월 3일 실시한다고 공고하였다. 4월 3일 등록을 마감한 결과 박정희, 윤보선 이외에 정의당 이세진, 한국독립당 철진한, 대중당 서민호, 민중당 김준연, 통한당 오재영 7명이 출마하였다. 4월 28일 대중당 서민호 후보는 야권 통합을 이유로 중도에 사퇴했으며, 선거는 다시 박정희－윤보선의 양자 구도로 치러지게 되었다. 윤보선은 분열됐던 야권이 통합돼 사실상 단일 후보나 마찬가지였기 때문에 선거에서의 승리를 확신했으며, 박정희도 승리를 낙관하고 있었다. 박정희는 지난 4년간 경제개발이 성공적으로 추진되었다고 믿고 있었으며, 윤보선이 당내 분란 탓에 영향력이 약화되었다는 점 등을 들어 당선에 크게 어려움이 없을 것으로 전망하였다.

제6대 대통령선거의 선거운동 양상은 전국 순회형태의 유세대결의 양상으로 전개되었다. 박정희－윤보선 두 후보의 양자 대결 양상은 87.7%에 달하는 두

[그림 2-7] 제6대 대통령선거 당시의 후보자 벽보

출처: 중앙선거관리위원회(1973).

후보의 득표율이 이를 반증한다. 박정희 후보는 재집권을 호소하는 가운데 "야당엔 민족 과제를 맡길 수 없다"고 공격하였고, 윤보선 후보는 "부패한 박 정권에게 재집권을 허용할 수 없다"고 맞섰다. 선거의 주요 쟁점은 경제개발, 월남파병, 한일관계, 공정선거 등이었다.

아무래도 제6대 대통령선거는 역대 대선 가운데 경제 이슈가 가장 높은 비중을 차지한 선거였다. 이를 뒷받침 하듯 송근원(1996, 130)이 분석한 후보자별 이슈제기 빈도를 보면, 박정희 후보는 경제이슈(45.9%)－정치이슈(31.5%)－안보이슈(19.2%)를 제기한 반면, 윤보선 후보는 정치이슈(67.0%)－경제이슈(19.6%)－안보이슈(10.6%)순으로 나타났다. 그럼에도 불구하고 박정희 후보와 윤보선 후보는 경제쟁점과 정치쟁점이라는 각기 다른 방향에서 선거이슈에 초점을 맞추었다는 것을 알 수 있다(서복경 2002, 87).

제6대 대통령선거 운동기간 동안 공화당과 신민당의 선거광고, 유세회견내용, 대변인 성명, 포스터 광고 내용에 사영된 쟁점을 분석한 또 다른 연구에 의하면, 공화당이 가장 빈도 높게 사용한 표현은 "농공정책"이며, 이에 반해 신민당은 "반농정책"이다(정대수, 1970, 61~68). 공화당은 제1차 경제개발 5개년 계획의 성과에 대한 홍보와 제2차 경제개발 5개년 계획에 대한 구상을 중심으로 농업 정책과 공업 정책을 선전한 반면, 신민당은 "공화당의 중농정책은 농민의 이익을 배반한 반농정책(…)"이며 "박 정권의 경제정책은 대중을 수탈하여 특권재벌만을 비대하게 하였다"(동아일보 1967년 4월 20일)는 부정적 상징을 주로 사용하였다. 당시 민주공화당의 김종필 의장은 제6대 대통령선거의 성격을 "조국 근대화를 향한 전진세력과 퇴영적인 수구세력"의 대결로 정의하여(조선일보 1967년 4월 4일), 경제개발의 성과를 근대화 담론으로 연계시키고자 하였다. 또한 박정희 후보는 "중단 없는 조국 근대화를 추진"할 것을 천명하여 탈정치화된 경제성장정책을 중심으로 선거유세를 전개하였다(동아일보 1967년 4월 15일). 반면 신민당은 경제성장정책이 가져온 농촌소득의 감소와 부의 불균등 분배를 근거로 박정희 정부의 근대화 정책을 '사이비 근대화'로 규정짓고 경제개발과정에서 나타난 '부정부패, 특권층 유착 등 4대 비정'을 유세기간 동안 쟁점화하고자 하였다(조선일보 1967년 4월 2일/4월 11일).

월남파병문제와 관련하여는 민주공화당은 월남파병의 결과가 성공적이라는 점을 부각시키며, 월남의 현 전쟁사태가 하루빨리 우리가 목적하는 명예롭고 평화로운 해결로 도달되어야 한다고 주장하였다. 이에 반해서 신민당은 월남파병에 대하여는 선행조건이 있다고 지적하고 무엇보다도 한미방위조약을 개정하여 전쟁이 발생했을 때 미국이 자동적으로 참가하고 미군이 마음대로 철수 할 수 없도록 해야 한다는 점을 강조하였다. 또한 그것을 못한 것은 우리국방을 소홀히 한 것이고 또 미국이 월남에서 싸우고 있는 우리 국군에 대하여 월맹군이 가지고 있는 무기보다 더 보잘 것 없는 무기를 주고 있다는 사실을 부각하였다. 그러면서, 우리 정부의 월남파병 군인을 위한 노력이 부족하다는 것을 강조하였다.

한일관계에 있어서는 민주공화당은 한일협정을 체결할 때 야당이 경고한 것과는 달리 협정으로 인하여 지난 1년 동안의 눈부신 외교활동을 전개하였다는 점을 강조하였다. 특히 서울에서 5개 이상의 국제회의를 한국이 주도하였고 그로 인하여 아세아지역 반공체제를 결속해 나가는 발판을 만들었다고 강조하였다. 그로 인해 과거의 낡은 폐쇄적이고 고립적인 입장에서 세계 속의 한국으로 웅비할 수 있게 되었다는 것을 강조하는 등 국제적인 성과를 높이 내세웠다. 이에 비해서 신민당은 한일국교의 당위성은 인정하나 어업협정 및 청구권문제에 있어서는 너무도 굴욕적이었다는 것을 강조하였다. 신민당이 집권하는 경우 한일간의 제반조약을 양자 평등한 입장에 설수 있도록 수정하겠다고 발표하였다.

[그림 2-8] 제6대 대통령선거 포스터

출처: 중앙선거관리위원회(1973).

신민당은 민주공화당에 대하여 광범위한 정보활동, 비밀정치로 인한 지식인들의 의사표시의 부자유, 정당조직의 위법적 확대, 공무원동원 선거운동 등을 지적하며 공정선거는 기대할 수 없다며, 야당과 국민의 투쟁을 통하여 쟁취하여야 한다고 강조하였다. 신민당은 창당대회 결의문에서 만일 부정선거의 경우 거기서 오는 불행한 사태 발생의 모든 책임은 박정희 정권이 져야 할 것이라 경고한바 있었다. 이에 대하여 민주공화당은 준법선거의 입장을 밝혔지만, 이미 이때부터 정부와 여당이 획책하는 부정선거의 조짐이 역력했다고 할 수 있다.

3) 선거결과

제5대에 이어 박정희와 윤보선의 재대결이 펼쳐진 제6대 대통령선거에서 박정희는 116만여 표 차이로 윤보선을 누르고 당선되었다. 총유권자수는 13,935,093명이었으며 이중 11,645,215명이 투표에 참여하여 83.6%의 투표율을 보였다.

지역별로 두 후보자의 득표율을 살펴하면, 박정희는 영남에서 윤보선보다 1백여만 표를 더 획득하였으며, 경기지역에서 윤보선이 약간 앞섰다. 호남지역에서는 거의 동등한 득표를 보였다. 두 후보를 제외한 기타 군소 후보의 득표가 극히 적어 양당제에 대한 의식이 자라잡기 시작한 때도 이 시기라고 할 수 있을 것이다. 영남을 제외하고는 표의 평준화 현상이 나타났고, 제5대 대통령선거에서 나타났던 표의 남북현상은 사라졌지만, 동서투표의 새로운 현상이 나타난 시기도 이 시기이다.

개표가 끝난 후 윤보선은 자신의 패배가 부정선거 때문이라고 주장하였다. 사실 1967년 대선 역시 이전의 선거에서와 마찬가지로 관권선거, 금권선거가 결코 약해졌다고 하기에는 무리가 있었다(심지연 2013, 198). 그러나 재출마한 윤보선에 대한 전반적인 지지의 폭이나 강도는 이전에 비해 상당히 약해졌고, 대선 전 보여줬던 야당의 분란도 유권자들에게 부정적인 영향을 미쳤다. 그러나 1967년 대선에서 박정희 후보가 비교적 손쉬운 승리를 거두게 된 데에는 경제적 성장의 효과가 무엇보다 컸다는 것이 일반적인 견해이다. 선거 승리 후 민주공화당은 대선 승리가 일하는 대통령이라는 생산적 정치의 이미지와 그동안 추진한 공업화 정책이 국민들로부터 열렬한 지지를 받았기 때문이라고 주장하였다(심지연 2013, 198).

제6대 대통령 선거는 4년 전 실시된 1963년 대통령 선거와 비교하면 이외에도 몇 가지 흥미로운 차이가 발견된다(강원택 2011, 105~106). 우선 4년 전 선거에 비해 박정희 후보는 여유 있게 승리하였다. 1963년 대선에서 박정희의 득표율은 42.6%였는데 1967년에는 48.8%로 높아졌다. 윤보선 후보와의 득표 차이도 4년 전 15만여 표로부터 1967년에는 116만 표로 크게 증가하였다. 주목할 점은 서울이나 부산 같은 대도시 지역에서 박정희의 지지율이 크게 상승했다는 점이다. 서울에서는 4년 전 30.2%에서 1967년에는 45.2%로 높아졌고, 부산에서도 48.2%에서 64.2%로 크게 증가하였다. 비단 서울과 부산뿐만 아니라 박정희 후보는 광주, 전주, 수원을 제외한 전 도청 소재지에서 승리하였다. 1963년 대선에서 확인된 여촌야도와는 다른 투표 행태가 나타난 것이다. 즉 제6대 대통령선거에서 박정희가 재집권에 성공한 것은 농촌 유권자의 안정적인 지지 기반을

〈표 2-14〉 제6대 대통령선거 후보자별 득표현황

시도별	유효투표총수	후보자별 득표수					
		정의당	한국 독립당	신민당	민중당	민주 공화당	통한당
		이세진	전진한	윤보선	김준연	박정희	오재영
합계	11,058,721	98,433	232,179	4,526,541	248,369	5,688,666	264,533
서울	1,317,695	7,635	14,242	675,716	13,142	595,513	11,447
부산	526,584	3,028	4,556	164,077	6,866	338,135	9,922
경기	1,282,606	11,029	25,306	674,964	23,248	525,676	22,383
강원	838,074	7,310	15,400	349,807	17,757	429,589	18,211
충북	579,342	7,114	20,345	252,469	14,526	269,830	15,058
충남	1,078,918	10,560	28,809	505,076	27,295	489,516	17,662
전북	926,388	8,325	28,943	451,611	23,945	392,037	21,527
전남	1,464,369	11,774	28,156	682,622	46,721	652,847	42,249
경북	1,693,362	19,647	45,482	447,082	40,884	1,083,939	56,328
경남	1,221,996	9,895	16,065	281,545	30,740	838,426	45,325
제주	129,387	2,116	4,875	41,572	3,245	73,158	4,421

출처: 중앙선거관리위원회(1973, 758).

유지하면서 도시 지역 유권자의 득표를 추가할 수 있었기 때문이었다(서복경 2002, 90~91). 각 권역별 대도시지역은 권역 내 농촌지역의 투표이동의 2~4배에 이르는 급격한 변화를 보였다(서복경 2002, 89). 광주지역은 호남지역 전체가 박정희 지지증가율이 11.3% 하락을 기록하고 있음에도 불구하고 오히려 지지증가를 나타냈으며, 지지증가율이 가장 낮은 충청의 경우 농촌지역은 4.4%의 지지증가를 기록하나 대전은 그 4배를 넘는 17.1%의 지지 증가를 보이고 있다. 위 결과를 통해 제6대 대통령선거의 박정희 승리는 도시 유권자 지지이동을 바탕으로 하고 있다고 해석된다.

도시 유권자의 투표이동을 설명할 수 있는 하나의 요인은 박정희 정권에 의한 실업문제 해결과 이 시기 노동자들의 실질임금 성장률이다. 이러한 주장은 나름대로 근거가 있는 것이었다. 왜냐하면 도시노동자들의 실질 소득 증가는 신민당의 분배문제에 대한 비판에도 불구하고 박정희 지지로의 전환을 가능케 했던 것이다. 한국의 도시화는 전후 이미 상당히 진척되어 있었다. 이들은 전쟁으로 생활기반을 상실한 월남인구와 농촌 유입 인구들로 구성되어 있었다. 이들에게 실업문제는 가장 절박한 생활의 요구였고, 제1차 경제개발 계획은 이 문제를 상당부분 해소시켰다. 전체 노동력 중 2차 산업 종사자는 1960년 8.5%에서 1970년 15.9%로 증가하였으며, 이 비율은 노동자계층의 성장을 의미한다. 또한 이 시기 노동자들의 실질임금 성장률은 1965년을 기점으로 상승하여 1966년에는 10.9%의 증가율을 보이게 된다. 농촌에 비해 도시 지역이 이러한 경제 성장의 1차적 수혜자가 될 수밖에 없다는 점을 고려한다면 4년 전과 비교할 때 도시 지역에서 박정희에 대한 지지가 높아진 원인을 이해할 수 있을 것이다. 1967년 대선 승리로 박정희는 헌법에 규정된 대로 중임을 위한 마지막 대선을 치른

〈표 2-15〉 1962~1966년 GNP 성장률과 실질임금성장율(단위: %)

	1962	1963	1964	1965	1966
실질 GNP 성장률	4.1	9.3	8.9	8.1	11.9
실질임금변동율	−1.2	−7.9	−6.5	0.8	10.9

출처: 서복경(2002), p.24 재인용.

셈이다. 그러나 대선 승리와 함께 공화당은 한 달 앞으로 다가온 제7대 국회의원 선거를 향해 전력투구 하게 되었다.

2. 제7대 국회의원 선거

1) 선거제도와 선거과정

(1) 선거제도

제6대 국회의원선거법 적용에 따른 선거과정이 여러 가지 운영상의 문제점을 야기하여 선거법 개정론이 대두되어 왔다(호광석 2005, 199). 1967년 제7대 국회의원 선거를 전후하여 선거구제 개편을 위한 선거법 개정이 추진되었다. 이 때 선거구제 개편 논의는 1965년 당시 제1야당인 민정당과 제2야당인 민주당이 한일협약 반대 투쟁을 하기 위해 통합하여 창당한 민중당에서 시작되었다. 민중당은 정당 통합 당시 전국구 제도가, 첫째, 헌법이 규정한 직접선거의 원칙에 위배되는 간접선거에 의해 선출되었으며, 둘째, 국회가 헌법기관인 이상 헌법에 규정되어야 하는데 아무런 명문 규정이 없는 전국구는 존립 이유가 없다'고 지적하면서 전국구 제도의 완전 폐지를 담은 선거법 개정 시안을 준비하였다(김영태 2010, 31~32). 그러나 여당인 공화당이 선거구제 개편에 반대하면서 전국구 제도의 완전 폐지가 어렵다고 판단한 민중당은 1966년 지역구 투표와 별도로 정당투표제 도입과 함께 당시 44석이었던 전국구 의석을 22석으로 축소하고, 그 대신 지역구 의석을 22석 늘리자고 주장한다. 또한 민중당은 인구 20만을 기준으로 하는 현행 선거구 획정이 과거 2개 내지 3개 선거구가 하나로 통합되고, 일부 선거구의 경우 3개 행정구역이 하나의 선거구로 획정되어 있으며, 특히 인구 30만 선거구와 10만도 못되는 선거구가 있는 등 인구편차가 극심하기 때문에 인구의 자연증가율을 감안하여 선거구를 증설하는 것이 바람직하다고 주장한다. 이에 덧붙여 민중당은 당시 3석 이상의 정당에게 배분되던 전국구 의석을 군소정당의 난립을 방지하는 뜻에서 원내교섭단체를 구성할 수 있는 10석 이상의 지역구를 가진 정당에만 배분할 것을 요구한다. 이처럼 민중당이 인구규모에 비례하여 선거구를 증설하고, 전국구 의석 배분 조건을 상향조정하려고 시도한 것은 여촌야도의 투표행태를 감안할 때 결국 도시지역의 선거구가 증대됨으로써 야당 의석의 확대를 꾀하는 한편, 제6대 국회의원 선거결과에서 나타난 것처럼 야당의 분열과 난립이 제1당인 공화당과의 의석 차를 더욱 확대시켰다는 판단에 기초한 것이라고 할 수 있다. 그러나 이러한 민중당의 선거법 개정시도에 대해, 여당은 "약간의 이유가 있다 손 치더라도 제도의 변경이 가져오는 폐단을 감안, 현행법의 보다 적절한 운영"을 강조하면서 무산시켰다(경향신문 1966년 3월 21일, 김영태 2010 재인용).

1966년 9월 22일 제6대 국회의 마지막 정기국회 때 정당법과 선거관련법 개정법률안을 심사하기 위한 특별위원회가 민주공화당 6인과 민중당 4인으로 구성되어 결의안을 통과시켰다. 이 특별위원회가 제안한 국회의원선거법 중 개정법률안은 1966년 12월 14일 법률 제1849호로 공포되었다. 달라진 내용은 선거인명부의 경우 당해 지역구 후보자의 신청에 의하며 확정된 선거인명부 사본의 교부제도를 신설하고(제18조 2), 선거인명부의 확정일을 '선거일 전 3일'이던 것을 '선거일 전 5일'로(제22조), 선거운동에 있어서 전국구 선거사무원수를 '30인'에서 '35인'으로, 지역구 선거사무원수는 '7인'에서 '12인'으로 변경하였다(제38조)는 점 등이다.

이 개정 국회의원선거법의 주요내용은 다음과 같다.

① 선거인명부는 당해 지역구후보자의 신청이 있는 경우 확정된 선거인명부 사본을 교부하도록 한다.

② 선거운동에 있어 전국구 선거사무원수를 30인에서 35인으로, 지역구 선거사무원수는 7인에서 12인으로 증원한다.

③ 선거공보 발행회수를 1회에서 2회로 확대 한다.

④ 선거비용으로 인정되지 아니하는 비용으로 선거인명부사본교부비용을 신설 한다.

⑤ 투표통지표의 작성을 법정화하고 선거일전 2일까지 선거인에게 교부하고 투표구선거관리위원회는 미 교부된 투표통지표를 다시 선거인에게 교부 하도록 한다.

(2) 선거과정

대통령선거가 끝난 지 한 달여 만에 1967년 6월 8일 실시된 제7대 국회의원선거에서 공화당은 대선 승리의 여세를 몰아 "대통령을 일하도록 밀어주자"라는 구호를 내세우며, 선거활동에 나섰다. 이에 신민당은 대선 무효화 투쟁을 선거 전략으로 삼고 "단일정당 밀어주어 일당독재 막아내자" 구호를 내걸고 선거에 임하였다(심지연 2013, 199). 1967년 국회의원선거는 박정희가 대선 승리로 헌법에 규정된 두 번째이자 마지막 임기를 시작하는 의미있는 선거였다. 이말은 정권유지의 안정적 기반과는 달리 박정희 개인의 권력재생산문제는 연임이라는 제도적 장애물로 인하여 더 이상 불가능한 상태였다. 박정희와 민주공화당 입장에서 이번 총선은 3선 연임을 위해서는 제6대 대통령선거 승리만큼이나 중요한 의미를 가진 것이다. 박정희는 제7대 국회의원선거에서 국회 내 안정적인 원내 다수의석을 확보한다는 수준을 넘어 3선 연임을 가능하게 할 수 있는 2/3 이상의 의석을 차지하려는 것이 궁극적인 목표였다. 1967년 대선 승리와 함께 박정희와 공화당은 곧바로 3선 개헌을 위해 달려갔던 것이다(강원택 2011, 105~106).

제도적 제약 때문에 여당의 개헌가능성에 대한 논란은 이미 1967년 양대 선거과정에서 제기되었다. 1963년 정치활동재개 후 야당들 중 내각제추진을 정책으로 채택한 경우가 있었으나, 통합야당인 신민당은 내각제 문제를 제기하지는 않았다(김혜진 2002, 204). 오히려 강력한 대통령제 하에서 박정희 정권이 거둔 경제적 성과로 인해 대통령제에 대한 대안론보다는 임기연장에 의한 장기집권 문제나, 대통령 권력 독주에 대한 견제장치를 호소하는 정도로 국한되었다. 그러나 야당의 소위 민주주의론은 정부 여당의 경제성장을 위한 정치안정론을 위협하지는 못하고 있었다. 이러한 맥락에서 신민당은 총선 유세에서도 3선 개헌론을 제기하고 나서게 되었다. 5월 24일 윤보선은 "정부여당이 3선 개헌을 위해 부정선거를 기도하고 있다"며 야당지지를 호소하였다(대한민국정당사 제1집, 358). 윤보선은 재차 "신민당이 과반수를 차지할 경우, 우선 선거법, 정당법 개폐로 부정선거요인을 제거하고 국회법도 고쳐 국회 기능을 한층 강화할 것"이라며, 중임폐지, 무소속 출마허용, 대통령의 권한을 축소하고 국회권한을 증대하는 개헌안 발의를 내걸었다(동아일보 1967년 5월 25일). 이러한 공세에 박정희는 5월 26일 첫 국회의원 지원 유세지인 목포에서 “대통령 중임을 위한 개헌은 하지 않겠다.”고 공헌한 후, “경제발전은 정치안정이 전제조건”이라며 자신을 대통령으로 선출해준 이상 공약실천을 위해서 원내 안정의석이 필요하다고 호소하였다(1967년 5월 26일). 이로 인해 신민당의 민주주의론은 상당히 수세적 입장에 놓여 있을 수밖에 없었다. 이러한 상황에서 신민당은 정부 여당의 독주를 제어하고 차기를 위한 견제세력으로 진입하는 것이 현실적 목표일 수밖에 없었을 것이다(이영석 1987, 242~249). 이를 위해 신민당은 제1공화국 대통령제하에서 발생했던 개헌파동에 대한 부정적 인식에 최대한 호소하려 했다. 그러나 박정희와 집권여당이 3선 개헌론을 공식적으로 부인하고 경제개발 이슈와 정치안정론을 강조함으로써 야당의 개헌론은 더 이상 주목을 받지 못하게 되었다.

위와 같이 제7대 국회의원 선거는 민주공화당과 신민당의 양당경쟁체제로 정치안정론과 개헌론을 중심으로 선거이슈로 전개되었다. 하지만 실제 선거과정은 그 어느 선거보다 금권선거, 관권선거, 폭력선거 및 상대후보의 비방 등 역대 어느 선거에서 볼 수 없었던 형태의 부정선거에 대한 시비가 극심했던 선거로 기록되게 된다.

박정희 정권은 본격적인 장기집권을 목적으로 중앙정보부와 내무부가 직접 막대한 자금과 공무원을 동원하여 선거대책을 마련하였다. 금권이나 관권이 동원된 부정선거 조짐은 1966년부터 이미 도처에서 나타나고 있었다. 관권선거와 관련해서는 대통령과 국무위원의 선거운동이 선거법상 가능한지에 대한 논란이 핵심으로 떠오르게 되었다. 공무원의 선거 관여가 문제가 되자, 중앙선거관리위원회는 1967년 4월 27일 “선거운동기간 중 국무위원이 국정을 위한 지방출장에서 특정 후보자를 지지·추천, 반대하는 연설을 하는 것은 ‘대통령선거법’ 제32조 2항에 위배된다”라고 해석하였다(한국민주화운동사 2008, 495). 하지만 정권은 5월 9일 국무회의에서 ‘선거법 시행령’을 고쳐 대통령, 국무총리, 국무위원, 정부위원 등 별정직공무원은 선거운동을 할 수 있도록 변경하였다. 이에 5월 13일 중앙선거관리위원회는 국무위원 별정직공무원 등의 선거운동은 “국회의원선거법 제34조의2 제2항의 규정에 의하여 국회의원과 지방의회의원을 제외하고는 모든 공무원의 선거운동을 금지하고 있는 만큼 일반직은 물론 별정직공무원도 선거운동을 할 수 없다.”고 유권해석을 내리면서 이에 대한 논란은 일단락되는 듯 보였다. 또한 민주공화당에서도 일단 대통령과 국무위원의 지원유세를 중지하였다.

하지만 선거 막바지에는 박정희가 직접적으로 민주공화당 후보를 지지해 달라고 연설을 하자 사태가 점점 악화되었다.[13] 이런 가운데 5월 21일 중앙선거관리위원회는 정당의 대표자인 대통령은 국회의원선거법상의 선거운동을 할 수 있다며, 이전의 결정을 번복하게 하면서 선거기관의 공정성에 심각한 의문이 제기되었다(동아일보 1967년 5월 22일). 이와 같이 정권은 공무원을 동원하여 여당을 지원하는 한편, 정보기관과 검찰을 동원해 야당의 선거운동에는 손발을 묶었다. 일례로 중앙정보부는 재일동포 실업인 출신인 신민당의 전국구 김재화 후보를 반공법과 국가보안법 위반으로 구속하였으며, 조총련 자금 유입을 조사한다는 명목으로 한때 신민당의 선거자금을 동결시키기도 하였다. 또한 박정희 정권을 공격하는 데 앞장섰던 야당 국회의원 후보들과 운동원들을 잡아 가두었다. 1967년 5월 장준하, 오재영, 서민호 등 정치인들과 야당 선거운동원들이 선거법 위반이나 반공법 위반으로 잇달아 구속되었다(조선일보 1967년 5월 9일). 공화당의 선거조직이나 다름없었던 계나 친목회가 여는 관광행사가 이미 1년 전부터 계속되었고, 선거전이 본격적으로 시작하자 막걸리와 고무신이 판을 쳤다. 민주공화당의 연락사무소에는 막걸리통과 소주병이 항상 놓여 있어 누구든지 마시도록 하였다. 경찰서장과 군수, 구청장이 직접 선거운동에 참여하여 동장과 경찰들에게 현금과 쌀, 밀가루를 나눠주며 살포하도록 독려하기도 하였다. 500~1,000원의 현금이 든 돈 봉투를 공공연하게 유권자들에게 돌리는 일도 비일비재했다(신동아 1967년 7월호, 70~75). 1967년 6월 8일 선거 당일에는 금권·관권·폭력 선거가 극에 달했다. 군수나 경찰서장은 말할 것도 없고, 선거관리위원장까지 부정선거에 나서기도 하였다(한국민주화운동사 2008, 496). 여수나 벌교에서는 유권자들이 단체로 민주공화당 운동원이나 공무원들에게 여당 후보를 찍은 투표용지를 보인 다음 투표함에 넣는 공개 투표를 하다 발각되기도 하였다.

---

13 중앙선거관리위원회는 “공명선거 분위기는 선거관리위원회 혼자의 힘으로 이루어지지 않으며 정부나 정당, 국민 모두가 협력해 주기 바란다. 각료들의 지방출방이 국무를 위한 것이라면 선거관리위원회로서는 간섭할 바 못되나 유권자를 자극하는 지나친 행위는 삼가야 할 것이다. 각료들이 지방에 출장하여 지역사업공약 등을 현지에서 제시하는 것은 국민의 오해를 받을 염려가 있다. 음성적인 선거운동이 양성화되기 위해서는 좀 더 자유로운 선거운동을 할 수 있도록 현행 선거법상의 제한을 완화하는 법 개정이 필요하다고 믿는다”며 의지를 표명한다.

괴한이 투표소에 난입해 야당 참관인을 강제로 밀어내고 미리 기표를 해놓은 투표용지를 투표함에 무더기로 쏟아 넣기도 하였다. 항의하던 야당 참관인들은 공화당원들에게 손찌검을 당하고 쫓겨났으며, 개표도 야당 참관인이 없는 가운데 진행되기도 하였다. 개표 과정에서는 야당 후보를 찍은 투표용지를 무효표로 만드는 피아노표니 빈대표니 하는 것이 무더기로 나오기도 하였다(동아일보 1967년 6월 7~9일).

선거후에 신민당은 제7대 총선을 선거사상 최악의 타락·부정선거로 규정, 선거무효와 전면 재선거를 당론으로 확정하고 6·8선거 무효화투쟁위원회를 조직하게 되었다(심지연 2013, 201). 민주공화당 스스로도 선거가 끝난 후 "야당이 주장하는 불법·부정선거는 아니라 하더라도 모처럼의 깨끗하고 질서 있게 끝을 맺은 5·3대통령 선거의 이미지를 완전히 씻을만한 타락하고 혼탁한 분위기의 선거에는 틀림이 없었다."고 부정선거를 자인할 정도였다(심지연 2013, 201).

2) 선거결과

선거 결과 민주공화당은 지역구에서 102명, 전국구로 27명을 당선시켜 모두 129석을 차지하였다. 개헌선인 117석을 훨씬 넘는 규모의 의석을 여당이 단독으로 차지하게 된 것이다. 신민당은 131개 지역구에서 28석을 차지했고, 전국구 17석을 합쳐 45석을 획득하는데 그쳤다. 이로서 박정희의 3선 출마를 위한 헌법개정의 기반이 마련된 것이다.

선거 전 공화당은 "과반수를 넘는 100석 정도의 당선을 예상"(심지연·김민전 2006, 447)할 수 있는 상황이었기 때문에 현실적으로 개헌선 확보는 쉽지 않은 일이었다. 더욱이 1963년 국회의원 선거에서는 야당이 분열되어 있어서 그만큼 민주공화당으로는 유리했지만, 1967년 국회의원 선거를 앞두고는 야당이 신민당으로 통합되어 있었기 때문에 야당 성향 유권자의 표가 분산될 가능성도 그만큼 낮았다. 이런 상황에서 전체 의석의 2/3를 넘는 거대 의석을 차지하기 위해서는 노골적인 관권, 금권 선거와 같은 무리를 할 수밖에 없었던 것이다. 선거 부정이 이뤄진 것은 "개헌선 확보를 목표로 한 권력 핵심부의 의도가 개입되었기 때문"인데 중앙정보부장과 내무부장관이 막대한 자금을 동원하고 공무원을 투입하여 공화당의 압승을 만들어 낸 것이다 보니 공화당은 선거 승리를 반가워하기보다는 놀라고 당황하여 선거의 뒤끝이 어떻게 될 것인지 걱정하는 입장으로 바뀌고 말았다(심지연·김민전 2006, 448).

이후에도 공화당은 선거 부정으로 인해 커다란 후유증을 겪어야 했다. 당시 발간된 신민당 백서는 "6·8부정선거는 선거의 형식만을 갖춘 '선거 쿠데타'로 규정지을 수밖에 없다. 따라서 6·8선거를 무효화시키려는 투쟁은 이 나라 민주주의를 사활의 기로에서 소생시키려는 슬기로운 국민의 투쟁이오, 때문에 이 투쟁은 신민당의 강화만을 위한 투쟁이 될 수 없고 항차 기개인(幾個人)의 당락을 목적으로 하는 사소한 이해투쟁으로 변질·타락시킬 수는 없다"(심지연·김민전 2006, 451 재인용)고 주장하였다. 신민당은 제7대 국회의원 선거를 유례없는 최악의 부정, 타락선거로 규정하면서, 그 수법도 유령유권자 조작, 위조 투표통지표 작성, 중앙정보부·군·경찰을 동원한 불법 선거 운동, 사전투표와 대리투표, 야당의 투표 참관 방해, 금품 살포와 무효표 조작 등이 전면적으로 이뤄졌으며, 이를 바로 잡기 위해서는 재선거 밖에 방법이 없다고 주장하며 국회 등원을 거부하며 단식농성에 돌입하게 되었다. 언론 역시 선거 부정을 비판했고 학생들은 이에 항의하며 전국적으로 데모를 벌였다. 야당뿐만 아니라 언론, 학생 등이 반발하고 나서면서 박정희 정권으로서는 이러한 상황을 수습해야 할 필요성이 커졌다.

제7대 국회의원 선거의 선거인총수는 14,717,354명이었으며 이 중 11,202,317명이 투표에 참여하여 76.1%의 투표율을 보였다. 제6대 국회의원선거의 투표율 72.1%보다 4% 높게 나타났다. 입후보자수는 지역구의 경우 131명의 정수에 702명이 입후보하여 5.4 : 1의 경쟁률을 보였고 전국구는 44명의 정수에 119명으로 2.7 : 1의 경쟁률이었다. 투표현황을 정리하면 다음의 표와 같다.

〈표 2-16〉 제7대 국회의원선거 투표현황

(단위 : 명, %)

인구수	선거인수	투표자수			기권자수	인구대 선거인 수비율	투표율	유효 투표율
		유효표	무효표	합계				
29,174,190	14,717,354	10,856,008	346,309	11,202,317	3,515,037	50.4	76.1	96.9

출처: 중앙선거관리위원회(1973, 702).

정당별 득표현황을 살펴보면, 총 11개 정당이 참여한 가운데 전국구는 지역구의 득표수에 따라 의석이 배분되었고, 3개 정당만이 의석을 확보하였다. 민주공화당이 가장 높은 득표율을 보였고 의석에 있어서도 가장 많이 차지하였다. 전국 득표율은 50.6%이며 전국의석 비율은 175명 중 129명으로 73.7%를 차지하였다. 여전히 소선거구제도에 의한 사표의 발생으로 집권당인 민주공화당이 제도상의 수혜를 많이 받은 것이다. 반면 신민당은 전국득표율 32.7%를 확보하고도 의원확보 비율은 25.7%로 득표비율에 못 미쳤다. 대중당은 1석의 지역구의석을 확보하는 데 그쳐 사실상 민주공화당과 신민당의 양당체제로 국정이 운영되게 되었다.

〈표 2-17〉 제7대 국회의원선거 정당별 당선자 및 득표수 비교

(단위: 명, %)

정당별	당선자수			당선자비율	득표수	득표수비율
	지역구	전국구	계			
통 한 당	–	–	–	–	83,271	0.8
자 유 당	–	–	–	–	393,448	3.6
민 중 당	–	–	–	–	180,324	1.7
정 의 당	–	–	–	–	142,670	1.3
대 중 당	1	–	1	0.6	249,561	2.3
신 민 당	28	17	45	25.7	3,554,224	32.7
민 주 공 화 당	102	27	129	73.7	5,494,922	50.6
한 국 독 립 당	–	–	–	–	240,936	2.2
자 민 당	–	–	–	–	88,474	0.8
통 일 사 회 당	–	–	–	–	104,975	1.0
민 주 당	–	–	–	–	323,203	3.0
합 계	131	44	175	100	10,856,008	100

출처: 중앙선거관리위원회(1973, 705).

제7대 국회의원선거 당선자의 직업별 분포를 살펴보면 <표 2-18>과 같다. 현직 국회의원이거나 과거 국회의원의 경력을 가진 후보자가 75명으로 전체의 42.8%에 이른다. 점점 국회의원의 경력을 가진 후보자가 많아지고 있는데, 이는 정치경력의 소유자가 선거에서 당선에 유리한 입장에 있다는 것을 의미하기도 하며 정치적으로는 정치경력의 소유자가 국회의원에 당선됨으로써 보다 성숙된 정치적 역량을 기대할 수 있다는 점에서 긍정적인 현상으로 볼 수 있을 것이다. 다음으로 무직인 당선자가 43명으로 전체의 24.6%이다. 여기서 전국구 의원은 제외하였다.

〈표 2-18〉 제7대 국회의원선거 직업별 당선자 현황

(단위: 명, %)

직 업 별	당선자수	비율	직 업 별	당선자수	비율
농 업	8	4.6	교 육 자	1	0.6
상 업	3	1.7	언론 및 출판업	3	1.7
공 업	–	–	회 사 원	6	3.4
수 산 업	–	–	공익사업	–	–
광 업	1	0.6	기 타	21	12.0
운 수 업	–	–	무 직	43	24.6
변 호 사	8	4.6	국회의원	75	42.8
의사 및 약업	6	3.4	합 계	175	100

출처: 중앙선거관리위원회(1973, 691).

학력별 당선자 현황을 보면 고학력화 현상이 강화되었다는 것을 알 수 있다. 대학졸업의 학력을 가진 당선자가 102명으로 전체의 58.3%를 차지하여 가장 높고 전문대학의 졸업자 및 중퇴자와 대학교 졸업자인 당선자 비율이 92.1%에 달해 제6대 국회의원 선거의 84%보다 높았다. 초·중·고교 졸업자는 전체의 7.9%를 차지하였다.

〈표 2-19〉 제7대 국회의원선거 학력별 당선자 현황

(단위: 명, %)

학 력 별	당선자수	비율	학 력 별	당선자수	비율
국교졸업	2	1.1	대학중퇴	4	4.6
중학중퇴	–	–	대학졸업	102	58.3
중학졸업	2	1.1	대학원졸업	26	14.9
고교중퇴	–	–	무 학	1	0.6
고교졸업	10	5.7	고시합격	2	1.1
전문중퇴	5	2.9			
전문졸업	17	9.7	합 계	175	100

출처: 중앙선거관리위원회(1973, 707).

제7대 국회의원 선거는 제6대 국회의원 선거와 마찬가지로 선거구가 지역구와 전국구로 나누어 소선거구다수대표제와 비례대표제를 병용하여 실시되었다. 후보자 추천은 정당에게만 부여하여 무소속 출마는 불가능하였다. 때문에 의석을 확보한 정당이 3개 정당에 불과하고 그것도 1개의 의석만을 가진 대중당을 제외하면 사실상 여당인 민주공화당과 야당인 신민당이 의석을 모두 차지함으로써 다수당의 정치체제에서 양당체제로 바뀌게 되었고 정치적 역학관계가 단순해졌다. 이번 선거에서는 특히 국외에 체류하고 있는 부재자에게 투표권을 허용하였으며 후보자가 요청할 시는 확정된 선거인명부 사본을 교부할 수 있도록 하였다. 제7대 국회의원 선거 결과를 종합해 보면 다음과 같다. 첫째, 제5대 국회의원 선거 이후 다시 민주공화당이 전체의석의 3분의 2이상을 석권하여 국회에서의 개헌안 의결에 필요한 의석수를 확보했다. 둘째, 투표의 지역적인 편중현상이 심화되었다. 도시 지역에서는 신민당이, 농촌 지역에서는 공화당이 다수득표를 하여 여촌야도 현상이 다시 등장하였다. 셋째, 민주공화당과 신민당을 제외하고는 대중당이 유일하게 1석을 확보하였을 뿐 선거에 참여했던 11개 정당 중 8개 정당이 단 1석의 의원도 얻지 못하여 양당체제가 확립되었다. 넷째, 대통령, 국무위원 등 공무원의 관권선거와 금권선거가 대대적으로 자행되었다. 다섯째, 지역개발을 약속하는 등 지역개발 공약이 그 어느 때보다 많았다.[14] 마

14 5월 18일 이후 박정희는 두 번이나 지방행정 시찰 명목으로 영·호남과 경기, 강원 등 전

지막으로 과거 어느 선거보다 여야 간 불법선거운동에 대한 논란이 많았다.

3. 3선 개헌 국민투표

박정희와 측근들의 3선 개헌을 위한 막후공작이 계속되었지만 전략상 1969년 7월까지 아무런 공개적 언급을 하지 않았다. 제7대 국회의원 선거 결과 개헌선 확보 후에도 김종필 민주공화당 의장은 "공화당이 비록 2/3이상의 의석을 확보했지만 개헌을 절대 하지 않겠다"고 밝혔다. 그러나 유진호 신민당총재, 이재형 부총재는 "6·8총선에서 공화당이 부정선거를 자행하면서까지 원내 2/3를 확보한 것은 개헌을 위한 전주곡"이라고 규탄하였다(김원호 외 1982, 133). 야당은 부정선거규탄이라는 정치적 이슈를 원외투쟁으로 적극 전개하였다. 유진호 총재는 "3·15부정선거를 무색케 한 부정선거"라며 재선거 요구를 내걸고, 신민당 국회의원의 등록거부를 선언하였다.

1968년 일련의 군사적 위기 국면이 심화되었고, 박정희는 이 과정에서 자신의 대민 통제력을 한층 강화하였다. 마침내 1969년 1월 초부터 윤치영 공화당 의장 서리가 "단군 이래의 위인인 박정희 대통령을 계속 재집권시키기 위해 개헌이 필요하다"라고 언급하면서 개헌 논의가 수면위로 부상하게 되었다(안병욱 외 2005, 61).

이에 대해 야당을 비롯한 각계 대표들은 3선 개헌 반대 범국민투쟁위를 결성하고 지방유세에 나서고, 대학가에서는 개헌반대 데모가 시작되었다. 7월 4일 야당이 박정희에게 3선 개헌에 관한 입장을 명확히 표명해 달라며 제출한 서면 질의에 박정희는 마침내 개헌에 반대하지 않는다고 하였다. 이와 함께 민주공화당 내 개헌 추진세력은 공개적으로 개헌작업을 추진하게 되었다. 당내 개헌 추진세력은 이른바 4인체제로 불리는 길재호 사무총장, 김성곤 재정위원장, 백남억 정책위원장, 김진만 전총무로 구성되어 있었다. 그리고 행정부에서는 이후락 비서실장과 김형욱 중앙정보부장이 포진하고 있었으며 이들은 개헌을 방해

국을 돌며 지역개발을 약속하는 등 여당후보를 지원했다. 이 과정에서 박정희는 경제관료들을 대동하고 관광도시 개발, 공장건설, 도로와 교량 건설 등을 약속했으며, 특히 목포 등 호남지역 유세에서는 많은 지역개발 공약을 내놓았다. 국무위원들도 대부분 지방 출장을 빙자하여 전국을 순회하며 지역개발사업 공약 등을 통한 공화당후보의 지원유세를 펼쳤다.

하는 세력이라면 어느 누구도 가차 없이 제거한다는 의지를 갖고 있었다(심지연 213, 202). 이들은 박 대통령 추종자라는 것 외에는 사실 다른 공통점이 없었다.

박정희는 개헌에 필요한 의석을 확보하고 있었기 때문에 야당과 학생들의 반대는 크게 장애가 되지는 않았다. 오히려 개헌을 추진하는 정권에 가장 심각한 문제는 개헌에 반대하는 민주공화당 의원들을 설득하는 문제였다(안병욱 2005, 61). 1965년 말 당에 복귀, 의장직을 맡고 있던 김종필은 개헌에 반대하는 입장이었다. 이로써 민주공화당은 개헌문제를 놓고 추진파와 반대파가 대립하는 양상을 보이게 되었다. 이처럼 양 계파가 힘겨루기를 하는 과정에서 이른바 '한국국민복지회사건'이 발생하였다. 한국국민복지회 사건으로 김종필계의 김용태 등 3인이 제명당하자 1968년 5월 30일 김종필은 당의장직과 국회의원직 사퇴를 발표하고 정계은퇴를 선언하게 되었다.

한국국민복지회사건

1968년 5월 24일 민주공화당 당기위원회가 김종필계 의원들을 해당 행위자로 규정하고, 제명한 사건이다.

한국국민복지연구회는 1971년의 대통령 선거를 앞두고 김종필을 후계자로 추대하려고 김종필계가 만든 모임이었다. 회장에 김용태, 부회장 최영두, 사무총장 송상남 등이며, 시·도 책임자는 이원만, 예춘호, 신윤창, 이승춘, 오원선, 박종태 등으로 구성됐다. 김용태 회장 명의로 배포된 취지서는 "위대한 사회건설이 꿈일 수 만은 없다. 이제는 악이 구축되고 정의가 승리하며 법이 시행되는 평화로운 사회가 건설되어야 한다. 민족의 오늘과 내일은 젊은 지도층의 어깨에 달려있다"고 적혀있다. 반김종필계는 이 조직이 삼선개헌을 저지하고 김종필을 후계자로 옹립하려는 조직인 것으로 청와대에 보고했고, 이 사실을 보고받은 박정희 대통령은 김형욱 중앙정보부장을 불러 조사를 지시하며 김종필계의 '불충을 엄단'하도록 일렀다. 중앙정보부는 김용태, 최영두 등을 연행 심문했다. 그리하여 김형욱 중앙정보부장은 이 조직이 김종필의 대통령 옹립과 관련한 정치조직이며, '시국판단서'라는 문건을 작성한 것으로 보고했다. '시국판단서'에는 '복지회는 여당 내 야당'으로 1967년의 선거부정은 박대통령의 책임이며, "박대통령의 삼선개헌을 저지하기 위해 저지세력을 확보해야 하고, 박대통령이 더 이상 정치에 야심을 갖지 못하도록 모든 노력을 경주해야 한다. 1971년 선거에 있어서 우리들의 대안은 오직 김종필 당의장이다. …

1971년을 '김종필의 해'로 만들어야 한다"는 내용이 담겨 있었다.

1968년 5월 24일 민주공화당은 긴급 당기위원회를 소집, 김용태, 최영두, 송상남 등을 해당행위자로 제명하고, 다음날 의원총회에서도 제명을 결의했다. 5월 30일 민주공화당 의장 김종필은 모든 공직의 사퇴와 정계은퇴를 선언하고 탈당계를 제출했다. 김종필은 6월 5일 당의장직에서 물러났으며, 6월 7일에는 의원직을 상실했다.

출처: 한국민족문화대백과, 한국학중앙연구원

한국국민복지회 사건으로 그 동안 물밑에서 진행되던 개헌논의는 본격적으로 공론화되기 시작하였다. 개헌론은 김종필의 정계개편에 대한 3당 창당이나 내각제 개헌 가능성 등 최고통치권에 대한 제도변경을 초래할 내용들이 언론에 보도되기 시작했다. 민주공화당 내 개헌론자들은 김종필이 당에서 이탈한 시점이 '민주공화당=김종필' 등식을 불식하고 공당, 더 정확히 말하면 박정희의 정당으로 변화시키는 데 적기라고 판단하였다(김혜진 2002, 210).

김종필의 공직은퇴와 7대 국회 정부여당의 독주체제로 1968년이 마감된 후, 1969년 초부터 개헌추진세력은 대통령의 임기문제를 공식적으로 제기하기 시작하였다. 개헌론의 양성화에 대해 박정희는 1월 10일 연 기자회견에서 "꼭 필요가 있다면 연말이나 내년 초에 논의해도 늦지 않다"며 개헌이 가능한 것이고, 개헌제기는 시기의 문제가 되었다(동아일보 1969년 1월 10일). 1969년 7월 12일 박정희는 개헌을 위한 구체적인 추진을 위해길재호 사무총장을 오치성으로 바꾸었다. 개헌 반대세력들이 길재호에 대한 반감이 심하였기 때문에 이들과 관계가 원만한 오치성을 통해 개헌설득을 용이하게 하려는 것이었다. 7월 25일 박정희는 개헌국민투표에 대한 '신임연계론'을 핵심으로 한 대통령 특별담화를 통해 개헌추진의 전면에 나섰다. 박정희는 "정권은 오로지 국민의 신임에서 주어지는 것이며 이것이 바로 평화적 정권교체인 것입니다. 또 개헌은 국민의 의사에서 결정될 때 곧 합법적인 개헌인 것입니다. (…) 개한 자체가 위헌이 아니라 개헌을 법 절차에 따르지 않고 불법적으로 개헌을 한다든지 또는 개헌을 억지로 반대하는 나머지 개헌은 위헌이다 라고 말하는 그 자체가 위헌인 것입니다"라며 정부의 신임연계론을 통한 개헌 처리방침을 밝혔다(대한민국정당사 제1

집 1973).

이에 맞추어 1969년 7월 민주공화당은 당무회의를 통해서 개헌안을 공식적으로 채택하였다. 개헌안은 첫째, 대통령의 연임금지조항을 삭제하고, 3선을 허용하도록 하였다, 둘째, 대통령 탄핵발의와 통과에 필요한 의원 수를 30인에서 50인으로, 과반수에서 2/3으로 변경하였다. 셋째, 국회의원들이 행정부의 장·차관을 겸직할 수 있도록 하였다. 넷째, 국회의원 최대정수를 200석에서 250석으로 확대하였다. 이러한 개헌안을 가지고 박 대통령과 그의 측근들은 본격적으로 개헌반대자들을 설득하였다. 김종필은 마침내 개헌지지로 돌아서게 되었다. 그는 개헌반대로 자신과 박정희와의 관계에 깊은 상처가 생기고 집권세력이 분열되는 것을 방지하고자 개헌을 지지하기로 결심한 것으로 보여진다. 그가 개헌지지로 선회하여 개헌반대자들을 설득함으로 말미암아 개헌반대세력, 즉 김종필 계열은 더 이상 독자적으로 개헌을 저지하기에 역부족이 되었다.

신민당으로서는 3선 개헌을 반대하는 학생운동이 휴교조치 등을 통해 제압당한 후 원외투쟁의 한계를 인식하고 민주공화당 내 개헌반대파를 유인하는 방식에 더욱 의존해 왔다(김혜진 202, 226). 박정희는 신민당과 학생들의 개헌반대운동이 가열화되자, 7월 25일 특별담화를 발표하고 "개헌문제를 통해 나와 정부에 대한 신임을 묻겠다"며 "여당은 빠른 시일 안에 개헌안을 발의하고 야당은 합법적으로 반대운동을 펴달라"는 등 7개항을 제의한 상태였다. 이것은 개헌안 부결이 가져올 권력공백에 대한 국민들의 불안을 이용하여 개헌찬성을 유도하려는 것이었다. 민주공화당은 개헌안 발의를 위한 마지막 절차로써 개헌안에 의원들의 서명을 받기 위해 위원총회를 열었다. 7월 29일 오전 10시 30분부터 30일 새벽 4시 20분까지 장장 18시간에 걸친 마라톤회의를 가져 반대자들이 마음을 돌리도록 모든 방법을 강구하였다. 개헌에 찬성하는 의원들은 주로 근대화를 계속 추진하기 위해서 박정희의 리더십이 필요하다고 주장하고, 말을 타고 강을 건너다 강 중간에서 기수를 바꿀 수 없다고 주장하였다. 한편 개헌반대 의원들은 박정희가 3선 개헌을 하지 않고 물러나면, 경제발전의 공로와 함께 정치발전에 이바지하여 민족의 영웅으로 길이 남을 것이라고 맞서고 있었다. 회의 도중 이만섭 의원은 개헌의 선행조건으로 ① 정부, 집권당의 개편에 의한 창당이념 구현, ② 부정부패 발본색원, ③ 공정한 국민투표 실시, ④ 정보기관의 정치관여 중지, ⑤ 제명된 6명의 전 공화당의원들의 복당 등 5가지를 요구하였다. 이러한 요구사항을 박정희에게 전달하기 위해 김성곤과 장경순 의원이 회의 도중에 청와대를 방문하여 총재의 약속을 얻어내려고 하였다. 결국 당직자들이 이를 구두로 약속하는 대신 개헌반대자들이 서명하기로 하였다. 마침내 참석의원 98명이 모두 서명하였으나, 그 때 까지도 결정을 하지 못한 의원들은 억지로 서명에 참여하게 되었다. 개헌 추진세력은 당내 이탈세력에 대비하고, 대외 설득을 위해 신민당의원 3명(성낙현, 연주흠, 조흥만)을 회유하여 개헌찬성을 발표하도록 하였다. 8월 7일 국회에 제출된 개헌안에 공화당 108석, 정우회 11석, 신민당 3석 등 모두 122명이 서명하였다. 개헌저지를 위해 힘을 기울이고 있는 신민당은 3명의 변절자가 의원직을 상실하도록 정당법을 이용한 조치를 취하였다. 정당법에 당이 해체되거나 의원이 탈당한 경우에 의원직을 상실하고, 제명된 경우에는 의원직을 유지할 수 있었다. 이에 착안하여 신민당은 변절한 3명을 제외하고 소속의원 전원을 제명한 후, 당 해체를 결정하였다. 그 후 새로 신민당을 창당하는 절차를 가졌다. 이제 개헌지지 의원은 122명에서 119명으로 줄어들어 개헌안 통과에 필요한 의원수, 114명보다 5명이 많은 상태였다. 따라서 신민당은 개헌안을 부결시키기 위해 개헌안에 서명한 의원 중 6명의 반대표를 확보하려고 심혈을 기울였다.

개헌안에 대한 국회의 질문과 답변이 끝나고 9월 13일 표결절차를 남겨두었으나, 신민당의 국회 철야농성으로 표결은 불가능 하였다. 이에 이효상 의장은 14일이 일요일이므로 15일에 회의를 속개한다고 선포하였다. 그러나 민주공화당은 일요일인 14일 새벽 2시 30분, 신민당이 농성하고 있는 본회의장 건너편 제3별관 특별회의실에서 신민당에 통고하지 않고 회의를 속개하여 개헌안을 기습적으로 통과시켰다. 민주공화당 107명, 유신정우회 11명, 대중당 1명, 무소속 3명 등 122명이 모여 10분만에 개헌안과 국민투표법안을 참석자 122명 전원 찬성으로 가결시켰다. 신민당의원 외에 민주공화당의원 중 정구영, 무소속 양순직, 김달수, 예춘호 등이 표결에 불참하였다. 개헌발의에 서명하지는 않았지만 무소속의 김용태, 박종태, 정태성과 정우회의 양찬우는 찬성에 표결하였다. 개헌 문제로 민주공화당에서 쫓겨난 김종필 계열 의원 6명 중 3명만이 지조를 지키고 3명은 마음을 바꾸었다.

〈표 2-20〉 1969년 3선 개헌 국민투표 결과(%)

	서울	부산	경기	강원	충북	충남	전북	전남	경북	경남	제주	계
투표율	60.7	69.9	77.6	83.5	83.7	77.8	77.4	82.7	84.8	83.1	84.0	77.1
찬성율	46.9	56.7	60.5	72.0	67.3	61.4	63.0	70.7	75.7	73.9	67.5	65.1

헌법개헌안이 9·14국회변칙통과로 1단계 개헌절차를 거친 후 곧바로 정부 여당은 국민투표준비로 들어갔다. 정부는 개헌안을 10월 17일 국민투표에 붙이기로 공고하였다. 민주공화당은 전국지구당위원장을 지역별 책임자로 한 '국민투표대책위원회'를 발족하고 과반수 이상의 지지를 확보하기 위해 전국 유세에 나섰다. 민주공화당은 "안정이냐 혼란이냐"로 개헌지지를 호소하고, 신민당은 "어떤 일이 있어도 장기집권을 막아야 한다"고 국민들에게 호소하였다. 신민당은 개헌안의 국회처리가 불법무효라고 규정했기 때문에 투표불참을 고려했다. 하지만 신민당은 9월 20일 재창당하며 10월 13일에 "부정의 감시를 위한 투표참여"로 결정되면서 뒤늦게 반대운동을 벌였다. 10월 17일 실시된 국민투표에서 유권자의 77.1%가 투표에 참가하여 찬성 65.1%, 반대 31.3%, 무효 3.6%로 통과되었다.

이로서 박정희의 3선이 가능하게 되었다. 신민당은 개헌안의 국회 변칙통과와 국민투표가 "관권에 의한 공공연한 주권탈취행위로서 불법무효"라고 선언했으며, 9개월간 국회 등원을 거부하였다. 하지만 신민당은 개헌안을 무효화시키기 어렵다는 판단아래 등원의 조건으로 선거법 개정과 3선 개헌의 주역들을 사임시키도록 요구하였다. 이러한 요구를 일부 수용하여 박정희는 이후락 비서실장과 김형욱 정보부장을 경질하였다. 그리고 1970년 1월에는 신민당과의 대화와 협상을 통해 국회를 정상화한다는 구실로 김택수 총무를 김진만으로 바꾸었다. 유진오의 뒤를 이어 새로운 신민당 당수가 된 유진산은 5월에 정당간 협상에 관계없이 독자적 등원을 결정하였다. 이로서 9개월 만에 국회가 정상화되고, 그 후 선거법 협상결과 국회의원 정수는 175명에서 204명으로 늘어나게 되었다. 신민당은 그들이 강세를 보이는 도시들에서 국회의원 수를 늘릴 수 있게 되었으며, 실제로 이 당시 도시에서의 국회의원 정수 확대는 여당과 정권의 발목을 잡는 계기가 되었다.

제7절 제7대 대통령선거와 제8대 국회의원선거

1. 제7대 대통령선거

1) 선거환경

(1) 정치 환경

1969년 3선 개헌 당시 거론되었던 장기집권이나 영구집권에 대한 정치적 논란은 1971년 대선에서 중요한 정치적 이슈로 다시 주목받기 시작하였다. 1971년 대통령 선거를 앞두고 3월 5일 백남억 민주공화당 의장은 기자회견에서 대통령 임기문제에 대해 언급했다. 이날 발표는 3선 개헌 당시에도 논란이 되었던 헌법 제69조 3항의 "계속 임기는 3기에 한한다"와 부칙에 규정된 "이 법은 공포한 날로부터 효력을 발한다."에 대한 입장 표명이었다(동아일보 1971년 3월 5일). 그의 입장 표명은 신민당이 정부여당의 '스페인식 총통제 구상', '영구집권 획책' 등을 선거 이슈화하고 '삼선폐지(중임제환원) 개헌국민발의선언'과 함께 대통령 임기와 장기집권문제를 공론화 하려는 것에 대응했기 때문이었다(동아일보 1971년 3월 6일).

1969년 9월 14일 3선 개헌안이 통과되면서 야당, 학생 등 반대세력의 저항은 더욱 거세졌다. 상술한 바와 같이 3선 개헌을 검토한다고 발표 이후 신민당은 '범국민투쟁위원회'를 재결성하여 하였다. 또한 신민당은 개헌안 표결을 저지하기 위하여 본회의장을 점거하여 표결을 못하도록 하였지만 여당의 편법통과로 개헌저지에 실패하였다. 국회에서의 반대투쟁이 성과를 거두지 못하자 개헌 저지투쟁은 다시 거리시위로 전환되었고 학생들의 격렬한 시위가 뒤따랐다. 하지만 개헌안과 함께 통과된 국민투표법은 개헌반대시위 학생들에게 적용되기 시작하면서 학생들이 더 이상 3선 개헌 반대투쟁을 전개할 수 있는 수단은 막혀버리게 되었다.[15] 9월 20일은 신민회가 신민당을 재창당하는 날이었다. 재창

15 당시 국민투표법은 국민투표의 대상이 되는 사항에 대한 찬성 또는 반대운동은 정당 등이 선관위에 신고한 연설회만 허용했다. 연설회가 아닌 옥외집회는 전면 금지되었고, 선전벽보나 현수막을 붙일 수 없었다. 교회나 학교 등 특수 관계를 이용한 찬성이나 반대운

당대회에서 신민당은 박정희에게 하야를 권고하는 결의문을 채택했다. 이날 이후 3선 개헌 반대 투쟁은 학생들보다는 신민당을 중심으로 전개되었다(한국민주화운동사 2008, 538).

신민당은 3선 개헌 반대 투쟁 중에도 당 내부의 분열을 경험한 바 있었다. 당시 총재였던 유진오가 3선 개헌 국민투표 결과에 책임을 지고 신민당 총재직을 사퇴하였고 이를 계기로 신민당은 당세를 확장하기 위하여 이철승 등의 구정치인들과 4·19 세대들과 6·3 범청년민주수호투쟁위원회 인사 등 혁신계 출신들을 대거 영입하였다. 유진오의 사퇴로 공석이 된 총재직은 각 계파의 경쟁 끝에 유진산에게 돌아갔고 계파간의 갈등은 9월의 대통령 후보 선출을 앞두고 새로운 국면으로 진입하였다. 당시 신민당의 대통령 후보는 40대 기수론을 제창하면서 후보출마를 선언한 김영삼과 김대중 그리고 이철승이었다. 이들의 출마는 노장파들과의 갈등은 있었지만 젊은 세대로 하여금 민주공화당에 맞서게 하자는 당내여론과 국민들의 성원으로 신민당에 생기를 불어넣는 촉매제가 되었다. 1970년 9월 29일 비주류의 지원을 받고 있던 김대중이 범주류의 지원을 받고 있던 김영삼을 누르고 대통령 후보로 지명되게 되었다.

1969년 개헌 후유증을 완화하기 위하여 시작된 여야의 선거법 개정협상은 1970년에 들어서 본격적으로 시작되었으나 선거인명부 작성권의 선관위 이관, 선거관여 공무원의 가중처벌과 공소시효 연장, 선거부정 고발자에 대한 포상 등에 대해 여당이 강력하게 반대하여 협상은 난항을 거듭하였다. 이러한 협상은 박정희 대통령과 유진산 신민당 총재의 영수회담으로 얼마간 진전을 보다가 김대중 후보의 '예비군 폐지론'으로 정국이 다시 경색되었다. 이후 김대중 후보가 폐지론 대신 몇몇 조항을 수정하여 새로운 대안으로 제시한 후 협상이 재개되었고, 1970년 11월 23일 31개 조항에 대한 여야의 합의가 이루어졌고, 12월 13일 선거법 개정에 대한 완전타결을 보았다.

(2) 사회경제 환경

한국사회는 궁핍한 농촌 현실에서 벗어나려는 움직임이 거세지면서 1950년대부터, 농촌 인구의 도시로의 이동이 크게 늘기 시작했다. 1960년대 도시를

동도 금지되었다. 심지어 정당 연설회의 횟수도 제한되었다.

중심으로 급속한 산업화가 이루어지면서 1960년대 후반 농촌의 절대 인구수가 감소할 정도였다(장세훈 2003; 박해광 2005). 정부의 수출주도형 산업화 전략은 이농의 흐름을 더욱 부채질했으며, 도시를 중심으로 한 경제구조의 변화는 도시와 농촌간의 빈부격차가 심화시키게 되었다. 또한 정부는 수출경쟁력을 뒷받침하기 위해 노동자에게 장시간 저임금 노동을 강요했고, 이는 '저농산물가격지지정책'으로 이어졌다. 일례로 1962년에서 1971년 사이 제조업은 연평균 18.5%, 사회간접자본 및 기타 서비스업은 11.1% 성장했으나, 농림수산업은 3.7% 성장하는 데 그쳤다(한국민주화운동사 2008, 602). 1971년은 제2차 경제개발 5개년 계획의 마지막 해였으므로 정부는 1차에 이은 2차 경제개발의 업적과 다양한 성공사례를 적극적으로 홍보하였다. 하지만 농업기반이 현저히 약화된 결과 식량자급율 저하 등의 부작용이 등장하기 시작한 것도 이때 제2차 경제개발 계획기간이었다.

〈표 2-21〉 제2차 경제개발 5개년 계획의 실적

(단위: 백만불, %)

경제지표 \ 연도	1967	1968	1969	1970	1971	평균
1인당 국민총생산	320	348	347	408	437	–
경제성장률(%)	6.6	11.3	13.8	7.6	9.4	9.7
국민저축률(%)	10.8	12.1	15.5	14.1	13.2	13.1
농림수산업(%)	37.5	34.2	33.2	30.4	28.8	–
광공업(%)	15.1	16.7	17.5	19.5	20.9	–
사회간접자본 및 기타(%)	47.4	49.1	49.3	50.1	50.3	–
경상수지	–191.9	–440.3	–548.6	–622.5	–847.5	–
수출	335	486	658	882	1,132	–
수입	9.9	1,322	1,650	1,804	2,178	–
1인당 GDP(달러)	142	169	210	252	288	–

또한 물가불안은 매년 거듭되는 쌀값파동과 식료품값의 폭등으로 재연되었고, 1966년부터 줄어들기 시작한 무상원조로 인한 부담과 함께 1967년부터 본격적으로 시작되었던 외채원리금상환으로 새로운 경제부담을 안게 되었다. 한편 차관 프로젝트의 타당성과 수익성을 잘 검토하지 않은 채 도입한 일본의 차관으로 설립된 기업들이 1968년경부터 부실화를 거듭하게 되고 결국 1971년에 들어서 85%가 도산하는 기업위기를 경험하게 되었다, 또한 월남에서 도입되는 자금들이 1969년 이후 급격하게 감소하여 경제개발계획의 수행에 차질을 가져오게 되었다. 다음의 표는 제2차 경제개발 계획기간 동안의 각종 실적이다.

위 표에서 나타나듯 무역에서 수출입의 격차가 급격하게 확대되고 있었는데, 수입의 증가와 수출의 증가가 균형을 이루지 못한 결과, 1971년의 무역수지는 10억 달러가 넘는 적자를 기록하기도 하였다. 이러한 성장과정에서 필연적으로 나타나는 것이 급격한 물가 상승으로 인한 소비수준의 악화였고, 그 결과 노동자들의 실질임금이 하락하고 부동산 가격의 상승을 부추겨 빈부의 격차가 확대되었다. 특히 주목할 것이 이농현상으로 인한 도시집중현상 속에서 노동계층이 증가하면서 노동운동이 본격화되고 있었다는 것인데, 1970년 11월 13일 전태일의 분신자살 사건은 노동운동의 시발점이 되었다.

이후 1971년 9월 15일 한진 파월 노동자들의 KAL 빌딩 폭동사건 등에서 근로조건 준수와 체불임금 지불 등 노동조건의 개선을 주장하는 본격적인 노동운동이 확대되면서 '근대화' 속에서 억눌렀던 노동자들의 불만이 폭발하기 시작하였다. 여러 불리한 여건으로 인해 노동쟁의가 파업으로 확산되거나 노동자 요구사항이 쟁의를 통해 반영된 사례가 손꼽을 정도이기는 하지만, 이들 쟁의는 생존의 위기 상황에 처한 다수 노동자들의 처지를 사회적으로 알리고 사회적 불평등 문제를 조금이나마 완화시키는 디딤돌로 작용하였다.

한편 주한미군의 철수가 공식화되면서 주한미군으로 인해 유지되었던 각종 수입의 감소가 시작되었다. 이러한 손실의 정도는 김학렬 경제기획원 장관이 2만 명의 미군이 철수할 경우 연간 8,000만 달러의 손실이 예상되는데, 이 손실 중 가장 큰 것이 군납에 의한 손실이라고 밝힌 것으로도 짐작할 수 있었다. 또한 월남전의 종식이 다가옴에 따라 월남에서의 수입이 격감하고 있었다. 1968년 25,120명의 민간고용인들이 월남에서 한국으로 송금한 금액이 1967년

5,470만 달러에서 1968년 8,400만 달러로 급증하였는데, 1969년에는 8,480달러로 증가율이 급격히 둔화되었고, 1970년에는 다시 1968년 수준인 8,400만 달러로 감소하였다.

(3) 외교안보 환경

제7대 대통령 선거 시기는 안보문제가 국내 정치와 선거에서 변수로 작용하기 시작한 때이다. 이는 1969년 7월 25일 발표된 닉슨 독트린으로 출발하였다. 한국은 동서긴장완화라는 새로운 조류 속에서 주한미군의 철수라는 문제에 직면하고 있던 시기였다.[16] 국제적으로 1960년대 후반부터 일본과 유럽경제의 급성장으로 미국중심의 세계경제질서가 흔들리기 시작하였고, 소련과 중국 사이의 이념분쟁으로 사회주의 세력권 내에서의 갈등이 심화되었다. 이러한 국제정세의 변화 속에서 미국은 새로운 세계질서의 재편을 모색하는 방안으로 1969년 7월 대외군사정책에 관한 괌 구상인 '닉슨 독트린'을 선포하여 아시아·태평양 지역에서의 미·소·중·일 협력체제의 필요성을 강조하면서 중화인민공화국과 국교를 수립하였다.

1969년 8월 21일 미 국방장관 델빈 레어드가 해외주둔 미군 10만 병력감축과 국방예산 30억 달러 감축을 발표하면서 한국과 오키나와 주둔 미국은 제외될 것이라고 발표하였다. 그러나 같은 해 8월 박정희와 닉스의 정상회담 직후 미 언론과 고위 소식통 등을 통해서 주한 미군의 감축설이 지속적으로 제기되었다. 1969년 10월 22일에도 미 국방장관 레어드에 의해 주한민군 감축에 대한 계획은 없다고 공식 발표되었으나, 1970년 5월 국회 국방위·외무위에서 '주한미군감축설'을 둘러싼 논란이 공식적으로 논의되었다. 실제로 1970년 6월 미국은 주한미군의 철수를 공식 발표하였고, 7월 6일 주한미대사가 한국의 정일권 총리에게 주한미군의 철수방침을 공식적으로 통보하였다.

이에 국회는 7월 16일 주한미국철수반대성명을 채택하였고, 대한상공회의

16 닉슨독트린은 아시아 지역의 방위는 기본적으로 아시아의 당사국이 책임을 지도록 한다는 정책이었다. 미국은 기존의 아시아 국가와 맺은 방위조약 등 안보 공약을 그대로 준수하고 핵우산을 제공해주며 전쟁이 일어날 경우 해·공군을 지원해줄 수는 있지만, 적어도 지상군 병력을 비롯한 기초적인 방위 부담은 아시아 각국이 스스로 담당해야 한다는 것이었다(배긍찬 1999, 11~17). 이로서 한반도에서 주한미군을 감축 또는 철수할 가능성은 더욱 커지게 되었다.

소는 주한미군철수로 인한 경제적 손실을 들어 주한미군철수 저지요청을 발표하였으며, 이외에도 주한미군관련 기관에 소속되어 있던 외국인노동조합에서도 다양한 반대의사가 표명되었다. 1970년 7월부터 한국사회는 주한미군의 철수로 인하여 미칠 영향력에 대하여 정부와 국회 정치권은 물론 경제계와 사회단체들에게까지 초미의 관심사가 된 것이다(서복경 20002, 102).

협상결과 1970년 한국군 장비현대화 5개년 계획을 미국이 지원해 준다는 조건으로 사단 규모의 주한미군병력을 감축하는 데 합의를 보았다. 주한미군의 철수가 공식화되고 실제로 1971년까지 주한미군의 1/3이 철수하는 과정 속에서 북한은 '적화통일을 위한 70년'을 표방하며 다수의 간첩단과 무장공비들을 침투시켰다. 이러한 상황에서 특히 몇몇 사건은 남북한의 뿐만 아니라 미국과의 긴장을 고조시키는 발단이 되었다. 대표적인 사건으로는 1968년 1·21 청와대 기습사건, 1968년 10월 30일 울진 삼척 무장공비 침투사건 등이 있으며, 1969년에 들어와서도 3월에 주문진 무장공비침투사건, 6월 12일의 흑산도 간첩침투사건, 12월 11일 대한 항공기 납북사건 등이 계속되었다. 이러한 일련의 북한 대남 무력도발으 정부로 하여금 주한미군 철수에 따른 안보위기의식과 맞물려 사회불안과 대공의식을 심화시키는 계기가 되었다. 그 결과 남한 반공체제의 강화와 국민들의 통제가 더욱 강화되었으며, 이 당시에 주민등록증제도와 향토예비군제가 신설되었으며, 학생들의 교련교육이 도입되었다. 이와는 별도로 1970년 8월 15일에 있었던 대북한 성명서에서 정부는 북한이 적화통일정책을 포기한다면 유엔에 참석하는 것을 반대하지 않으며 통일을 위한 방안을 제시하겠다는 대북한 유화정책을 병행하였다.

2) 선거제도 및 선거과정

(1) 선거 제도

국회의원 선거제도 개편 논의는 1967년 제7대 국회의원 선거가 끝난 직후부터 시작되었다. 주지하다 시피, 1967년 제7대 국회의원 선거는 매우 혼잡하고 부정이 극심한 선거였으며, 이에 따라 민중당과 신한당이 통합하여 선거에 단일 야당으로 나선 신민당은 6월 14일 선거무효화투쟁위원회를 구성하고 부정선거 재발을 막기 위한 제도적 보장 등을 요구하며 국회 등록을 거부한 채 전면적인 정치투쟁에 나서게 되었다. 제7대 대통령 선거를 위하여 1970년 12월 정기국회 종료를 며칠 앞두고 거의 1년여 동안을 끌어오던 선거관계법의 개정에 합의하여 대통령선거법의 일부를 개정하였다. 개정된 내용의 주요내용은 다음과 같다.

① 선거기간을 40일에서 35일로 단축한다.

② 선거관리위원회의 선거인명부작성, 감독권을 강화한다.

③ 연설회 고지의 확성기 사용 등 선거운동의 각종 제한규정의 완화한다.

④ 선거운동기간 중 공사의 기공식, 단합대회, 야유회, 종친회 등을 금지하며 다만 기공식만은 대통령선거에 있어 허용한다.

⑤ 선거기간 중 공무원의 통상적 업무 외의 출장을 금지한다.

⑥ 정당추천 선거관리위원회 위원의 거주요건을 완화한다.

(2) 선거 과정

1969년 3선 개헌이 통과되자 신민당은 당의 전열을 재정비해서 1971년 예정된 대통령 선거와 국회의원 선거에 대비해야 했다. 당시 와병으로 당대표를 사임한 유진오를 대신하여 유진산이 당을 이끌게 되었다. 하지만 당시 원내총무였던 40대 초반의 김영삼이 1971년 대통령 선거에 출마하겠다고 선언하면서, 이른바 40대 기수론이 등장하게 되었다. 당의 유력한 대통령 후보였던 유진산은 이를 두고 '구상유취(口尙乳臭)'라며 무시하려 했지만 김대중, 이철승이 합류하면서 신민당 내에서 40대 기수론은 당의 면모를 일신할 수 있다는 점에서 더욱 힘을 얻게 되었다(강원택 2011, 110). 당 주류의 지지를 받던 김영삼의 승리가 예상되었지만 2차에 걸친 투표 끝에 김대중이 극적으로 김영상을 누르고 신민당의 대통령 후보로 선출되는 이변이 일어났다. 이로서 대선을 향한 본격적인 선거경쟁이 40대기수론의 김대중과 3선을 향한 박정희의 시작되었다.

선거이슈에서 볼 때 제7대 대통령선거의 핵심쟁점은 안보였다. 선거운동기간 내내 박정희는 거의 모든 유세에서 북한의 남침 위협과 안보 위기를 핵심쟁점으로 제기하였고, 김대중 후보는 그의 안보정책에 대한 비판에 주력했다(서복경 2002, 98). 제6대 대선에서 경제정책 수행을 둘러싸고 형성되었던 쟁점 구도는 제7대 대선에서 안보쟁점 중심으로 이동한 것이다.

박정희의 안보위기론에 맞서 김대중 역시 안보문제에 대해 구체적인 대안을 제시하지 않을 수 없었던 것이다. 김대중은 유세기간 내내 3선 연임저지와 정권교체를 안보정책의 맥락에 위치시키고 있는데, 이는 당시 신민당이 겪은 딜레마를 잘 보여준다. "안보를 강화하는 길은 부정부패를 일소하여 내정을 개혁하는 것이 가장 확실한 방법이라 하여(조선일보 1971년 4월 11일), 정권교체를 전면화 시키는 대신 '4대국 보장론', '예비군제 폐지' 등과 함께 부정부패 일소와 정권교체를 안보정책의 범주에 포함시키고 있다(서복경 2002, 102). 김대중 후보는 박정희 후보가 유세기간 내내 북한의 남침위협을 되풀이 해서 경고하는데 대해서 '10년 내에 남침없다', '현재 국제 정세하에서 남침은 불가능'하다는 논리로 맞대응 하였다. 특히 김대중은 대중연설을 통하여 지지를 호소하며, 안보관련 공약을 내놓자, 여당인 민주공화당은 이러한 공약이 국기를 흔드는 중대한 오류이며 특히 4대국 보장론은 국가의 존립을 부인한 중공과 소련에게 우리의 국가안전을 보장하라는 것은 기존 보안체제의 기저를 흔드는 중대한 망언이라고 맞섰다.

또한 김대중은 3선 개헌을 박정희의 장기집권 음모라고 비판하며 이를 이슈화하였다. 그는 유세 중 박정희 대통령이 영구 집권을 위해 총통제를 수립할

[그림 2-9] 제7대 대통령선거 당시의 후보자 벽보

출처: 중앙선거관리위원회(1973).

음모를 꾸미고 있다고 호소하면서 정권 교체를 이루지 못한다면 이번 선거가 마지막 대통령 선거가 될 가능성이 있다고 주장하였다. 이듬해 유신체제가 수립되었음을 감안하면 근거 없는 경고가 아니었던 것이다. 김대중은 이어 1971년 3월 2일 부산연설에서 헌법의 대통령 3선 조항을 중임제한으로 환원시키는 개헌안 국민발의를 위해 50만 서명운동을 전개하겠다고 나선다. 이에 민주공화당은 개헌안 발의를 위한 서명운동은 "사전선거운동이며 선거법에 저촉 된다." 강력하게 반발하며 취소를 요구하였다.[17] 민주공화당은 선거운동 기간 중 야당의 개헌국민발의운동의 적법성에 대한 유권해석을 중앙선거관리위원회에 요청하였고, 중앙선관위는 야당의 국민발의를 위법이라 해석함으로써 서명운동을 제한하였다.[18] 신민당은 선거전에 총력을 기울이겠다는 입장에서 개헌발의 서명을 보류했으나, 선거공약에 이러한 개헌 사항을 정치부문 공약으로 내세우는 등 현행제도의 변경필요성을 지속적으로 강조하였다.

4월 선거운동기간에도 장기집권문제는 여전히 핵심이슈가 되었다. 김종필 민주공화당의 부총재는 "국민투표로 3선이 허용된 박대통령이 1975년까지만 연임할 수 있다는 것이 분명한데도, 신민당이 총통제 운운함은 이를 정치적으로 악용하는 처사"라며 반박하였다. 김대중 후보는 "공화당이 다시 집권하면 선거조차 없는 총통제를 추진하게 될 것"이라며, "지금도 모국에 연구요원을 파견해 총통제를 검토하고 있다"고 공격하였다(이재오 1984). 결국 박정희는 장기집권논란에 대해서 1975년 불출마 의사를 분명히 하고 "이번 선거가 마지막 기회이며 앞으로 4년간 부정부패를 일소하고 물러나겠다"며 지지를 호소하게 된다. 박정희의 선거승리에 대한 불안감은 민주공화당의 대도시 선거대책 참모들이 선거대책본부에 긴급대책의 하나로 마지막 출마 공약을 제안하기에 이르렀다. 김혜진(2003, 247)은 이러한 당면한 선거승리를 위해 급조된 박정희의 불출마 공약은

17 이에 대하여 신민당은 국민주권행사는 선거기간 중에도 제한받지 않는다고 주장하고 중앙선거관리위원회에 질의했다. 중앙선거관리위원회는 "개헌발의를 위한 서명발의를 받는 행위는 선거운동을 위한 것이 아니라 하더라도 특정 정당을 지지, 추천, 반대하는 선전행위에 해당되어 선거운동의 성격을 띠는 것이라고 보지 않을 수 없으므로 서명운동은 대통령선거법에 위반된다"고 유권해석을 통해 서명운동을 제한한다.

18 중앙선관위는 "개헌발의를 위한 서명발의를 받는 행위는 선거운동을 위한 것이 아니라 하더라도 특정 정당을 지지, 추천, 반대하는 선전행위에 해당되어 선거운동의 성격을 띠는 것이라고 보지 않을 수 없으므로 서명운동은 대통령선거법에 위반된다."고 유권해석을 내렸다.

이어진 제8대 국회의원선거 결과에 의해 현실적으로 불가피한 것으로 나타났다고 평가한다.

3선 개헌 이후 학생과 재야의 움직임도 이전에 비해 활발해졌는데, 학생들은 정부의 교련 강화 방침에 항의하는 시위를 전개했고 일부 대학 학생대표들은 '민주수호전국청년학생연맹'을 결성하여 교련 반대운동과 함께 선거참관인으로 자원하여 부정선거 감시 운동을 전개하였다. 재야에서도 '민주수호국민협의회', '민주수호기독청년연합회'가 결성되었다(홍석률 2009, 470). 제7대 대선에서 재야의 선거운동은 특정 정당이나 특정 인사 지지를 엄격히 배제하며 민주주의 수호를 위한 공명선거 달성에 초점이 맞추어졌다(이호철 2002, 21).

1971년 대통령 선거는 장기집권을 둘러싼 공방 이외에도 한국사회를 둘러싼 후보자의 다양한 정책논쟁이 나타난 선거이기도 하다. 김대중 후보는 평화통일을 위한 남북교류 실시, 미·일·중·소 4대국의 한반도 평화 보장, 자립경제와 빈부격차 완화를 지향하는 대중경제론 실시 등 참신한 공약들을 제시하며 유권자들의 관심을 크게 모았다. '40대 기수론'을 내건 젊은 후보 김대중은 대중

[그림 2-10] 제7대 대통령선거 포스터

출처: 중앙선거관리위원회(1973).

이 주목했던 한국 사회의 의제를 선점하며 박정희와 호각지세를 이루었다(홍석률 2005, 71~72). 김대중의 선거공약은 급변하는 국제정세에 대해 반공 태세를 강화하는 등의 수세적 차원에서만 대응할 것이 아니라, 오히려 능동적인 외교로 주변 강대국으로부터 한반도의 안전에 대한 보장을 받아내자는 것으로 요약된다. 김대중은 또한 한국 경제의 당면 문제도 지역·계층 간의 불균형을 완화함으로써 해결할 수 있다는 '대중경제론'을 주장하여 관심을 모았다(정상호, 2008). 이 밖에도 김대중은 지방자치 실시, 부유세·특별세 신설 등 당시로서는 대단히 '파격적'이라고 할 수 있는 공약을 제시하였다. 이에 비해서 박정희는 안보위기 의식을 고조시키고 국가 통제력을 강화하려는 방식의 '중단 없는 전진', '안정' 등 구호성이 강한 공약으로 맞섰을 정도였다. 이와 같이 1971년 대선은 분단 상황 하에서 '국내화된' 외부로부터의 위협이 국내적 갈등에 대해 갖는 억지력을 잘 보여주는 사례일 것이다(서복경 2002, 103). 또한 7대 대선을 둘러싼 일련의 상황은 남북한의 적대적 대치라는 구조적 조건이 국내 정치행위자들에게 미치는 비대칭적 영향력을 확인시켜 주며, 또한 안보위협이 국내적 갈등을 변형시키는 매커니즘을 보여준다. 박정희가 안보위협을 3선 개헌이 갖는 정당성의 결여를 상쇄하는 정치적 자원으로 활용하는 순간, 이미 객관적으로 존재하는 안보상황은 국내정치에서 이데올로기로서 영향력을 발휘하게 되는 것이다.

전반적으로 야당인 신민당은 조기에 대통령후보를 확정하고 선거분위기를 일찍이 조성함으로써 유리한 상황을 조정하려고 한 반면 민주공화당은 최대한 조기 과열화를 막기 위해 당의 대통령 후보를 선거직전에 지명하는 지연 전략으로 맞섰다. 그리하여 민주공화당은 대통령선거일 공고일 5일전인 1971년 3월 17일에 당 총재인 박정희를 당의 대통령후보로 공식 지명하였다. 선거운동은 전국을 순회하며 유세중심의 선거운동이 전개되었다. 중앙단위의 전국유세현황을 보면 35일간의 선거운동기간 중 민주공화당은 202회, 신민당은 240회의 유세를 벌였다. 여타 정당의 선거운동은 매우 제한적으로 이루어졌다.

3) 선거결과

등록한 7명의 후보 중 2명이 사퇴한 가운데 1971년 4월 27일 실시된 제7대 대통령 선거에서 박정희 후보는 김대중 후보보다 94만여 표를 더 얻어 세 번째

[그림 2-11] 제7대 대통령취임식

출처: 중앙선거관리위원회(1973).

연임에 성공하였다. 선거과정에 대해 박정희는 투표와 개표가 평화롭고 순조롭게 진행되었고 선거가 공명정대하고 질서정연하게 끝난 것을 기쁘게 생각한다고 밝혔다(민주공화당사 1963~1973). 이에 반해 김대중은 투·개표과정에서 부정이 개입되어 표면적으로 패배했지만 민심을 얻었다는 점에서 승리한 선거라고 주장하였으며(김대중 1985, 146), 대표위원인 유진산도 관권개입과 엄청난 매표행위가 자행되어 패배했다고 주장하였다(심지연 2013, 213).

제7대 대통령선거는 '마지막 대통령 출마'임을 선거 전날 공표할 정도로 박정희에게는 힘든 선거였다. 90여만 표라는 득표 차이와 상관없이 선거 결과는 무리한 장기 집권 추진과 그 동안 추진해온 정책에 대해 대중이 적지 않은 불만을 갖고 있음을 확인시켜주는 것이었다(홍석률 2005, 75).

제7대 대선에서 유권자의 투표 행태와 관련하여 가장 주목할 점은 지역주의이다. <표 2-20>에서 볼 수 있듯이 1971년 대통령 선거에서의 지역별 지지율을 보면, 우선 서울, 부산 등 대도시에서 박정희에 대한 지지율이 크게 하락하였다. 박정희는 서울에서 1967년 대선에서는 45.2%를 득표했지만 1971년 대선에서는 40.0%로 낮아졌으며, 부산에서는 64.2%에서 55.7%로 떨어졌다. 농촌

지역에 비해 상대적으로 정보량이 많고 교육 수준이 높은 대도시 지역 유권자들이 3선 개헌 이후 박정희의 장기집권 가능성에 대한 우려가 실제로 투표에 반영된 것이다.

또한 이번 대선의 중요한 특징으로 기존의 여촌야도 투표 행태와 함께 후보자의 연고 지역에서 지지가 집중되는 지역주의 투표 행태가 확연히 드러났다. 박정희 후보는 경북 지역에서 75.6%, 경남 지역에서 73.4%를 얻었으나, 전남 지역에서는 34.4%, 전북 지역에서는 35.5%를 얻는데 그쳤다. 반면 김대중 후보는 경북 지역에서 23.3%, 경남 지역에서 25.6%라는 낮은 득표율을 보인 반면, 전남 지역에서는 62.8%, 전북 지역에서는 62.5%라는 높은 득표율을 기록했다. 제6대 대선과 비교해 보면, 박정희 후보는 호남 지역에서 대체로 7~10% 감소했고, 영남 지역에서는 10~15% 득표율이 상승했다. 이에 비해 김대중 후보는 영남 지역에서는 큰 차이가 없었지만 호남에서 6대 대선에서 윤보선 후보가 얻은 득표보다 13~16% 많은 표를 얻었다.

박정희는 제5대, 제6대 대통령 선거에서도 영남 지역에서 상대적으로 높은 득표율을 기록했지만, 제7대 대선에서 나타난 것 같은 영남 대 호남이라는 분명한 대립적 구도는 아니었다. 제7대 대통령 선거에서 이러한 지역적 대립 구도가 등장하게 된 데에는 박정희 정권 하에서 추진된 경제발전이 산업적으로나 지역적으로 불균형하게 진행되었고, 농촌 중심의 호남 지역은 이러한 경제발전의 혜택으로부터 소외되어 있었기 때문이다. 그런 점에서 볼 때, 제7대 대통령 선거에서 나타난 영·호남의 정치균열은 지배집단의 정치적 지역주의의 산물로서 수혜지역 대 소외지역, 여당 후보 연고지 대 제1야당 연고지라는 정치적 갈등과 경쟁이 중첩된 전형적인 정치 대결의 양식이라고 할 수 있을 것이다(김만흠 1991, 112).

박정희는 1971년 선거를 통해 3선에 성공했지만 외형적인 승리와는 달리 지지의 토대는 이전에 비해 크게 불안정해졌다고 할 수 있다. 이런 점에 유의하여 장훈(2000 : 21)은 3선 개헌이라는 절차적 민주주의의 후퇴는 도시 지역에서의 심각한 지지 이반을 불러왔으며 농촌 지역에서는 산업화의 폐해에 따른 좌절감이 지역주의라는 연고주의와 결합하여 전남북 지역에서의 심각한 저항을 불러왔으며, 이러한 도시 지역과 전남북 지역에서의 지지의 급격한 쇠퇴가 마침내 박정희 정권이 형식적으로나마 유지해 온 선거를 폐지하고 유신체제를 수립하게 만든 요인으로 작용했다고 보고 있다. 이는 1969년 도시 지역을 중심으로 3선 개헌에 반대하는 아래로부터의 광범위한 대중적 저항이 1971년 선거결과 1967년 박정희 지지로 선회했던 도시 지역 유권자들의 지지 철회를 확인시켜 준 것이다.

선거의 공명성과 관련하여 당시 공명선거 운동을 이끌었던 민주수호국민협의회 등 단체들은 선거 참관에 대한 평가를 거친 후 대선에 대한 성명서를 발표하였다. 이들은 제7대 대통령선거가 "유례가 드물 만큼 행정조직과 금력에 의해 지능적으로 치밀하게 계획된, 원천적 부정의 토대 위에서 실시"된 선거라는 평가를 내놓았다. 또한 선거가 평온을 유지한 것은 단지 행정력에 의한 치밀한 부정계획의 결과였을 뿐이라고 주장하였다(민주수호국민협의회 편 1971, 34).

제7대 대통령 선거의 총선거인수는 15,552,236명이었으며 이 중 79.8%인 12,417,824명이 투표에 참여하였다. 투표율은 제6대 대통령선거의 83.6%에 비하여 3.8%가 낮게 나타났다. 후보자별 득표현황을 살펴보면, 박정희 후보가 전체 유효투표수의 53.2%인 6,342,828표를 획득하였고 신민당의 김대중은 전체 유효투표총수의 45.3%인 5,395,900표로 당선자와의 득표 차는 946,928표였다. 시·도별 득표현황을 보면 박정희 후보가 부산, 강원, 충북, 충남, 경북, 경남, 제주 등 7개 시·도에서 승리하였고 김대중은 서울, 경기, 전북, 전남 등 4개 시·도에서 승리하였다. 시·도별 각 후보자의 득표현황을 살펴보면 다음과 같다.

〈표 2-22〉 제7대 대통령선거 후보자별 득표현황

시도별	유효투표총수	후 보 자 별 득 표 수				
		민주공화당	신민당	국민당	자민당	정의당
		박정희	김대중	박기출	이종윤	진복기
합계	11,923,218	6,342,828	5,395,900	43,753	17,823	122,914
서울	2,016,908	805,772	1,198,018	4,811	1,426	6,881
부산	693,526	385,999	302,452	2,518	583	1,974
경기	1,407,879	687,985	696,582	6,547	2,995	13,770
강원	839,979	502,722	325,556	2,985	1,390	7,326

충북	545,655	312,744	222,106	2,662	1,154	6,989
충남	1,040,628	556,632	461,978	5,285	2,322	14,411
전북	870,344	308,850	535,519	3,167	1,646	21,162
전남	1,393,181	479,737	874,974	4,362	2,122	31,986
경북	1,762,817	1,333,051	411,116	6,438	2,374	9,838
경남	1,214,721	891,119	310,595	4,580	1,634	6,793
제주	137,580	78,217	57,004	398	177	1,784

출처: 중앙선거관리위원회(1973, 763).

4) 제3공화국 대통령 선거(5~7대) 득표율 비교

국민의 대다수가 직접 정책결정에 참여하지 않는 현대 민주주의에 있어서 선거는 국민의 의사를 국가정책에 투영시키는 가장 중요한 제도적 장치이다. 이와 더불어 민주주의 정치체제에 있어서 선거는 또 다른 두 가지 의미를 지니는데 하나는 정치권력의 근거를 확보해주는 정치적 과정으로서의 의미이며 다른 하나는 정부의 정책을 수립할 수 있는 정책적 과정으로서의 의미이다. 다시 말해서 한편으로는 선거전에서의 승리자에게 정치적 정통성을 부여해주는 의례로서의 의미를 지니면서 다른 한편으로는 새로운 이슈들을 제기할 수 있는 기회로서의 의미를 지닌다. 민주주의적 정부형태는 현대적 맥락 속에서 참여보다 대표에 바탕을 두고 있는 정부이며 권력의 직접 행사보다는 권력의 위임을 전제로 하는 정부형태이다. 이러한 개념을 바탕으로 슘페터는 민주주의를 경쟁적인 선거를 통해 권력을 잡은 개개인들에 의해 정치적 결정이 내려지는 제도적 기제로 보았고 민주주의가 "무엇을" 실현하느냐 라는 문제 못지않게 "어떻게" 실현되느냐가 중요하며 지도자의 활동에 초점을 두는 것이 아니라 지도자들의 선발양식에 초점을 두고 있다고 주장했다. 그러나 이러한 선거의 의미는 권위주의 정부에서는 상당부분 약화되었고 일반적으로는 민주화 이전의 한국의 선거 또한 권위주의 체제 내에서 장식적인 것에 불과하다는 평가를 받았다. 그러나 선거과정이 이상적인 민주체제에서 요구하는 만큼 공정하지 않더라도 제3공화국의 대통령 선거에서 집권당이 패한 사례가 없었다는 점을 생각할 필요가 있다. 이러한 여당의 승리가 모두 선거부정의 결과로 볼 수 없다면 여당이 승리를 위하여 선거부정행위를 포함한 다양한 지지동원전략을 사용했다는 것을 의미한다고 볼 수 있다. 더욱이 다음의 표는 제3공화국의 선거가 일방적인 여당의 우세 속에서만 치러진 것은 아니라는 것을 보여주고 있다.

〈표 2-23〉 도시 지역의 대선득표율(%)

		서울	부산	대구	대전	광주	전국평균
5대	박정희	28.6	45.5	48.0	30.1	35.2	46.7
	윤보선	61.7	44.8	41.3	58.6	54.4	45.1
6대	박정희	41.4	61.9	68.9	57.2	39.3	51.4
	윤보선	49.5	30.0	22.6	44.3	52.3	40.9
7대	박정희	38.9	54.5	65.3	47.5	21.9	51.1
	김대중	57.9	42.7	44.4	49.1	73.4	43.5

위의 표를 보면, 제5대 대선에서의 박정희와 윤보선의 득표율 차이가 1.6%에 불과하다는 것을 알 수 있다. 또한 제6대와 제7대 대선에서도 박정희의 득표율은 50% 정도에 머무르고 있다. 이러한 결과는 각 선거들이 대단히 치열했음을 보여주는 증거라고 할 수 있으며, 승리를 위하여 민주공화당이 다양한 선거전략을 수립할 필요가 있었음을 보여준다. 이 표는 또한 도시 지역에서의 박정희의 지지율 변화를 잘 보여주고 있는데 먼저 서울 지역에서의 박정희의 득표는 제5대 대선보다 제6대 대선에서 상당히 상승하고 있음을 알 수 있다. 이는 쿠데타 직후의 제5대 대선에서 쿠데타에 대한 부정적 이미지가 박정희에 대한 반대로 이어진데 반해 제6대 대선에서는 경제성과에 대한 도시 유권자들의 지지가 반영된 결과로 볼 수 있다. 그러나 제7대 대선에서는 이러한 지지율이 전반적으로 하락하고 있는데, 이는 상대적으로 높은 도시 지역의 교육수준과 연관하여 생각해 볼 수 있다. 즉 민주주의에 대한 인식이 좀 더 강했던 도시유권자들이 1969년 3선 개헌에 대해 반발하면서 그러한 심리가 표로 연결된 결과로 파악할 수 있을 것이다.

제5대 대선은 일반적인 여촌야도 현상을 보여준 선거였지만 대구 지역은 도시 지역임에도 불구하고 박정희에 대한 지지가 다른 지역보다 높았는데 이것은 지역감정이라기보다는 일종의 출신 지역 연고주의의 영향이라고 할 수 있다. 즉 이 지역의 지지율이 박정희의 전국평균 득표율과 큰 차이를 보이지 않았고 오히려 가장 높은 지지율을 보인 지역은 박정희의 출신 지역이 아닌 제주(69.9%)였다는 점, 그리고 이 지역에서 제6대 대선에서보다 제7대 대선에서 근소하지만 득표율이 하락(−3.5%)이 있었다는 것으로 미루어 이는 자기지역 출신의 후보에 대한 선호에 불과했음을 알 수 있다. 한편 제7대 대선에서 광주 지역의 득표율은 산업화에서 소외된 지역이라는 불만과 함께 호남 출신의 대통령 후보에 대한 지지를 보여주는 결과라고 할 수 있다. 또한 제6대 대선 득표율은 경제개발 성과의 혜택을 먼저 받을 수 있었던 대도시의 유권자들이 민주공화당의 업적을 인정한 결과로 볼 수 있는데 이 선거는 도시 지역의 지지율 상승은 권위주의 정부로 하여금 경제적인 성취가 선거에서 얼마나 큰 영향을 미치는가를 인식토록 하는 계기가 되었다.

아래의 표는 5대 대도시 지역을 제외한 농촌지역의 득표율을 나타낸 것이다. 이 표에서 확인할 수 있는 것은 전북, 전남 그리고 제주를 제외한 지역에서 3공화국 시기의 대통령 선거를 거치는 동안 전반적으로 박정희의 지지율이 상승하거나 유지되었다는 것이다.

〈표 2-24〉 농촌 지역 대선 득표율(%)

		경기	강원	충북	충남	전북	전남	경북	경남	제주	전국 평균
5대	박정희	33.1	39.6	39.8	40.8	49.4	57.2	55.7	61.7	69.9	46.7
	윤보선	56.9	49.1	48.9	49.4	41.5	35.9	36.1	29.9	22.3	4.1
6대	박정희	41.0	51.3	46.6	45.4	42.2	44.6	64.0	68.6	56.5	51.4
	윤보선	52.6	41.7	43.6	46.8	48.8	46.6	26.4	23.0	32.1	40.9
7대	박정희	47.2	57.4	54.4	51.1	33.9	32.1	72.7	79.8	53.2	51.1
	김대중	47.8	37.2	38.7	42.4	58.8	58.5	22.4	24.7	38.8	43.5

우선 제5대 대통령선거에서는 표의 남북현상을 볼 수 있는데 휴전선과 가까운 지역에서 윤보선 지지율이 높고 남쪽 지역 특히 전북, 전남, 제주 지역에서 박정희에게 보내주었던 높은 지지율은 사상논쟁의 결과로 파악되기도 한다. 즉, 전라도와 제주 지역은 진보성향과 관련한 사건들로 인하여 과거에 불이익을 경험한 지역들로 볼 수 있는데 박정희의 좌익경력 시비가 오히려 유리하게 작용하였다는 점이다. 이러한 결과는 사상논쟁이 제5대 대통령 선거의 중요한 쟁점이었다는 점을 감안할 때 설득력을 가지고 있다. 제6대 대통령 선거에서 경북과 경남의 박정희 지지율이 상승한 이유는 지역 연고주의는 물론 불평등한 개발정책의 수혜지역이었다는 점을 들 수 있다. 반면 호남 지역에서의 전반적인 득표율의 하락은 공업화 위주의 개발정책에서 상대적으로 소외되고 있다는 불만이 작용한 것으로 볼 수 있는데 특히 제7대 대통령 선거에서는 도시 지역과 마찬가지로 호남출신의 김대중에 대한 지역 연고주의의 결과로 파악 할 수 있다. 일반적으로 산업화가 가속화되면서 이농현상으로 인한 농촌 지역 유권자의 감소로 농촌 지역에서의 여당에 대한 지지율이 하락할 것으로 생각되지만 이 표에서는 그러한 농촌인구의 감소에도 불구하고 농촌 지역에서 박정희에 대한 지지율이 3번의 대통령 선거에서 전반적으로 상승(경기, 강원, 충북, 충남, 경북, 경남)하고 있었으며, 전국 평균득표율 미만 지역이 제6대 대선에서는 5곳인데 반해 제7대 대선에서는 오히려 감소하여 서울과 호남 지역만을 보여주고 있다. 이는 산업화의 혜택을 상대적으로 적게 받고 있던 농촌 유권자들이 여전히 친여당 성향이라는 보수적인 투표행태를 보이고 있음을 말해주는 것이며 민주공화당의 농촌표 동원이 어느 정도의 성과를 거두고 있다는 증거로 생각할 수 있다.

2. 제8대 국회의원 선거

1) 선거제도와 선거과정

(1) 선거 제도

1967년 실시된 제7대 국회의원선거는 그 어느 선거보다 유래 없이 부정선거의 시비가 많았던 선거였다. 당시의 야당인 신민당은 전면적인 부정선거로 규정하였고 여당인 민주공화당마저 부분적으로 부정선거였다고 인정할 정도로 상대적으로 느끼는 부정선거의 정도의 차이가 있을 뿐 공정한 선거가 이루어지지 못했다는 것은 자명한 일이었다. 第7대 국회의원선거가 전면 부정선거라는 야당과 일부에 걸친 선거부정이었다는 여당과의 주장 대립, 그리고 1969년 9월 14일 3선 개헌의 처리과정에서 일어난 일련의 정치적 문제로 국회운영의 공백을 초래하였다. 그 후 박정희와 유진산의 여·야 영수회담이 1970년 8월 29일에 이루어져 여·야간의 감정대립이 해소되고 쟁점인 선거법협상의 타결에 중요한 역할을 하였다.

이에 민주공화당과 신민당은 '정국수습여야대표자회담'을 열고 선거법개정에 대한 합의를 이루어냈으며 여기서 여·야 각 3인으로 구성된 '보장입법특별위원회'를 통하여 선거법등[19]을 협상하였으나 합의에 실패하자 다시 여·야 '8인대표회의'를 구성하고 선거관계법개정안에 합의하였다. 결국 여·야는 협상선거법안에 대한 합의를 보아 1970년 12월 22일 공포하였는데, 개정된 선거법의 내용을 보면 <표 2-19>와 같이 국회의원정수는 지역구 153인, 전국구 51인으로 의원 정수를 204인으로 하였다. 또한 공무원 외에도 정부투자 기업체의 임직원, 향토예비군 소대장급 이상의 간부 및 통장·이장·반장도 선거운동을 할 수 없게 하였다. 특히 전국구의석 배분요건을 강화하여 종래 지역구선거에서 3석 이상을 획득하면 전국구의석을 배분하던 것을 5석 이상으로 강화하였다.

그럼에도 불구하고 1971년 선거법 개정은 새로운 선거제도의 도입보다는 기존의 선거법을 수정하는 선에 불과했다. 특히, 정부 여당과 야당은 주로 자연적인 인구 증가에 따른 선거구 수의 재조정과 공정한 선거운동을 위한 선거법 개정에 합의하였다. 선거구 획정은 자연적인 인구 증가에 따라 매번 선거에 앞서 여·야 의원들의 정치적 합의에 의해서 새롭게 정해지곤 하였다. 뚜렷한 선거구 획정의 원칙이 없었기 때문에 대부분의 경우 여당의 의도가 많이 반영된 선거구 획정이 이루어져 왔다. 1971년 선거에서는 인구수보다는 행정구역 중심의 선거구 획정으로 인해 여당이 의도한대로 농촌 지역에 더 많은 의석을 할당하였다(이상묵 2006, 180). 또한 매번 선거에서 제기되는 문제가 여·야간에 불공

19 당시의 보장입법은 5개로서 대통령선거법, 국회의원선거법, 선거관리위원회법, 정당법, 정치자금에 관한 법률 등이다.

정한 경쟁을 초래하는 선거법의 개정과 선거과정에서 나오는 관권·금권을 이용한 부정선거 시비였다. 박정희 정부는 이러한 문제로 선거 후에 제기되는 야당의 정치적 압력에서 벗어나기 위해 제한적인 범위 내에서 야당이 요구하는 대로 좀 더 공정한 선거운동을 보장하는 선거법 개정에 동의하였다.

이런 일환으로 1971년 선거에서는 주로 투표 부정을 방지하기 위한 장치를 마련하였다. 그 내용을 보면, 투표인 명부를 중앙선거관리위원회가 관리하고, 투표자는 자신의 신분증을 지참하여야 하며, 정부 관료의 선거운동을 금지하고, 투표소에서 투표참관인수를 늘리는 조치들이었다. 이렇게 마련한 법률이 1969년 1월 23일 법률 제2088호인 개정국회의원선거법이다. 그 주요내용을 이전 선거법과 비교하여 달라진 부분을 중심으로 살펴보면 다음과 같다.

① 선거인명부와 관련하여 명부작성기간을 선거일 20일전까지를 선거일 25일전까지로 하고, 1투표구의 선거권자가 3천인을 넘을 때에는 그 명부를 2개로 분철할 수 있도록 하였다. 매년 1월 20일까지 작성하는 예비선거인명부를 두어 선거 시 작성되는 실제의 선거인명부 작성 시 자료로 삼도록 하였다. 또한 선거인명부작성 감독권을 선거구선거관리위원회에 부여하였고 선거인명부확정일을 선거일전 5일에서 선거일전 12일로 단축하였다.

② 선거운동에 있어서는 선거사무원수를 증원하였고, 연설회장소의 우선사용허가를 규정하였고 고지벽보 매수를 50매에서 100매로 확대하였다. 선거공보에 기재하는 자수를 2천자에서 4천자로 확대하였다.

③ 투표에 있어서는 그 동안 사용하였던 Ⅰ, Ⅱ, Ⅲ 등의 작대기 모양의 부호를 1, 2, 3 등 아라비아 숫자로 표시하였고 추첨에 의하던 후보자의 투표용지 게재순위를 후보자등록 마감일 현재 국회의 다수의석에 의하여 제1당 소속 후보자는 1로, 제2당 소속 후보자는 2로, 기타 정당은 그 정당 명칭의 가·나·다 순으로 변경하였다. 투표용지를 인소하는 경우 그 인쇄소 현황을 공고토록 하였고 투표 시 주민등록증을 제시하지 않는 선거인에게는 투표용지를 교부하지 못하게 하였다.

④ 개표에 있어서는 개표순서는 특별한 사유가 없는 한 투표함의 도착순위에 의하여 개표를 행하도록 하였으며 개표참관인수를 4인에서 8인으로 증원하였고 2명씩 교대 참관토록 하고 투표의 효력과 관련하여 유효표로 인정하는 예

시를 추가하였다. 예를 들어 내란이 메이거나, 중첩기표된 것이거나, 어느 후보자에게 기표한 것이 명확한 것 등이 해당한다.

⑤ 선거소송은 1년 이내에 처리하도록 하였다.

⑥ 국회의원지역선거구를 15개 증설하였다.

그러나 1971년의 제8대 국회의원선거는 이 법에 의하여 치러질 것으로 예상되었으나 3선 개헌안의 처리과정과 국민투표의 실시와 관련하여 다시 국회는 여야 대립으로 정상적으로 운영되지 못하고 공전하기에 이르렀다. 이러한 상태에서 정치적 난국을 타개하기 위하여 여·야간 막후협상이 진행되어 선거제도의 개선이 다시 진행되게 되었다. 여·야간 선거법개정소위원회를 구성하여 운영하였으며 여기서 도출된 안을 여·야 중진 9인회담에서 합의하고 이를 국회에서 확정한 것이 1970년 12월 22일에 공포된 법률 제2241호 개정 국회의원선거법이다. 그 주요내용을 1969년 1월 23일 개정된 법률과 비교하여 정리하면 다음과 같다.

① 통계법에 의거했던 선거인수 등의 기준인 인구기준을 주민등록법상 주민등록표에 의하여 조사한 인구통계에 의하도록 하였다.

② 선거인명부에 있어서는 국회의원의 임기만료에 의한 총선거가 있는 해의 1월 1일 현재 선거권자를 대상으로 하였다. 1월 20일까지 작성하는 기본선거인명부와 선거 때마다 선거일공고일 현재로 기존선거인명부에 등재되지 않은 선거인은, 새로이 선거인명부에 등재될 선거인을 선거일전 18일까지 작성하는 보충선거인명부를 병행하도록 하였다. 선거인명부 작성에 종사하는 공무원에 대하여 당해 지역선거구선거관리위원회에 책임요구권을 부여하였다. 선거인명부의 열람권을 신설하였고 기본선거인명부는 2월 10일 확정되고 당해 연도 12월 31일까지 효력이 있으며 보충선거인명부 및 수시선거인명부는 선거일전 11일에 확정되고 당해 선거에 한하여 효력이 있도록 하였다.

③ 후보자등록에 있어서는 후보자등록기간을 선거일공고일로부터 5일 이내로 단축하였고 추가등록제도를 삭제 하였다. 공무원 등의 입후보제한과 관련하여 국회의원인 국무총리 및 국무위원은 제한받지 않도록 하였다.

④ 선거운동에 있어서는 선거운동을 할 수 있는 자 중 정부가 주식의 과

반수를 소유하는 기업체의 임·직원과 향토예비군의 소대장급 이상의 간부 및 통·리·반장이 선거사무원, 연설원, 투표소 참관인이 되고자 하는 때에는 의원 임기만료일 3개월 전에 그 직을 사임하도록 하였다. 지역구의 선거사무원수를 증가하였다. 매 세대에 발송하는 선거공보의 발송회수를 1회에서 2회로 늘리고 현수막의 숫자와 자동차, 선박 및 확성장치의 대수 등을 확대하였다.

⑤ 선거일공고를 '선거일 30일전'에서 '선거일 22일전'으로 단축하였고 투표 종료시각을 하오 5시에서 하오 6시로 하여 투표시간을 1시간 연장하였다. 투표 통지표 교부 시 정당·후보자가 지명하는 자의 입회를 허용하였고 투표용지에 여당과 제1야당이 지정하는 정당추천위원 각 1인으로 하여금 투표일에 투표개시시각 전까지 가인하는 규정을 신설하였다.

⑥ 개표에 있어 투표함의 개함은 처음 개함한 투표지의 검산이 끝난 후 다음의 투표함을 개함하고 그 이후는 투표구의 개표결과를 발표한 후 마다 순차적으로 1개씩 개함하도록 하였다.

⑦ 전국구 의석 배분의 요건 중 종래 지역구 선거에서 3석 이상을 획득하여야 하던 것을 5석 이상으로 상향 조정하였다.

⑧ 재선거, 재투표 및 보궐선거에서 의원의 임기가 1년 미만인 경우에는 국회의 재적의원수가 국회의원 정수의 3분의 2에 미달한 경우에만 행하도록 하였다.

⑨ 국회의원지역선거구를 7개 증설하였다.

이처럼 선거를 앞두고 두 차례나 선거법을 개정한 사례는 처음 있는 일이다.

(2) 선거 과정

1971년 제8대 국회의원선거는 주한미군 철수관련 협정이 마무리되면서, 제7대 대선과 비교할 때 상대적으로 국내정치쟁점을 중심으로 선거운동이 전개되었다. 즉 제8대 국선 결과는 안보쟁점이 대통령 선거와 국회의원 선거라는 두 가지 다른 수준의 선거에 미치는 상이한 영향을 보여준다. 또한 제7대 대선에서 '안보위기론'이라는 변수가 존재하지만 국내적 갈등만으로 선거가 진행되었다면 발생했을 결과에 대해 짐작케 한다(서복경 2002, 103~104). 1971년의 양대 선거 즉, 제7대 대통령선거와 제8대 국회의원선거를 앞두고 여·야 정당들은 이미

[그림 2-12] 제8대 국회의원선거 당시의 후보자 벽보

출처: 중앙선거관리위원회(1973).

2년 전부터 팽팽한 신경전을 벌이며 경쟁하여 왔기 때문에 여느 선거 때와는 달리 긴장감이 매우 컸으며 선거운동 분위기는 조기에 과열되기 시작하였다.

1971년 4월 27일 제7대 대통령선거에서 승리한 민주공화당은 즉시 대통령선거체제를 국회의원선거체제로 전환하였고 승리의 여세를 몰아가는 선거 전략을 구사하려고 했다. 하지만 이런 선거 전략은 공천문제로 커다란 내홍을 겪으며 갈등관계로 표출되었다. 민주공화당은 1971년 1월 16일 공천자 명단을 발표했는데 소속의원 125명 중 61명이 공천에서 탈락해 재공천율이 51%에 불과했다. 탈락된 의원 중에는 당의 중진도 상당수 포함되어 있었으며, 이에 대한 항의 및 집단탈당으로 이어졌다. 신민당은 역시 당내 문제로 선거준비는 엄두도 내지 못하고 방황하였다. 신민당은 당초 총선을 거부하자는 당론을 결정하기로 하고 그 합의과정에서 찬반 진영간 의견 대립으로 상당한 당내 진통을 겪기도 하였다. 우여곡절 끝에 선거에 참여하게 되었지 당대표인 유진산이 지역구를 포기하고 전국구 1번으로 등록함으로써 소위 '진산파동'을[20] 일으키면서 당 기

20 신민당 당수 유진산이 제8대 국회의원선거 후보등록 마감일인 1971년 5월 6일 갑자기 자

능이 전면 마비되는 상황에 이르게 되었다.

이에 김대중은 신민당 '6인수권위원회'(김쟁중, 유진산, 양일동, 고흥문, 홍익표, 정일형) 중 고흥문, 홍익표, 정일형 등 3인과 협의한 뒤 유진산을 당에서 제명하고, 총선 기간 동안 자신이 당수 권한대행을 맡는 수습안을 발표하였다. 하지만 김영삼, 이철승, 이중재, 김재광, 김형일 등은 김대중의 당권 장악을 저지하기로 하고 당헌에 따라 운영위원회 부의장에게 당수 권한대행을 맡길 것에 합의하였다. 이렇듯 신민당의 주류와 비주류의 내분이 격화되는 가운데 5월 7일 일본에서 귀국한 유진산은 5월 8일 고흥문·양일동 부의장 등과 함께 당직에서 사퇴하며 김홍일 전당대회체제를 제시하였다. 이에 대해 김대중은 기자회견에서 "당수가 의혹에 찬 지역구 포기로 당을 사지(死地)로 몰아넣고, 그것이 당내 파쟁의 소산인양 돌리려함은 국민을 우롱하는 처사"라며 비판하였다. 김영삼, 이철승, 김재광, 김형일, 이중재, 박영록 등 신민당 주류측은 유진산의 당수직 사퇴, 운영위원회 부의장 양일동·고흥문·홍익표의 사퇴, 김홍일 전당대회의장의 당수 권한대행 등을 제시하였으며, 이 제안을 비주류와 김대중이 받아들이게 되었다. 그리하여 5월 10일 운영위원회를 열어 유진산 당수와 양일동, 고흥문, 홍익표 부의장들이 일괄 사퇴하고 김홍일 전당대회의장이 당수 권한대행을 맡는 선에서 진산파동은 일단락되었다.

김홍일은 5월 11일 총선기간 동안 모든 당무와 선거대책을 수립할 7인선거대책위원회 위원으로 김홍일, 김대중, 윤제술, 김형일, 김재광, 이충환, 윤길중 등을 임명하였고, 신민당은 선거대책위원회를 구성하여 전국적인 지역유세에 돌입하였다. 전반적으로 이번 선거는 신민당의 뒤늦은 선거운동 돌입에도 불구하고 여당인 민주공화당과 제1야당인 신민당의 양자대결로 박빙의 선거결과가 예상되었다.

신의 지역구인 서울 영등포 갑구 출마를 포기하고 전국구 1번 후보를 등록함으로써 시작되었다. 이에 불만을 품은 당내 소장층과 영등포 갑구 당원 등이 강력하게 반발하여 당수직 사퇴를 요구하는 사태로 벌어졌다. 이후 유진산은 당직을 사퇴하게 되었다.

[그림 2-13] 제8대 국회의원선거 포스터

출처: 중앙선거관리위원회(1973).

2) 선거결과

1971년 5월 25일에 치러진 제8대 국회의원 선거는 신민당의 분란에도 불구하고 야당의 선전으로 나타났다.[21] 선거 결과 민주공화당은 118석, 신민당은 89석, 국민당 1석, 민중당 1석을 각각 차지했다. 민주공화당은 과반 의석은 얻었지만 개헌에 가능한 의석을 확보하는 데에는 실패하였으며, 이전의 국회의원 선거에 비해서 비교적 여야 간 의석의 차이가 크지 않게 되었다. 득표율로 보면 여야 간 격차가 좁혀졌다는 사실은 더욱 분명해진다. 1963년 제6대 국회의원 선거에서 정당별 득표율은 민주공화당 33.5%, 제1야당이었던 민정당은 20.1%였다. 1967년 7대 국회의원 선거에서는 민주공화당 50.6%, 그리고 신민당은 32.7%였다. 그런데 1971년 8대 국회의원 선거에는 민주공화당 47.8%, 신민당 43.5%로 득표율의 차이가 불과 4% 남짓했다.

---

21 신민당은 당대표였던 유진산이 후보 등록 마감일인 5월 6일에 마감시간 3분 전 자신의 지역구인 서울 영등포구 갑구 출마를 포기하고, 전국구 기호 1번 후보로 등록하면서 당권을 둘러싸고 내분에 휩싸이게 된다. 신민당의 주류와 비주류의 내분이 격화되는 가운데, 김홍일 전당대회의장이 당수 권한대행을 맡으면서 갈등을 수습하고 선거에 임하게 된다.

이상묵(2006, 173)은 1971년 제8대 국회의원 선거결과는 박정희가 권력유지를 위해 1972년 유신헌법 채택이라는 초헌법적인 정치적 선택을 하는 상황을 초래했다고 지적하고 있다. 비록 정부여당이 1971년 선거에서 과반수를 차지했지만 제1야당인 신민당이 40% 이상의 표를 얻은 사실은 다음 선거에서 여당인 민주공화당이 자유롭고 경쟁적인 선거 분위기에서 안정적으로 과반수를 얻기가 힘들 것으로 예측되었다. 야당의 1971년 선거에서의 도약은 정부 여당에 위협요인으로 작용하게 된 것이다. 특히 1963년 이후 일방적으로 우위를 차지해오던 의석수 전환비율에 있어 1971년 선거에서는 정부 여당의 전환비율이 하락하여 제1야당인 신민당의 전환비율에 불과 0.2%의 근소한 차이로 앞섰기 때문에 여당이 느끼는 위기의식은 더 클 수밖에 없었다.

주목할 점은 지역별 의석의 분포이다. 대통령 선거에서는 영남 대 호남 간 후보자별 지지의 편차가 컸지만 국회의원 선거에서는 이효상 국회의장의 지역주의 발언에도 불구하고 지역 대결 구도가 그다지 뚜렷하게 나타나지 않았다. 득표수를 보면 전남에서는 민주공화당이, 전북에서는 신민당이 근소하지만 더 많은 득표를 했는데, 호남 전체를 합쳐 비교해 보면 민주공화당 1,598,806표, 신민당 1,031,813표였다. 영남에서도 민주공화당 1,454,452표, 신민당 1,145,753표로 표의 차이가 그리 크지 않았다. 당선자의 수에서도 이런 특성은 다시 확인되

〈표 2-25〉 정부 여당과 제1야당 사이에 다수제의 효과 차이, 1954~1971년 선거

선거년도	여당			제1야당		
	의석(%)	득표(%)	전환비율*	의석(%)	득표(%)	전환비율
1954	54.5	36.8	1.5	34.7	48.0	0.7
1958	54.1	42.1	1.3	33.9	34.0	1.0
1960	73.4	41.7	1.8	22.7	46.8	0.5
1963	67.2	33.5	2.0	20.6	20.1	1.0
1967	77.9	50.6	1.5	21.4	32.7	0.7
1971	56.2	48.8	1.2	42.5	44.4	1.0

* 전환비율은 각 진영에서 얻은 의석수의 비율을 그들의 득표율로 나눈 값.

출처: 이상묵(2006, 173).

는데 전북의 12석은 민주공화당과 신민당이 각각 6석씩, 전남 22석은 민주공화당 15석, 신민당 7석, 경남의 18석은 민주공화당과 신민당이 각각 9석씩, 경북의 24석은 민주공화당 15석, 신민당 8석, 국민당 1석이었다. 부산에서는 8석 중 신민당 6석, 민주공화당 2석이었다. 득표수나 의석점유율을 전체적으로 볼 때 영남과 호남 간 정당 지지에 있어 뚜렷한 차이가 있다고 보기는 어렵다. 따라서 영호남 간 지역 대립을 기반으로 하는 지역주의 투표 성향이 제7대 대통령 선거에서 나타나기는 했지만 이것이 당시에 이미 정치적으로 뿌리 깊게 자리 잡고 있었다고 해석하기에는 무리가 있다.

지역주의 투표보다는 오히려 여촌야도 현상이 다시 확인된 선거였다. 여당의 도시 지역구에서의 지지도는 1963년 이래로 계속 하락하여 1971년 선거에서는 서울 지역에서 신민당은 19석 중 1석을 제외한 모든 의석을 다 차지했는데 민주공화당이 차지한 1석은 유진산이 포기한 의석이었다. 부산에서도 8석 중 6석을 신민당이 차지했다. 반면, 강원, 충북, 충남도 등에서도 민주공화당은 절대적 우세를 지켜냈다. 3선 개헌에 따른 민심 이반과 장기집권에 대한 우려가 도

〈표 2-27〉 제8대 국회의원선거 시·도별 정당별 당선자(지역구) 현황

(단위: 명)

시·도별	민주공화당	신민당	국민당	민중당	계
서울	1	18	0	0	19
부산	2	6	0	0	8
경기	10	4	0	1	15
강원	7	1	0	0	8
충북	6	2	0	0	8
충남	11	4	0	0	15
전북	6	6	0	0	12
전남	15	7	0	0	22
경북	16	7	1	0	24
경남	9	9	0	0	18
제주	2	0	0	0	2
합 계	85	64	1	1	151

시 지역을 중심으로 뚜렷하게 나타난 것이다.[22] 제7대 국회의원 선거에서 전국의 도시 지역 선거구에서 겨우 18% 정도 밖에 의석을 차지하지 못한 반면, 야당은 무려 82%의 의석을 차지함으로써 정부여당이 다음 선거에서도 계속 지배정당으로 생존할 수 있는 전망을 어둡게 했다. 즉, 정부여당이 현재는 다수당을 차지하고 있지만 도시 지역에서의 지지도 하락이 장기적인 관점에서 자신들의 지배정당성을 약화시켜 계속적인 권력유지에 위협이 되었다. 이러한 요인 때문에 박정희 정부는 선거제도를 변화시켜 이러한 문제를 해결할 필요성이 생긴 것이다(이상묵 2006, 174). 제8대 국회의원 선거가 끝나고 1년 반이 채 지나지 않은 1972년 10월 17일 박정희 정권은 유신체제를 선포하여 권력 유지를 위해 더 이상 선거에 의존하지 않게 되었다.

〈표 2-28〉 여당과 제1야당의 도시/농촌지역 의석수 비율, 1963~1973년

선거년도	여당(공화당)		야당*	
	도시지역구**	농촌지역구	도시지역구	농촌지역구
1963	46.7%	75.2%	53.3%	24.8%
1967	23.3%	94.1%	76.7%	5.9%
1971	17.9%	71.1%	82.1%	28.9%
1973	47.1%	50.9%	44.1%	34.8%

* 1973년 선거에서는 무소속 후보의 허용으로 인해 야당 포에서 무소속 후보의 표를 제외.
** 여기서 도시지역구는 6대 도시지역(서울, 부산, 대구, 광주, 인천, 대전)을 의미.
출처: 이상묵(2006, 174).

제8대 국회의원선거는 153개의 지역구 의석과 전국구 51석 총 204명의 의석을 두고 치열하게 전개되었다. 인구수 30,839,687명 중 50.6%인 15,610,258명이 선거인명부에 등록되었고 이 중 투표자는 선거인총수의 73.2%인 11,430,202명이었다. 투표현황을 정리하면 다음 <표 2－29>와 같다.

22 그런데 선거 결과가 신민당의 선전으로 나타난 데 대해서는 공화당이 신민당에 비해 공천 후유증을 더욱 심하게 겪었기 때문에 총선에서 당의 결집된 모습을 보이기 어려웠다는 해석도 있고, 또 한편으로는 여당이 그 정도까지 '너그럽게 봐 줬다'는 설명도 있다. 선거를 이틀 앞둔 시점에 박정희는 "이번 선거가 나로서는 마지막 기회"라는 말을 했는데 그 다음해 말 유신체제 성립을 고려하면 8대 총선에서 무리해서 다수 의석을 차지할 필요는 없다는 것이다(심지연 2009: 216).

〈표 2-29〉 제8대 국회의원선거 투표현황

(단위: 명, %)

인구수	선거인수	투표자수			기권자수	인구대 선거인 수비율	투표율	유효 투표율
		유효표	무효표	합계				
30,839,687	15,610,258	11,195,922	234,280	11,430,202	4,180,056	50.6	73.2	97.9

출처: 중앙선거관리위원회(1973, 719).

다음은 정당별 득표현황이다. 지역구 153명을 선출하는 선거에 총 577명이 입후보하여 3.8:1의 경쟁률을 보였고 전국구는 51명에 121명의 후보자가 등록되어 2.4:1의 경쟁률이다. 선거에는 총 6개 정당이 참여한 가운데 치열하게 경쟁하였고 투표결과 4개 정당만이 의석을 확보하였고 나머지 2개 정당은 득표율이 1%에도 못 미치는 미약한 수준이었다. 당선비율은 제7대 국회의원 선거의 의석비율 73.7%보다 낮아져 제1당에의 집중도는 조금 다소 완화되었다. 여당이 3분의2 이상의 의석을 석권한 제7대 국회의원 선거보다는 외형적으로는 양당제도의 균형적인 모습을 보여 준 선거였다. 전국득표수비례와 의석수 비례에 있어서도 과거선거와 큰 차이를 보이지 않았다. 의석을 차지한 4개 정당 중 2개 정당은 단 1석에 그치고 있어 이번 선거에서도 역시 양당체제의 정치적 구도가 더욱 굳어지는 결과를 가져왔다.

〈표 2-30〉 제8대 국회의원선거 정당별 당선자 및 득표수 비교

(단위: 명, %)

정당별	당선자수			당선자 비율	득표수	득표수비율
	지역구	전국구	계			
민주공화당	86	27	113	55.4	5,460,581	48.8
신민당	65	24	89	43.6	4,969,050	44.4
국민당	1	–	1	0.5	454,257	4.0
대중당	–	–	0	–	59,359	0.5
민중당	1	–	1	0.5	155,277	1.4
통일사회당	–	–	0	–	97,398	0.9
합 계	153	51	204	100	11,195,922	100

출처: 중앙선거관리위원회(1973, 720).

한편 직업별 당선자 분포를 살펴보면, <표 2−31>과 같다. 현직 국회의원이거나 과거 국회의원의 경력을 가진 후보자가 64명으로 31.4%에 이르며 이는 제7대 국회의원 선거의 42.8%보다 다소 낮아진 수치이다. 다음으로 무직인 당선자가 52명으로 전체의 25.5%를 차지하고 있어 오늘날의 직업별 분류를 고려하면 '정치인'으로 분류할 수 있을 것 같다. 특히 변호사인 당선자가 두 배 가깝게 급격히 늘었으며, 전문인의 의회진출이 증가하였다.

〈표 2-31〉 제8대 국회의원선거 직업별 당선자 현황

(단위: 명, %)

직 업 별	당선자수	비율	직 업 별	당선자수	비율
국회의원	64	31.4	언론 및 출판업	5	2.5
농업	8	3.9	회사원	7	3.4
상업	4	2.0	건설업	1	0.5
공업	2	1.0	기타	43	21.0
수산업	1	0.5	무직	52	25.5
변호사	16	7.8			
의사 및 약업	1	0.5	합 계	204	100

출처: 중앙선거관리위원회(1973, 723).

다음으로 학력별 당선자 현황을 보면, 고학력화 현상이 지속되고 있는 것을 알 수 있다. 대학졸업의 학력을 가진 당선자가 121명으로 전체의 59.3%를 차지하여 가장 높았다. 다음으로 대학원을 수료한 당선자가 47명으로 23.0% 달해 제7대 국회의원선거의 14.9% 보다 높았다. 초·중·고교 졸업자는 전체의 6.4%로 제7대 국회의원선거의 7.9% 보다 낮아졌다.

〈표 2-32〉 제8대 국회의원선거 학력별 당선자 현황

(단위: 명, %)

학 력 별	당선자수	비율	학 력 별	당선자수	비율
국교졸업	1	0.5	대학졸업	121	59.3
고교졸업	12	5.9	대학원수료	47	23.0
전문졸업	10	4.9	고시합격	1	0.5
대학중퇴	12	5.9	합 계	204	100

출처: 중앙선거관리위원회(1973, 722).

제8대 국회의원 선거의 특징은 다음과 같이 정리할 수 있다. 첫째, 제7대 국회의원 선거와는 여·야당 간 의석분포에 있어 양당체제가 더욱 강화되는 선거였다. 여당인 민주공화당이 전체 204석 중 반수인 103석보다 10석이 많은 113석으로 과반수를 확보하였고 야당인 신민당은 과반의석에서 14석이 모자라는 실질적인 견제세력으로 탄생함으로써 견제와 균형을 유지하는 정치구도를 이룬 선거였다.

둘째, 선거운동전개 과정에서 제7대 국회의원 선거보다는 훨씬 공정한 선거였다. 제7대 대통령 선거의 전면 부정선거 주장이 야당과 학생들을 중심으로 강력히 제기되었으나 이번에는 이 같은 사례는 발생하지 않았다. 그 요인 중 하나는 여당인 민주공화당의 자정노력이 기여한바가 크다는 평가가 있으나 제7대 국회의원 선거에 대한 정치권 전체의 성찰과 국민적 의지를 무시할 수 는 없을 것이다.

셋째, 국회의원 선거에서 최초로 지역감정이 대두되기 시작한 선거였다. 문제의 발단은 당시 이효상 국회의장의 선거지원 유세였다. 그는 경북에서의 선거지원연설을 하면서 "호남에서는 이번 선거에 야당을 많이 뽑을 것이므로 영남에서는 몽땅 여당을 뽑아야 한다"고 호소하여 여당 후보의 지지를 호소한 것이다. 이에 전북대학교와 부산대학교 학생들이 지역감정을 조장하는 정치인들은 민족분열을 조장하는 것으로 이들 정치인을 고발할 것을 결의 하는 등 반발을 불러일으키기도 하였다. 한 지역에서 다른 정당 소속 의원이 한명도 당선되지 않는 극단적인 지역편중현상은 나타나지 않았으나 호남지역에 입후보한

상당수의 민주공화당 소속 입후보자는 고전을 면치 못하였다.[23]

넷째, 투표율이 저하되었다는 점이다. 제7대 국회의원 선거의 투표율보다 2.9%가 낮았다. 적은 폭이지만 제6대 국회의원 선거보다 4% 높은 투표율을 보였던 제7대 국회의원 선거에서 다시 3% 정도의 낮은 투표율을 보인 것으로 정치적 무관심 등 투표율의 완만하면서도 지속적인 하락추세가 우려되었다.

마지막으로 양당제도의 정착이 또 다른 문제점을 야기하고 있다. 즉 민주공화당과 신민당의 두 정당을 제외하고는 의석을 확보한 정당이 2개뿐이며 그것도 각 1석에 그쳤다. 정치역학상 양당구도는 효율적인 국정운영과 국민의 선택의 폭을 좁힘으로써 국론의 집약이 쉽지만, 반면 다양한 계층·집단의 정치적 요구를 수용하는데 한계가 있으며 양당의 정치적 담합에 의한 정치적 거래가 국민의 뜻과 관계없이 이루어질 가능성이 크게 나타났다.

결론적으로 제7대 대통령 선거와 제8대 국회의원 선거를 통해 박정희가 헌정질서 내에서 선거를 통해 재집권할 수 있는 가능성은 희박해졌다. 다시 말해 박정희에게 재집권의 위기가 발생한 것이다. 또한 양대 선거를 통해 확인할 수 있는 중요한 사실은, 당시 여러 국내외적 상황 변화에 대해 박정희 정권과는 다른 차원의 대책을 제시한 김대중과 야당이 상당한 득표에 성공하였다는 것이다. 즉 당시 국내외적 변화에 대해 박정희와는 전혀 다른 방식의 대응도 존재하였으며, 그것도 한국 사회에서 무시할 수 없는 지지를 받고 있었음을 확인할 수 있다. 결국 유신체제의 성립은 이처럼 박정희와 차별적인 형태의 대응 방식은 무시되고 오직 박정희가 주장하는 위기론과 대처방식만이 강요되는 과정이었다(한국민주화운동사 2009, 48). 그러나 제3공화국의 선거정치가 흥미로운 점은 이러한 제약에도 불구하고 상당한 정도의 역동성을 발견할 수 있다는 것이다. 대통령 선거를 예로 들어 살펴본다면, 이 기간 중 실시된 세 차례의 선거 결과는 상당히 경쟁적이었다. 정부와 여당의 노골적인 관권개입과 금포살포가 이루어졌음에도 불구하고 여당과 야당 후보자간의 차이는 그다지 크다고 보기 어렵다. 어떤 면에서 본다면 이런 경쟁적인 선거가 유신체제로 이끈 원인으로 볼 수도 있을 것이다. 유신체제는 이러한 선거를 통해 국민으로부터 권력을 부여 받고자 하는 기회를 아예 없애버린 것이기 때문이다(강원택 2011, 116).

23 중앙선거관리위원회(1973, 583).

제 2 부 유신체제의 선거

PART 02 유신체제의 선거

제1절 유신체제의 선거 개관

1971년 제7대 대통령선거와 같은 해 5월에 실시된 제8대 국회의원선거를 거치며 민심이 이반되고 여야의 대결 구도가 심화되자 장기집권에 불안을 느낀 박정희는 남북 간의 긴장완화에 지장이 있다는 명분을 내세워 1971년 12월 6일 국가비상사태를 선포하면서 소위 유신체제가 역사 속에 등장하게 된다.[1] 이어 1971년 12월 27일에는 야당의 반대 속에 국가보위에 관한 특별조치법을 통과시켜 헌법에 위반되는 국가긴급권을 행사할 수 있도록 하였으며, 경제규제나 국가동원령, 옥외집회 및 시위의 규제, 언론·출판에 대한 특별조치를 취할 수 있도록 하였다. 이듬해 1972년 10월 17일에는 대통령특별선언을 통해 10·17비상조치를 발동하고 국회를 해산하였으며, 정당 및 정치활동을 중단시키는 등 헌법의 일

1 유신체제 수립을 위한 구체적인 개헌 작업은 1972년 5월 이후락의 평양 방문 이전부터였던 것으로 보인다(한국민주화운동사 2009, 55). 일예로 1972년 4월 16일 공화당 사무총장 길전식은 대통령과 국회의원의 임기를 6년으로 연장하는 내용의 개헌이 필요하다고 발언해서 파문을 일으켰다. 이 사건은 일종의 정치적 해프닝으로 끝났지만, 당시 주한미국대사관은 길전식 같은 정치가가 사전에 아무런 생각 없이 개헌 문제를 기자들과 이야기 하였을 것 같지는 않다고 평가하였다. 그리고 "중앙정보부장 이후락과 전 국무총리 정일권이 미국대사관에 박정희의 집권을 계속 보장하는 방식으로 헌법이 수정될 것 같다는 암시를 준 직후에 길전식의 발언이 나온 것은 흥미롭다"고 국무부에 보고하였다(Telegram from the Embassy in Korea to the Secretary of the Department of State"Apr. 17, 1972 Pol 15-5 Kor S, Subject-Numeric Files 1970~1973, 한국민주화운동사 2009, 55에서 재인용).

부 조항의 효력을 정지시켰다. 이후 비상계엄이 선포되고 대학의 휴교 조치와 언론의 검열 등이 강화되었다. 이로써 제8대 국회는 개원한지 1년 3개월 만에 그 수명을 다하게 되었으며, 국회의 권한은 비상국무회의가 대행하게 되었다. 제3공화국 헌법은 대통령의 국회해산권을 부여하지 않았다. 그럼에도 불구하고 박정희는 5·16쿠데타에 이어 또 다시 헌정질서를 깬 것이다. 이러한 상황에서 비상국무회의는 1972년 10월 26일 개헌안을 단 하루 동안 심의하고 다음 날 공고하였다. 이와 같이 미리 준비된 개헌안은 11월 21일 국민투표를 통해 91.5%의 찬성으로 '유신헌법'을 확정하였으며, 12월 27일에 공포되었다.

박정희는 기존 헌법이 냉전 시기에 만들어졌기 때문에 평화통일을 추진하는데 장애가 된다는 것을 개헌 명분의 하나로 내세웠다. 하지만 실제로 통일과 관련된 조항들은 거의 수정된 것이 없었다는 것은 통일이라는 중요한 사안을 집권 연장의 수단으로 활용하고자 했던 것임을 의심할 여지가 없다(안병욱 외 2005; 한국민주화운동사 2009; 신두철 2011).[2]

[그림 3-1] 1972년 11월 21일 국민투표 포스터

출처: 중앙선거관리위원회(1981b).

2 유신헌법에서 통일과 관련 내용이 있다면 헌법전문에 "조국의 평화적 통일의 역사적 헌법전문에"조국의 평화적 통일의 역사적 사명에 입각하여"라는 구절이 삽입된 것과, 대통령 간접선거를 위해 구성되는 기구에 '통일주체국민회의'라는 명칭을 부여하고 이를 "조국통일의 신성한 사명을 가진 국민의 주권적 수임기관"으로 규정(제35조)한 것이 전부였다(한국민주화운동사 2009, 59).

유신체제는 이미 1960년대 박정희 정권의 위기로부터 잉태되고 있었다. 박정희는 1967년 대통령 연임에 성공한 후 장기집권을 위해 3선개헌을 추진하였고, 이는 전 국민적 반대투쟁을 촉발하였다. 그는 제7대 대통령선거에서 김대중을 힘겹게 누르고 3선에 성공했지만, 선거결과는 예상을 뛰어넘는 김대중의 선전이었다. 또한 같은 해 5월 25일 실시된 제8대 국회의원선거에서 여야의 의석차가 24석으로 줄어들면서, 집권세력은 위기감을 느끼게 되었다. 여기에 1960년대 말 1970년대 초의 정치적·경제적 위기가 맞물리면서 박정희 정권은 심대한 체제 위기에 봉착하게 되었다. 박정희는 더 이상 선거를 통한 장기 집권이 불가능하다는 위기의식에서 반민주주의적인 유신헌법을 만들게 되었다(한국민주화운동사 2009, 20~21).

유신헌법의 핵심 내용은 대통령직선제를 통일주체국민회의에 의한 간접선거로 변경한 것이었다. 또한 대통령의 임기를 6년으로 하고 중임이나 연임 규정을 없애 사실상 영구집권의 길을 열어놓았다. 유신체제하에서 대통령은 긴급조치권, 국회해산권, 국민투표 부의권, 법관 임명권 등을 갖도록 하였고 입법부와 사법부의 행정부 견제기능을 제한함으로써 대통령 1인에게 막강한 권력을 집중시켰다. 또한 지방자치는 통일이 이루어질 때까지 지방의회를 구성하지 않을 것을 명시하였다.

유신체제는 집권자의 장기집권을 위해 정당과 국회, 그리고 선거와 같은 정치사회를 크게 위축시킨 권위주의 정권의 전형이라 할 수 있다. 또한 강압적인 유신체제는 정치세력간의 견제를 제도적으로 봉쇄함으로써 정당정치의 영역을 극도로 축소·약화시켰다. 또한 국민에 의한 대통령의 직접 선출권을 박탈하고, 정당의 정권 창출을 원천적으로 봉쇄하였으며, 국회의원의 3분의 1을 대통령이 추천하여 의회의 국민대표 기능을 크게 축소시킴으로써 절차적 민주주의마저 부인하였다. 물론 제3공화국에서도 권위주의적인 성격은 존재하고 있었지만, 박정희의 종신집권을 의도한 유신개헌은 국회의 기능과 국민의 기본권을 제한함으로써 이러한 성격이 더욱 심화되는 특징을 보인다(신두철 2011, 118).

제2절 정치체제와 정치문화

1971년 선거를 전후하여 정권과 공화당은 지난 수십 년간 이루어진 급격한 경제사회적 변화가 낳은 각계각층의 정치적 요구에 직면하였다.

첫째, 중산층에 속하는 대학교수, 의사, 판사, 언론인들이 집단행동을 통해 불만을 해결하고자 하였다. 박정희 정권의 대학간섭과 통제의 심각성을 더 이상 묵과할 수 없는 상태에 이르자 1971년 8월 18일 서울대 문리대 교수들이 전체교수회의를 갖고 대학의 자율성 보장과 처우 및 연구개선을 강력히 요구하는 성명을 발표했다. 서울대에 이어 8월 23일에는 경북대와 부산대 교수들도 대학자주화를 천명했고, 8월 25일에는 전국적으로 확산되었다. 전남대, 전북대, 충남대, 충북대, 강원대, 부산수산대가 8월 25일에, 9월 4일에는 진주농대, 제주대 등의 순서로 10개 지방 공립대학 모두가 자주선언을 발표했다. 9월 13일에는 지방 국립대학 교수협의회에서도 '자주선언'을 이어갔다. 대학과 종합병원의 인턴, 레지던트들 역시 처우 개선을 요구하며 진료 거부에 돌입하였다.

한편 사법부의 독립과 법관에 대한 외부간섭과 압력에 대해 항의하면서 판사들이 집단으로 사직서를 제출하는 '사법부파동'이 발생했다. '사법부파동'은 1971년 7월과 8월에 걸쳐 현직 부장판사 등에 대한 검찰의 영장 신청, 이에 반발한 판사들의 집단사표와 검찰의 사법권 침해에 대한 폭로, 그리고 대법원 판사들을 포함한 법관들의 독립선언 등 연이어 발생한 일련의 사건들을 총칭하는 것이다(한국민주화운동사 2009, 584).

한편 동아일보사를 비롯한 신문사 기자들이 언론자유수호선언을 발표하였다. 1971년 4월 15일 동아일보 기자들은 선언문을 통해 "기자적 양심을 통해 진실을 진실대로 자유롭게 보도한다", "외부로부터 직접 간접으로 가해지는 부당한 압력을 일치단결하여 배격한다", "명예를 걸고 정보요원의 사내 상주 또는 출입을 거부한다"라고 결의하였다(한국기독교교회협의회 인권위원회 편 1987, 188). 이어 4월 16일에 한국일보, 4월 17일에는 조선일보, 대전일보, 중앙일보, 4월 19일에는 동양방송, 경향신문, 신아일보, 문화방송, 4월 20일에는 합동통신, 동화

통신 기자들이 언론자유수호 의지를 밝혔다. 5월 초순까지 7개 일간지와 1개 민간방송, 2개 경제지, 2개 통신사가 언론자유 수호의 의지를 천명했고, 지방에서도 14개 신문·방송·통신사기자들이 동참하였다(한국기독교교회협의회 인권위원회 편 1987, 189).

둘째, 노동자들과 도시 서민들은 연체된 임금 지불, 주거환경 개선, 실업자 구제를 요구하였다. 특히 서울의 무허가 주택철거와 함께 성남광주대단지에 집단 이주한 3만여 명의 주민들은 상하수도 시설, 대중교통 주선 등을 요구하며 과격한 시위를 벌였다. 이 외에도 대학생들은 교련 반대와 부정부패 척결을 주장하며 집회를 이어가고 있었다.

이러한 사회적 저항에 대처하기 위해 박정희는 1971년 12월 국가 비상사태를 선포하였다. 이를 뒷받침하기 위해 민주공화당은 국가비상조치에 관한 법안을 국회에 제출하였는데, 이는 대통령에게 국가비상사태 선포권을 부여하고, 그에게 국민과 경제에 대한 절대 권한을 부여하는 것이었다. 예를 들면, 언론통제, 집회 결사의 자유 제한, 임금과 물가동결, 국방비 증액 등이 이에 해당한다. 신민당이 이 법안의 통과를 저지하기 위해 6일 동안 의사당에서 농성을 벌였으나, 민주공화당 의원만으로 별관에서 이 법안을 변칙적으로 통과시켰다. 이 사건 이후 민주공화당은 국회 개원을 지연시켜 1972년 7월에 7개월 만에 국회를 열었다.

한편 박정희 정권은 급격히 변하는 국제 정세변화에 대처하기 위해 남북회담을 제의하였다. 닉슨은 대소련, 대중국 화해정책의 일환으로 박정희 정권에게 남북대화를 권유하였다. 1971년 8월 한국적십자사는 이산가족의 재회를 위한 남북대화를 제의하자, 북한이 즉각적으로 긍정적 반응을 보여 남북한 적십자 회담이 열리게 되었다.

이보다 더욱 극적인 것은 1972년 7월 4일 남북한에서 동시에 발표된 공동성명이다. 박정희의 밀사로 이후락 정보부장이 평양에 가서 김일성을 만나고, 북한의 김영주 북한 노동당 조직부장이 비밀리에 서울을 방문하여 박 대통령을 만나 남북한 긴장완화를 위한 남북조절위원회 설치에 합의하였다는 것이다. 1955년 제네바 회담 이후 16년 만에 처음으로 남북한 당국자 간의 접촉이 이루어진 것이다. 이제까지 남한은 북한을 반국가단체로 규정했으나, 이제 사실상 국가로 인정한 셈이 되었다. 이러한 변화에 국민들은 상당히 혼란스러웠으나, 한편으로 남북통일에 대한 기대를 지니게 되었다. 위에 열거한 국내외 정세에 대응하기 위해 1971년 12월 박정희는 비상사태를 선포했으나 이로는 부족하다고 판단하고, 1972년 10월 17일 전국에 계엄령을 선포하고 유신을 단행하였다. 이러한 유신체제는 중앙정보부가 비밀리에 추진되었고, 여당인 민주 공화당은 아무런 역할도 하지 못하였다. 당사는 군인들이 지키고 당 활동이나 출입이 완전히 통제되었다. 유신헌법은 결국 박정희의 종신집권을 허용하고, 정부의 권력이 그에게 집중되도록 만들었다. 다시 말해 박정희의 개인통치를 위해 마련한 것이다.

유신체제에서 실질적으로 민주공화당의 역할은 매우 제한적이고, 주로 중앙정보부가 정치적 역할을 맡아 유신에 비판적인 인사들을 탄압하였다. 대표적으로 1973년 8월 김대중 전 신민당 대통령후보가 동경의 팔레스호텔에서 괴한들에 의해 납치되었다가 5일 뒤에 그의 집 앞에서 풀려났게 된 사건이 발생하였다. 당시 김대중은 유신선포 이후 미국과 일본에서 반유신 활동을 전개하고 있었다. 일본은 김대중 납치를 주권침해라고 항의하고, 김대중을 일본에 되돌려 보내도록 요구하였다. 그리고 보복으로 한일 각료회담을 무기한 연기하였다. 11월에 김종필 총리가 일본을 방문하여 사과한 후 타결되었다. 또 이 사건으로 유신체제의 대외 이미지는 매우 손상되게 되었다.

이러한 정치적 사건에 대해 민주공화당은 아무런 해명도 없이 유신체제가 추구하는 탈정치화 전략(depoliticization strategy)을 따를 수밖에 없었다. 1973년의 경우 국회는 단지 36일간 개회하였다. 따라서 국민들은 정치적 뇌물이나 정치적 폭력을 사용하지 않는 정상적 정치참여의 길이 막히게 되었다. 1973년 10월 유신이 선포된 후 처음으로 대규모 대학생 데모가 발생하였다. 이를 계기로 유신체제를 거부하는 지식인과 사회지도자들이 헌법개정 청원운동을 전개하였다. 청원운동에는 50만 명 이상이 서명에 참여하고, 개헌운동이 전국적으로 확산되자 박정희는 1974년 1월 대통령 긴급조치 1호를 선포하고 개헌운동을 탄압하였다. 개헌을 주장하는 사람은 15년 이하의 징역에 처할 수 있도록 하였다. 그리고 긴급조치 위반자들을 다룰 비상군법회의를 설치하였다. 결국 개헌 청원운동을 전개하던 장준하 전 사상계 사장, 백기완씨 등이 긴급조치 위반으로 체포되어 15년형을 선고받았다. 그러나 긴급조치 1호가 유신체제 반대세력을 잠재울 수는 없었다. 1974년 4월 초 정부는 대한민국 정부를 전복하고 대중봉기를 통해 노동자, 농민의 정부를 수립하려는 목적으로 조직된 전국민주청년학생연합이라는 비밀지하조직을 발견했다고 발표하였다. 이 사건을 다루기 위해 정부는 긴급조치 4호를 발동하였다. 그리하여 이 조직에 가담한 200여 명의 학생과 시민들을 체포하여 비상군법회의에 넘겼다. 두 명의 학생이 처음에 사형선고를 받았다가 무기징역으로 감형되고, 시인 김지하와 지학순 주교, 윤보선 전 대통령이 각각 무기, 15년, 3년 징역에 집행유예를 받았다.

박정희 반대세력의 기세는 예기치 않은 정치적 사건으로 약간 누그러지게 되었다. 1974년 8월 광복절 기념식에서 영부인 육영수여사가 조총련 소속의 재일교포 문세광의 저격에 목숨을 잃게 되었다. 범인은 박 대통령 저격이 목적이었으나 뜻을 이루지 못했다. 이 사건으로 인해 공산주의자의 침투를 막기 위해 유신이 필요하다는 정부의 입장이 강화되었다. 박 대통령은 긴급조치 1호와 4호를 해제하여 일시적으로나마 정치적 탄압을 완화하였다. 이러한 비상조치의 단행은 이미 1971년 12월 21일 민주공화당에 의해 안보를 위한 사회안정과 이의 확보·유지조치인 '국가보위에 관한 특별조치법'이 국회에 상정, 제정된 것을 근거로 한 것이었다. 같은 날 비상국무회의가 구성되어 다음해 3월 12일 해체될 때까지 헌법개정안 국민투표와 관련된 특별법, 노사관계법규 등 많은 법안이 국회를 거치지 않고 제정 및 개정되었다.

유신헌법의 주요내용을 보면, 대통령의 임기는 6년으로 한다(제47조)고만 규정되어 있을 뿐 중임제한이나 연임제한 규정은 전혀 없으며, 주권적 수임기관으로서 통일주체국민회의라는 기구를 신설하고 여기에서 대통령 선출, 국회가 발의·의결한 헌법개정안의 확정, 대통령이 추천한 의원정수 3분의 1에 해당하는 국회의원 선출, 대통령이 부의(附議)한 통일정책의 심의·확정을 하도록 하였다. 유신헌법은 대통령에게 절대적인 권력을 부여하였는데, 국회의원 3분의 1의 추천권(제40조), 긴급조치권(제53조), 국회해산권(제59조), 국민투표회부권(제49조), 통일정책의 결정 또는 변경에 관한 통일주체국민회의 회부권(제38조), 통일주체국민회의 의장직 수임(제36조 3항), 헌법개정안 제안권(제124조), 헌법기관 구성자에 대한 임명권(제109조 4항, 제112조 4항) 등이 그것이다.

이러한 유신헌법은 '대통령제의 요소와 의원내각제의 혼합형태', '영도적 대통령제', '절대적 대통령중심제', '권위주의적 대통령제', '신대통령제' 또는 '변형된 대통령제' 등으로 표현되는데, 중요한 것은 대통령에게 막강한 권력이 주어졌다는 점이다. 대통령은 입법·행정·사법의 3부 위에 위치하는 국가원수로서 국가의 모든 기관에 대하여 대통령의 우위성을 보장하는, 이른바 '영도자'의 지위에 있어 '권력의 인격화'로 특징지어진다. 무엇보다 대통령의 종신집권이 법률상 가능하게 되었다는 점에서 유신헌법은 당시의 대통령인 박정희의 영구집권을 위한 장치였으며, 이러한 유신헌법을 바탕으로 수립된 유신체제는 이전의 어느 시기와도 비교되지 않는 가장 강력한 권위주의체제였다. 이를 한때는 '한국적 민주주의'라고 부르기도 하였다.

통일주체국민회의는 통일을 위해 국민의 총의를 모으는 '국민적 조직체'였을 뿐 아니라 통일정책을 심의 결정하는 '국민의 주권적 수임기관'이었고, 대통령은 물론 국회의원 3분의 1을 선출하는 국가기관이었다. 그런데 이 기관의 최고권력자인 의장은 대통령이었다. 대통령이 의장으로 있는 기관이 대통령을 선출하는 권한을 갖고 있었던 것이다. 결국 통일주체국민회의는 사실상 대통령에

[그림 3-2] 유신헌법 공포식

출처: 한국민족문화대백과.

게 모든 권한을 집중시켜 국회와 사법부의 위에서 통치할 수 있도록 고안된 기구였다(한국민주화운동사 2009, 67).

또한 유신체제하에서 국회의 권한은 심각하게 약화되었다. 대통령은 국회를 해산할 수 있었지만 국회는 대통령에 대한 탄핵권을 갖지 못하였다. 한국 정치에서 국회가 행정부를 견제하고 감시하는 중요한 장치였던 국정감사제도도 폐지되었다. 대통령이 개헌을 제안하면 이는 곧바로 국민투표를 거쳐 확정될 수 있었다. 과거처럼 국회의 동의를 받을 필요가 없었다. 반면 국회는 재적의원 과반수의 동의로 개헌안을 발의하더라도 다시 국회의원 3분의 2 이상의 찬성을 얻어야 의결할 수 있었다. [illegible]회가 의결한 개헌안은 다시 통일주체국민회의에서 통과되어야 국민투표에 회부되어 확정될 수 있었다. 결과적으로 개헌은 오직 대통령만의 권한임을 명시한 것이나 다름없었다(한국민주화운동사 2009, 70). 또한 유신체제하에서는 이른바 '능률의 극대화'라는 명목으로 1년 중 임시국회와 정기국회 각각 1회씩 정도로 국회의 활동을 축소하는 것을 원칙으로 하였다. 유신헌법에서 정기국회의 회기는 90일, 임시국회의 회기는 30일을 초과할 수 없도록 하였으며, 양자를 합쳐 국회 개원일은 연간 150일을 넘을 수 없도록 하였다(제82조 제1항). 그러나 대통령이 국회를 소집하는 경우에는 회기일의 제한을 받지 않았다.

더욱이 대법원장을 비롯한 모든 법관을 대통령이 임명 또는 보직(補職)하거나 징계에 의하여 파면할 수 있게 함으로써 사법권의 독립을 어렵게 만든 상태에서 헌법위원회를 두어 위헌법률심사권, 위헌정당해산결정권, 탄핵심판권을 갖게 함으로써 사실상 대통령이 사법부를 장악하게 되었다. 뿐만 아니라 국회의 회기를 단축시켜 상설화를 막고 국정감사제도까지 폐지함으로써 국회는 행정부를 감독·비판함에 있어서 커다란 한계를 갖게 되었다.

유신헌법에 따라 1972년 12월 15일 통일주체국민회의 대의원선거가 실시되었고, 12월 23일 이 통일주체국민회의에서 박정희가 대통령으로 선출되어 12월 27일 제8대 대통령으로 취임하면서 유신체제의 제4공화국은 출범하게 된다. 유신체제하에서도 경제개발 5개년 계획은 계속 추진되어 외적으로 고도경제성장을 이룩하였을지는 모르지만, 분배가 왜곡되어 국민 모두가 경제성장의 결과로써 산출된 과실을 골고루 향유할 수 없었을 뿐만 아니라 권력형 부정부패가 만연함으로써 사회적 비판의 대상이 되었다.

유신체제하에서는 준여당인 '유신정우회'가 존재하였는데, 이는 국회의원정수의 3분의 1을 대통령이 추천하여 통일주체국민회의에서 선출된 의원으로 구성됨으로써 대통령의 권한을 보위하는 친위대의 역할을 하였다. 그러므로 박정희는 여당인 민주공화당의 조직과 기능도 강화할 필요성을 느끼지 못했고, 대통령의 친위대로서의 유신정우회는 자율성이 전혀 없이 대통령의 명령에 절대복종할 수밖에 없었다. 그 결과 이중적인 여당의 지원을 받는 대통령의 권한은 강화되는 데 반해 정당정치는 더욱더 약화될 수밖에 없었다. 더욱이 유신체제는 국가기관이 국회와 정당 및 이익집단의 배후에서 관리·조종했다는 점에서 전형적인 '조합주의(組合主義)'에 해당된다. 결국 유신체제는 구조·기능적으로 자유민주주의의 정치형태를 이탈하여 권위주의 정치형태로 변질되었다. 즉 대통령의 비상대권의 발동에 있어서 사전 예방적 조치까지 인정되었으며, 그 요건 충족 여부 판단이 대통령의 재량에 일임되었을 뿐만 아니라 그 권한 행사에 대한 법적 제동장치가 충분히 마련되지 않았던 것이다.

특히 유신체제는 사회 각 분야에 대한 철저한 통제정책을 폈는데, 노동통제는 물론이고 언론에 대한 강력한 통제를 가하였다. 우선 1972년 4월에 지방지의 통합을 실시하였고, 12월부터는 언론, 출판, 방송에 대한 사전검열을 실시하였으며, 1973년 2월에는 중앙신문, 통신사의 폐간과 방송윤리위원회를 설치하였다. 이어 3월부터는 프렛카드제를 실시하여 취재활동의 규제를 가하기 시작했고, 1974년 1월에는 긴급조치 제1, 2, 3, 4호를 잇따라 선포하여 개헌보도금지, 체제에 대한 비판보도금지 등 언론보도금지를 강화하였는데 이를 위반할 경우는 군사재판에 회부토록 하였다.

그럼에도 불구하고 1974년 10월 동아일보 기자들이 종래의 언론자유수호운동에서 한 걸음 더 나아가 자유언론실천운동을 전개하기 시작하자 동아일보에 대한 광고통제를 가하였다. 하지만 오히려 국민들은 격려광고를 게재하는 등 저항이 고조되자 1975년 2월에는 유신헌법의 신임을 묻는 국민투표를 실시하기로 결정하였다. 그러나 이미 사회 전반에 확산된 민주화 운동은 더욱 격렬해졌는데, 이에 1975년 5월 13일 긴급조치 제9호를 발동하여 언론은 물론이고 사회 전반을 강력하게 통치하기 시작하였다.

그러나 이처럼 강력한 통제정책에도 불구하고 유신체제에 대한 저항은 더욱 거세져 1978년 12월 12일에 실시된 제10대 국회의원선거에서는 야당인 신민당의 득표율이 민주공화당보다 1.1% 앞서는 결과가 나타났고, 이에 고무된 신민당은 선명야당을 주장하는 김영삼을 총재로 선출하고 1979년에 들어서면서 대정부투쟁을 강화하는 조직화에 이르렀다. 이에 10월 4일 국회에서는 여당의 원만으로 김영삼의 의원직 제명을 결의하는 등 극단적인 강경대응을 취했으나, 신민당 소속 의원 전원과 민주통일당소속 의원 3명이 의원직사퇴서를 국회에 제출하는가 하면, 10월 16일부터 19일 사이에는 부산과 마산에서 소위 부마(釜馬)사태가 발생하여 부산지역에 비상계엄령이 선포되고 휴교령이 내려지게 되었다.

이와 같이 제4공화국 시기의 정치체제는 군부세력을 바탕으로 한 강력한 권위주의체제라고 할 수 있다. 입법·행정·사법의 초월적 지위에 있는 대통령 1인에게 모든 권력이 집중된 가운데 조합주의적인 체제를 형성하여 정치체제의 구조적 분화와 기능적 자율성은 크게 위축되었으며, 강력한 통제와 억압정책으로 인해 민주화를 요구하는 국민의 저항은 원천적으로 봉쇄당했다. 또한 체제에 대한 저항이 더욱 거세지면 거세질수록 그에 대한 통제와 억압 역시 더욱 강력해져갔다. 그러나 이처럼 강력한 유신체제는 권력의 핵심부에 있었던 당시 중앙정보부장 김재규가 1979년 10월 26일 대통령 박정희를 시해한 10·26사태로 막을 내리게 된다.

이러한 제4공화국 시기의 정치문화도 한국 정치문화의 보편적인 특징인 권위주의, 분파주의, 저항주의, 인물 위주의 특성을 아직 그 저류에 갖고 있었으나, 지난 20년 동안 경제·사회적 발전과 고등교육의 증가, 정치적 경험 등으로 인하여 많은 변화를 해왔다고 볼 수 있다. 이러한 평가는 1963년에 실시된 조사와의 비교를 통해 명확해지는데, 이 시기 한국 정치문화의 특징은 정치적 무관심 또는 냉소주의의 팽배, 정치의식 또는 정치적 요구수준의 향상, 콘하우저(Kornhauser) 현상의 출현[3] 등을 지적할 수 있다(손호철 2006; 오창헌 2001; 호광석 2005).

---

3 미국의 정치사회학자 콘하우저는 대중사회구조는 기능집단이나 지역집단의 약화로 여러 중간적 제관계의 취약성을 가진다고 지적하였다. 이런 점에서 정치엘리트는 대중에게 친근감을 주고, 대중은 이들에 의해 조작당하기 쉬우며, 개인적 관계는 고립화된다는 것이다. 그는 대중사회의 조직원리는 바로 이 점에 있다고 생각하였다.

정치적 무관심 또는 냉소주의가 팽배하게 된 것은 정치체제가 초기의 자유민주체제에서 '한국적 민주주의'를 내세운 유신정치체제로 탈바꿈했기 때문에 나타난 결과이기도 했다. 특히 정치불신의 전통은 여전히 뿌리 깊게 남아 있었고, 대중과 엘리트 사이의 넓은 간격은 좀처럼 메워지지 않고 있었다. 한편 급속한 사회·경제적 발전에 따라 정치적 지식, 정치에 대한 관심, 정치적 효능감 등이 높아졌다. 또한 대중 매스미디어의 역할이 증대됨으로써 사회동원화가 용이하게 되어 주민의 관심은 혈연 및 지연 등의 전통적이면서도 지방적인 것에서 적극적이면서도 중앙적인 것으로 현저하게 변화하여 갔다. 또한 이처럼 정치의식과 정치적 요구수준은 향상되었으나, 정당 또는 사회집단이 제도화되지 못함으로써 나타나는 콘하우저현상은 특히 농촌주민보다는 도시주민에게서 두드러지게 나타난다.

이러한 정치문화적인 특징은 제4공화국 시기의 정치체제인 유신체제가 전형적인 권위주의체제이기 때문에 나타나는 당연한 결과였는지도 모른다. 정치과정과 관련하여 권위주의체제의 특징은 ① 정치적 자각수준이 사적 세계의 좁은 범위를 벗어나지 못하고 있고, ② 정당에 대한 긍정적 동일시가 존재하지 않으며, 국민의 정치적 사고와 행동이 조직화되지 못하고 있으므로 정부(집권여당)의 강권에의 의존도가 높고, ③ 카리스마적 지도자의 대두와 그 이미지를 이용한 집권여당의 장기집권현상, 그리고 정당 내의 파벌투쟁의 강렬성이 나타나고, ④ 정치적 결정작성에 정식적 요인보다 비정식적 요인이 더 뚜렷하게 작용하고 있다는 4가지가 지적될 수 있다(호광석 2005; 신두철 2011).

이러한 지적들은 제4공화국 시기의 정치체제의 특징으로 매우 적절한 것이라고 할 수 있다. 모든 권력이 대통령 1인에게 집중되어 있어, 장기독재가 가능했고, 체제유지를 위해 봉사하는 집권여당의 강권이 작용하였고, 그러면서도 야당은 효과적인 정치적 반대를 할 수 없었을 뿐만 아니라 모든 정당이 내부적으로 파쟁을 겪고 있었다. 또 정식적 요인보다 비정식적 요인이 정치적 결정에 주요한 영향력을 미치지만, 정치적 자각수준이 사적 세계의 좁은 범위를 벗어나지 못하고 정치적 사고와 행동이 조직화되지 못하였기 때문에 반대도 저항도 하지 못했던 것이다.

제3절 유신체제의 선거제도와 정당제도

1. 유신체제의 선거제도

1972년 11월 유신헌법이 공포된 직후 유신정권은 12월 15일 선거를 통해 통일주체국민회의를 구성하였다. 통일주체국민회의 대의원선거는 구·시·읍·면·동 등 행정구역 단위를 선거구로 하여 전국을 1,630개 구로 나누되 농촌지역에서는 소선거구제, 도시지역에서는 중선거구제를 채택하였다. 중선거구제의 경우 인구 2만 명을 기준으로 1인에서 5인까지 선출하는 방식이었다. 이에 따라 총 2,359명의 통일주체국민회의 대의원이 선출되었다. 1972년 11월 21일 실시된 국민투표에서 유신헌법은 유효투표수의 91.5%의 찬성을 얻어 확정되었다. 유신헌법에 따라 1972년 12월 15일에 초대 통일주체국민회의 대의원선거가 실시되어 2,359인의 대의원을 선출하였다. 초대 통일주체국민회의는 1972년 12월 23일 대통령선거에 들어가 단독후보로서 전체대의원 2,359인 중 2,357인의 찬성으로 박정희 후보를 제8대 대통령으로 선출하였다(무효 2표). 1972년 12월 23일 제8대 대통령간접선거가 장충체육관에서 실시되었다. 이 선거는 유신헌법에 따라 통일주체국민회의를 통한 간접선거였으며, 대통령 후보는 박정희 한 사람 뿐이었다. 2,359명의 통일주체국민회의 전체 대의원이 투표에 참석하였으며, 투표결과 박정희는 무효 2표를 제외한 2,357표를 획득하여 99.9%7의 지지로 제8대 대통령에 당선되었다. 이처럼 절대적인 투표결과는 민주주의 국가의 자유선거에서는 유례를 찾아볼 수 없는 것으로 유신헌법의 비민주성을 보여주고 있다.

초대 통일주체국민회의 대의원의 6년 임기가 만료되는 1978년 6월 30일을 앞두고 1978년 5월 18일 제2대 통일주체국민회의 대의원선거가 실시되어 2,583인의 대의원을 선출하였다. 1978년 7월 6일 첫 집회에서 통일주체국민회의는 대통령선거에 들어가 단독 입후보한 박정희 후보에 대해 재적대의원 2,581인 중 2,578인이 참석하여 2,577인의 찬성으로 박정희를 제9대 대통령으로 선출하였다(무효 1표).

[그림 3-3] 장충체육관 통일주체국민회의 대의원들의 투표

유신체제하의 국회의원선거법은 "유신헌법의 정신에 따라 정부는 종래와 같은 선거의 과열화와 타락상을 일소하고 돈 안 들고 깨끗한 공명선거를 보장할 수 있는 선거제도를 확립한다."는 취지에도 불구하고 낙선자의 기탁금을 국고에 귀속시켰으며, 합동연설회를 통한 선거운동만을 허용하였고, 입후보자의 수가 2인을 초과하지 않으면 무투표 당선되도록 하였고, 선거인 명부의 사전교부제를 폐지하는 등 비민주적인 독소 조항으로 이루어졌다(박상철 1995, 95). 이 시기의 선거제도는 집권세력의 국회장악을 제도적으로 보장하는 것이었다. 물론 제3공화국의 경우도 제1당의 프리미엄을 인정하는 전국구제도로 인하여 제1당인 공화당은 안정적인 다수당을 유지할 수 있었다. 그러나 제3공화국에서 실시된 세 번의 선거결과를 보면, 집권당에 대한 지지는 시간이 지날수록 감소하고 도시지역에서는 이러한 현상이 더욱 뚜렷하게 나타났다. 더군다나 중선거구제의 도입으로 거의 모든 선거구에서 제1당의 입후자의 당선을 보장하고 제2당 입후보자의 당선 가능성도 결정적으로 증대시켜 주는 일종의 여·야 밀월당선제도를 확립하게 되었다(윤형섭 1988, 261).

특히 기존의 국회의원의 입후보요건으로 소속정당의 추천을 필수요건으로 한다는 종래의 규정을 폐기한 것은 군소정당의 난립을 방지하고 양당체제를 지

향한다는 기존의 명분을 버리고 제1야당의 도전으로부터 벗어날 수 있는 활로를 열어놓기 위한 의도였다. 이에 맞추어 1972년 12월 30일 비상국무회의에서 정당법도 손질하기에 이르는데, 정당설립의 자유를 최대한으로 보장하기 위하여 정당의 조직요건, 즉 법정 지구당수, 지구당의 분산요건 및 지구당의 법정당원수의 완화와 정당의 민주적인 조직과 활동을 보장하고, 선거관리위원회의 합리적인 정당관리를 위하여 당원의 입당절차와 정당에 대한 벌칙을 강화하며, 공직후보자추천제를 폐지하고 당적의 이탈·변경을 국회의원의 자격상실의 사유로 한 규정을 삭제하며, 정당해산소송을 헌법위원회의 관할로 함에 따라 이에 맞추어 조문을 정리하였다(박상철 1995, 17). 또한 새로운 정당법은 당지부제를 폐지하는 대신 "필요한 경우에는 서울특별시, 부산시, 시·도·군에 한하여 당연락소를 둘 수 있다"는 단서조항만을 두었으며, 창당준비위원회의 활동기간을 결성 신고일로부터 1년 이내였던 것을 6개월 이내로 단축시켰다.

그동안 제1야당 대표자에게 지급하던 수당 조항을 삭제하였는데, 이러한 조치들은 더 이상 제1야당을 순하게 길들일 필요성이 없어졌다는 것을 간접적으로 증명해주는 것이다. 선거제도가 정부와 여당에 의해서 일방적으로 개정되는 가운데 제9대 국회의원 선거를 앞두고 1973년 1월초 발 빠르게 새 강령과 당헌을 발표하였으며 같은 해 2월에는 선거공약의 발표와 함께 후보자 공천을 완료하였다. 반면 제1야당인 신민당은 일부 세력이 이탈하여 민주통일당을 창당하는 등 긴박한 상황이 전개되었다.[4]

제8대 대통령선거 직후 박정희 대통령은 선거법 개정을 통해 유신체제를 공고화하기 위한 제도적 장치를 마련하였다. 대통령이 제안한 선거법은 국회가 아닌 비상국무회의에서 의결하였고, 중선거구제와 의석 일부의 간접선거제도가 핵심이었다. 즉 의원정수는 219명이었으나 이 가운데 146명은 각 지역구에서 2인씩 직접선거로 선출하고, 나머지 1/3에 해당하는 73명은 대통령이 추천하고 통일주체국민회의에서 간접 선출하도록 하였다. 이렇게 간접 선출된 전국구 의원들은 유신정우회라는 별도의 원내교섭단체를 구성하여 준정당 조직으로 운영

4 당시 신민당은 유진산 당수를 중심으로 운영되었으며 소위 반진산계열에 있었던 김홍일, 양일동, 윤제술, 정일형, 서범석, 김원만, 이상돈 및 이태구 등이 중심이 되어 민주통일당을 결성하였다.

되었다. 유신정우회는 전국적으로 덕망 있는 인사와 각계 직능대표의 국회진출을 가능하게 한다는 대의명분을 내세웠다. 그러나 대통령이 추천권을 가짐으로써 실제로는 집권당에게 국회의석 1/3을 제도적으로 보장하는 불합리한 선출방식을 제도화한 것에 불과하다. 따라서 유신정우회 제도는 집권당이 국회 3분의 2의 다수의석을 확보하여 대통령이 국회를 확실하게 장악하려는 정치적 의도에서 만들어진 제도였다(호광석 2005, 193).

법률 2404호로 공포된 국회의원선거법의 주요 내용을 정리하면 다음과 같다.

① 선거구는 소선거구제에서 한 선거구에서 2명을 선출하는 중선거구제도로 전환하고 전국구제를 없앴다.

② 국회의원 정수의 3분의 1은 대통령이 추천하여 통일주체국민회의에서 선출토록 하는 무투표 당선제도를 도입하였고, 의원의 임기는 지역구 의원은 6년, 통일주체국민회의에서 선출된 의원은 3년으로 한다.

③ 후보등록에 있어서 정당공천을 입후보등록의 필수요건으로 했던 이전의 조항을 폐지하였고, 정당추천과 함께 무소속 입후보를 허용하였고, 후보자의 난립을 방지하기 위해서 정당추천 후보자는 2백만 원, 무소속 후보자는 3백만 원의 기탁금을 납부하도록 한다.

④ 기존의 명본사본교부제를 폐지하고 수시 선거인명부제를 채택하였다.

⑤ 선거운동은 선거관리위원회에 의한 선전벽보의 첩부, 선거공보의 발송, 후보자 합동연설회에 의해서만 할 수 있도록 함으로써 공영제를 채택하였다.

⑥ 마지막으로 금고 이상의 형의 선고를 받은 자는 그 형의 실효선거를 받지 아니하면 피선거권을 제한하도록 하였다.

〈표 3-1〉 제4공화국 국회의원 선거제도

<table>
<tr><th>구 분</th><th>제9대 국회</th><th>제10대 국회</th></tr>
<tr><td>국회의원임기</td><td colspan="2">6년(유신정우회 3년)</td></tr>
<tr><td>선거제도</td><td colspan="2">1구 2인 중선거구제
전국구: 통일주체국민회의 간선</td></tr>
<tr><td>선거구 수
국회의원
정수</td><td>지역구: 73(전국구 73)
219</td><td>지역구: 77(전국구 77)
231</td></tr>
<tr><td>선출방법</td><td colspan="2">직선, 지명제 병행</td></tr>
<tr><td rowspan="2">후보등록</td><td colspan="2">정당공천제, 무소속입후보 병행(전국구: 대통령 추천)</td></tr>
<tr><td>기탁금: 정당 200만원,
무소속 300만원
(유효투표총수의 1/3 미달시 몰수)</td><td>기탁금: 정당 300만원,
무소속 500만원
(유효투표총수의 1/3 미달시 몰수)</td></tr>
<tr><td>선거권</td><td colspan="2">만 20세 이상</td></tr>
<tr><td>피선거권</td><td colspan="2">만 25세 이상</td></tr>
<tr><td>선거인 명부</td><td colspan="2">수시 작성제
후보자의 선거인명부 열람 인정, 명본 사본 교부제 폐지</td></tr>
<tr><td>선거운동</td><td>완전공영제(선거관리원회에 의한 선거벽보, 선거공보, 합동연설회 등만 인정)</td><td>합동연설회 횟수 증가
현수막 게시</td></tr>
<tr><td>당선결정</td><td colspan="2">유효득표의 최다득표순으로 2인 선출
전국구: 통일주체국민회의 선출</td></tr>
<tr><td>선거관리</td><td colspan="2">중앙선거관리위원회(위원 9인)
법령 범위 안에서 선거관리 규칙 제정</td></tr>
</table>

출처: 중앙선거관리위원회(1983).

2. 유신체제의 정당제도

1) 정당법 1차 개정

1972년 12월 27일 개정된 헌법에서는 대통령이나 국회의원의 입후보요건으로 소속정당의 추천을 필수요건으로 한다는 종래의 규정을 폐기하였다. 이는 군소정당의 난립을 방지하고 양당체제를 지향한다는 기존의 명분을 버리고 제1야당의 도전으로부터 벗어날 수 있는 활로를 열어놓은 것이기도 하였다. 이에 따라 12월 30일 비상국무회의는 정당설립의 자유를 최대한으로 보장하기 위하여 정당의 조직요건, 즉 법정지구당수, 지구당의 분산요건 및 지구당의 법정당원수의 완화와 정당의 민주적인 조직과 활동을 보장하고, 선거관리위원회의 합리적인 정당관리를 위하여 당원의 입당절차와 정당에 대한 벌칙을 강화하는 한편 개정헌법이 정당에 의한 공직후보자추천제를 폐지하고 당적의 이탈·변경을 국회의원의 자격상실의 사유로 한 규정을 삭제하며, 정당해산소송을 헌법위원회의 관할로 함에 따라 이에 맞추어 조문을 정리하고 벌금을 현실화하고자 정당법을 개정하였다.

개정된 정당법에서는 당지부제를 폐지하는 대신 "필요한 경우에는 서울특별시, 부산시, 시·도·군에 한하여 당연락소를 둘 수 있다"(제3조 단서)는 단서조항만을 두고 있으며, 창당준비위원회의 활동기간을 결성신고일로부터 1년 이내였던 것을 6개월 이내로 단축시켰다(제9조 ②). 한편 정당의 성립요건을 완화하였는데, "국회의원선거법에 의한 선거구 총수의 3분의 1이상에 해당하는 지구당을 가져야 한다"(제25조)고 하였고, "지구당은 서울특별시, 부산시와 도 중 3 이상에 분산되어야 한다"(제26조)고 하였으며, 지구당의 법정당원수를 50인 이상(제27조)으로 줄였다. 반면 자진해산의 경우 대의기관의 결의만으로 해산할 수 있도록 하였다(제39조 ①). 특히 개정 정당법은 그동안 제1야당 대표자에게 지급하던 수당조항을 삭제함으로써 더 이상 제1야당을 순하게 길들일 필요성이 없어졌다는 것을 간접적으로 증명해주고 있다.

2) 정당법 2차 개정

제4공화국이 출범하면서 개정된 정당법은 제9대 국회에서 불과 6개월 만에 개정되어 1973년 6월 14일 법률 제2618호로 공포되었다. 세 번째로 개정된 정당법의 내용은 오직 한 가지인데, 그것은 정당에 대한 기부수령의 금지 조항인 제35조의 수정이었다. 즉 정당이 기부·찬조·기타 재산상의 출연을 받지 못하는 대상 가운데 금융기관 또는 금융단체를 삭제한 것이다.

따라서 이후부터는 정당이 금융기관이나 금융단체로부터 기부와 찬조 및 기타 재산상의 출연을 받을 수 있게 되어 유신기의 취약했던 정치적 기반을 정치자금의 원활한 수급을 통해 보강할 수 있게 되었던 것이다. 이 정당법은 1980년 11월 국가보위입법회의에서 개정될 때까지 약 7년 5개월 동안 존속한다.

제 4 절 유신체제 정당체제와 정당구도, 조직

1. 정당강령과 정당구도

유신체제의 등장과정에서 민주공화당은 철저하게 소외되었으며, 유신조치로 당의 모든 활동이 중단되고, 유신헌법의 국민투표와 통일주체국민회의 선거 및 대통령선거에서 집권여당으로 아무런 역할도 수행하지 못하자 민주공화당은 크게 위축되었다(심지연 2013, 236). 유신헌법에 의한 국회의원선거가 1973년 2월 27일에 실시되었다. 유신헌법의 공포와 더불어 정치활동이 재개되고, 민주공화당 내의 우려와는 달리 박정희가 민주공화당의 총재직을 계속 수행하며 정치풍토개선에 앞장서겠다는 의사를 밝힌다. "지지의 동원이라는 측면에서 활용가치를 인정받게 된" 민주공화당은 1973년 1월 5일 유신이념에 맞게 새로운 강령을 채택하며, 유신과업 수행에 앞장설 것을 다짐한다.

민주공화당 강령(1973년 1월 5일 채택)

- 우리는 10월 유신의 정신으로 민족적 주체성을 확립하고, 민주주의 토착화를 이룩한다.
- 우리는 민족의 자주역량을 배양하고, 국력을 조직화하여 조국의 번영과 평화통일을 성취한다.
- 우리는 국민교육헌장의 이념과 생산적 인간성을 함양하고 새 역사관을 정립하여 민족정기를 드높인다.
- 우리는 자유경제체제의 원칙 아래 합리적인 경제계획으로 균형있는 국토개발과

산업구조의 고도화를 기한다.
- 우리는 사회복지제도를 확충하여 안정되고 향상된 생활을 누릴 수 있는 사회를 건설한다.
- 우리는 고유의 문화를 창조적으로 개발 · 육성하고 과학기술을 진흥시켜 문화 수준의 향상을 기한다.
- 우리는 유엔헌장을 비롯한 국제협약을 준수하며, 국제사회와의 유대를 강화하여 항구적인 세계평화와 안전에 기여한다.

민주공화당의 개정강령은 10월 유신의 정신을 부각하였을 뿐 과거의 강령과 이데올로기적인 면에서 별다른 차이가 없었고, 제2당인 신민당도 정치활동 재개와 더불어 당기구의 정상화와 함께 선거체제로 들어갔을 뿐, 정강정책은 그대로 사용하여 두 정당이 보수정당이라는 사실에는 변화가 없었다. 새로 도입된 헌법과 정치제도하에서 민주공화당은 크게 변질되었다. 첫째, 공화당은 대통령 선출과정에 아무런 역할도 할 수 없게 되었다. 둘째, 민주공화당은 국회 내에서 다수를 차지할 가능성이 현실적으로 희박하게 되었다. 국회의석의 1/3은 대통령이 사실상 선출하고, 나머지 2/3를 두고 반대당과 경쟁해야 하므로, 지역구의석의 3/4를 차지해야 전체의석의 과반수를 차지할 수 있다. 1구 2인 선출제도에서 1당이 3/4를 차지하기란 현실적으로 불가능하다. 셋째, 선거공영제의 강화로 선거기간에도 국민과 접촉할 기회조차 사라지게 되었다. 새 선거법에 의하면, 개인연설회가 없어지고, 합동연설회만 남게 되었으며, 후보 개인별 선거홍보가 전면 금지되었다. 넷째, 민주공화당이 국회 활동을 통해 행정부를 견제할 수 있는 여지가 거의 사라지게 되었다. 국회의 국정감사권이 없어지고, 대정부 질의도 국무의원들이 회피할 수 있게 되어, 유명무실하게 되었다(호광석 2005). 이처럼 유신체제의 성립과 더불어 민주공화당은 대통령선거에 더 이상 참여할 수 없게 되었다. 이로서 민주공화당은 명목상의 여당으로 남게 되었고, 권력쟁취라는 정당의 목표 자체가 사라져 버려 통치에 참여하지 못함은 물론 정치과정에서도 배제되게 되었다(심지연 2013, 238).

민주공화당은 당 강령과 개정에 맞추어 당의 중앙과 지방조직을 재편하였다. 기존의 전국 153개 지구당을 73개로 재편하고, 지구당사무실을 연락실로 기능을 축소하였다. 그리고 다가오는 국회의원선거에 대비하여 66개 지역구에는 후보를 1명씩, 7개 지역구에는 2명씩 공천하였다. 114명의 현역의원 중 61명만 공천을 얻었다.

유신정우회는 선거를 치르지 않고 대통령의 추천으로 국회의석을 차지하기 때문에 국민의 지지나 여론에 굳이 신경쓸 필요 없이, 대통령의 권한을 보위하는 친위대의 역할을 제대로 수행하였다. 유신정우회의 이처럼 자신의 존재의의를 10월 유신이념을 의회정치에 구현함으로써 한국적 민주주의의 건전한 발전에 기여함으로 목적으로 한다는 규약을 내걸었다(심지연 2013, 240).

한편 제3당인 민주통일당은 신민당의 일부세력이 탈당하여 만든 정당이다. 민주통일당은 강령에서 "3·1정신과 광주학생운동 및 4·19민주혁명 정신을 계승하고 민족주체세력을 결집시켜 자유민주주의의 내실을 기하는 동시에 조국통일의 성업(聖業)을 달성하기 위하여 온힘을 경주한다"(제1항), "자유경제질서를 기조로 하되, 심대한 빈부의 격차가 빚은 사회갈등현상을 해결하기 위하여 합리적인 경제계획으로 국민생활의 균형있는 발전을 기한다"(제2항) 등의 5개항을 제시하고 있다. 한편 민주통일당은 구체적인 정책의 내용을 밝히고 있지 않으나, 창당대회에서 ① 권력의 집중방지, ② 자유경제에 바탕을 둔 합리적 경제계획, ③ 민족문화의 발굴, ④ 미·소·중·일 등 4대국의 세력균형과 자주방위에 의거한 태평양 「아시아」 집단안보체제 구축 등을 정강정책으로 채택하였다.

이러한 정강정책의 내용으로 볼 때, 민주통일당은 자유민주주의를 신봉하는 보수정당임이 분명한데 그것은 창당선언문에서 더욱 확연해진다. 창당준비위원회의 발기선언문과 그 내용이 같은 창당선언문에서 민주통일당은 "자유민주체제를 견지하고 수호해야 된다는 것이다. 자유민주체제가 공산주의 독재체제보다는 우월하고 능률적인 제도임은 새삼스럽게 말할 필요조차 없다. (…) 우리는 거듭 자유민주체제가 공산독재보다 우월하고도 이상적인 제도라는 정치적 신념을 굳게 파악하는 동시에 '민주주의의 토착화'와 '한국적 민주주의'가 제창된 시대적 배경과 그 진수를 정확하고도 예리하게 인식하고 분석 비판하여야 되겠다(…)"고 밝힘으로써 자유민주주의에 대한 확고한 신념을 거듭하여 강조하고 있었다. 따라서 제9대 국회에 진출한 민주공화당, 신민당, 민주통일당 등 3개 정당은 모두 보수정당이라고 할 수 있는데, 제10대 국회에도 이 3개 정당이 서열의 변화 없이 진출함으로써 제4공화국 시기에 국회에 진출한 정당들은 모두가 보수정당들이라는 특징을 갖는다.

2. 민주공화당의 신민당의 조직구조

1) 민주공화당의 조직 구조

민주공화당은 제3공화국에 이어 제4공화국에서도 집권정당으로서의 위치를 유지하였다. 그러나 제9대 국회부터 유신정우회가 등장하자 민주공화당은 원내 제2교섭단체로 전락하게 되는데, 유신정우회 회원 73명 중 당적을 가진 김종필, 백두진, 구태회, 민병권, 김진만, 현오봉, 김재순 등 29명이 탈당함으로써 민주공화당은 크게 약화되고 그동안 극심한 대립·갈등을 보였던 파벌들은 해체되고 만다.

선거 후에 국회와 당직자 인선에서 옛 인사들이 재기용되었다. 정일권 당의장이 국회의장이 되고, 전국회의장 이효상이 당의장, 박준규가 정책위의장, 김용태가 원내총무에 임명되었다. 이와 함께 공화당은 계속 축소되어, 사무차장제와 부녀국을 폐쇄하고, 또한 지방의 관리장제를 없앴다.

2) 신민당의 조직 구조와 파벌갈등

유신헌법의 통과와 함께 정치활동이 재개되었지만 신민당의 내분은 지속되었다. 신민당이 지도체제를 정비하고 당총재의 권한을 강화하자, 양일동, 윤제술, 유청 등이 신민당을 집단 탈당하였고, 1973년 1월에 민주통일당을 창당함으로써 신민당은 또다시 분열되고 만다. 유진산은 국회의원선거를 앞두고, 1973년 1월 23일 대표직을 사임하고 정일형이 대표권한대행을 맡았다. 이어 5월에 유진산은 당총재로 복귀하고 대여관계에서 온건노선을 걷는데, 이에 김영삼계와 고흥문계는 반발하여 주류에서 이탈하고 비주류 대열을 형성한다.

1974년 8월 전당대회에서 김영삼이 총재에 오르자 김영삼계, 고흥문계, 정해영계가 주류를 형성하게 되나 비주류의 강력한 도전을 받게 된다. 이후 1975년 '김옥선파동'으로 당 내분이 격화되고, 1976년 9월 전당대회를 앞두고 파벌들간의 합종연횡(合縱聯衡)이 벌어져 이철승, 고흥문, 신도환, 정해영 등이 당의 운영을 집단지도체제로 개편하는 데 뜻을 같이 하게 된다. 급기야 1976년 5월 25일 전당대회에서 이철승을 중심으로 하는 비주류연합세력에 의해 유혈폭력충돌이 빚어지는, 이른바 각목 전당대회사건이 발생하여 또다시 신민당 전당대회는 당이 두파로 나누는 반당(半黨)대회가 되고 말았다(심지언 2013, 249; 호광석 2005, 224).

주류, 비주류의 당권경쟁은 김영삼의 유신반대 강경노선과 이철승의 중도통합론의 시국관 차이를 곁들여 치열한 알력을 벌여왔던 것이다. 당이 공중분해 되는 상황에 처하게 되자, 중도파의 중재로 양파는 타협에 나서 7명의 최고위원과 1명의 최고 대표위원을 두는 집단지도체제에 합의하였다. 9월 15일 열린 수습전당대회에서 이철승이 집단지도체제 당헌에 의한 대표최고위원에 당선되었다. 그러나 공동의 적인 김영삼을 물리치고 당권을 장악하게 된 비주류 연합(신주류)은 동지들 간의 파벌암투에 빠져들기 시작하였으며, 또한 주류와 신주류는 사사건건 충돌을 빚었다. 당시 신민당 내에는 <표 3-2>와 같은 11개의 파벌이 형성된다.

〈표 3-2〉 신민당 말기의 파벌(1979년 5월)

이승철계	송원영, 고재청, 한영수, 김윤덕, 김준섭, 오홍석, 임종기, 허경만, 조규창, 조세형, 김원기, 김동욱, 김승목, 박해윤, 양해준, 진의종, 황호동, 윤완중
고흥문계	김현기, 채문식, 이진연, 이택돈, 유용근, 이중재, 윤철하
신도환계	이상신, 신상우, 김상진, 엄영달, 김종기, 조일환, 김창환
이충환계	김수한, 김제만, 유기준
유치송계	황병우, 신동준
김영삼계	이민우, 박한상, 황낙주, 박 일, 박용만, 김동영, 이필선, 박권흠, 김형광, 문부식
민사회(民思會)	이기택, 오정보
자주구락부	조윤형,최형우, 정대철
자민동지회	이택돈, 유한렬, 박병호, 정재원
박영록계	한건수, 천명기, 최성석
김재광계	노승환, 이용희, 조중연, 김영배

이러한 가운데 당권경쟁에서 노선 차이가 가장 선명하게 나타났던 1979년 5월 30일 전당대회에서 이철승은 중도통합론을 내걸었고, 김영삼은 이를 유신체제와의 야합이라고 비난하였다. 파벌을 바탕으로 이루어진 당권경쟁에는 타협의 논리를 앞세운 이철승과 대결의 논리를 앞세운 김영삼 외에 신도환, 김재광, 조윤형, 이기택, 박영록 등 무려 7명이 경쟁하였다. 김영삼은 2차 투표까지 가는 접전 끝에 재야세력의 지지를 받아 승리하게 되었다. 당권을 다시 장악한 그는 유신체제에 대한 전면전을 선포함과 동시에 통일당과의 통합을 선언하고 여권에 대한 압박을 더욱 강화하였다. 김영삼은 줄곧 강경노선을 걷다가 9월 16일자 뉴욕 타임스와의 회견내용을 사대주의로 규정한 여당 측의 징계안제출로 10월 4일 국회에서 제명되고, 이에 반발한 신민당소속 의원들은 모두 10월 13일 의원직 사퇴서를 제출하였다. 그 후 10·26사태를 맞게 되고 새로운 정계기류 속에 1980년 초부터 소장의원들을 중심으로 범야세력의 통합과 대통령후보 단일화가 추진되었다.

그러나 김영삼과 김대중 두 사람의 의견대립으로 후보 단일화가 난항을 거듭한 가운데 5·17조치로 정치활동이 전면 중단되고, 8월 13일 김영삼은 신민당 총재직을 비롯한 일체의 공직 사퇴와 함께 정계은퇴를 발표하였다. 이민우 부총재가 총재직무대행을 맡게 되었지만, 10월 27일 제5공화국 헌법이 공포되면서 신민당은 1967년 2월 11일 창당된 이래 13년 8개월 만에 자동 해산되고 만다.

제5절 유신헌법 찬반 투표와 제9대 국회의원 선거

1. 유신헌법 찬반투표

유신이 선포된 후 초억압적인 상황에서 공개적인 유신반대투쟁은 사실상 어려웠다. 그럼에도 제8대 대통령선거와 제9대 국회의원선거를 치르면서 국민들과 야당은 유신체제에 저항하기 시작하였다. 1973년 중앙정보부가 해외에서 적극적인 유신반대투쟁을 벌이고 있던 김대중을 도쿄에서 강제로 납치한 사건이 발생하였다. 김대중납치사건은 유신반대투쟁을 급격히 촉발시키는 계기가 되었는데, 유신체제 수립 이후 억눌려 있던 대학가와 재야, 언론 등 사회 각 분야의 반유신 움직임을 크게 활성화시켰다. 이 사건 이후 학생들 사이에서는 "더 이상 참을 수 없다"는 감정이 크게 확산되었으며, 이것이 1973년 하반기의 대규모 유신반대시위를 촉발하는 계기가 되었다(한국민주화운동사 2009, 102). 1973년 10월 2일 유신에 반대하는 첫 대규모 시위가 일어났고, 11월에부터 투쟁은 전국으로 확산되었다. 학생들의 시위는 사회 전반의 민주화 요구를 촉발시켰다. 학생시위를 제대로 보도할 수 없었던 기자들도 언론자유수호투쟁에 나서게 된다.[5] 이어 재야인사들도 시국선언을 통해 민주주의 회복을 요구하고 나섰다. 1973년 12월 24일에는 시국간담회 참석자들이 중심이 되어 헌법개정청원운동본부를 구성하고, '개헌청원100만인서명운동'을 공식적으로 시작하면서 공개적이고 전면적으로 유신체제를 거부하기 시작하였다(한국민주화운동사 2009, 120).

[그림 3-4] 1973년 대학생 유신반대 시위

5 1973년 10월 19일부터 12월 초까지 경향일보, 동아일보, 조선일보, 중앙일보, 한국일보, 신아일보, 기독교방송, MBC 등의 기자들이 철야농성을 벌이거나 기자총회를 열고 언론자유수호를 결의하였다. 기자협회도 11월 29일 객관적 사실을 보도하고, 내외의 부당한 제재를 배격하며, 1971년 5월에 채택하였던 '언론자유수호행동강령'을 준수할 것 등 3개 항의 결의문을 채택하였다(한국기독교 사회문제연구원 1983, 267).

유신체제에 대한 국민적 저항이 거세지자 박정희는 강압통치를 더욱 강화하였다. 1974년 1월 긴급조치 1, 2호를 발표하여 국민의 자유와 권리를 제한하였고, 4월에는 민청학련 사건을 계기로 긴급조치 4호를 발동한다. 그럼에도 불구하고 유신체제에 대한 국민과 야당의 저항은 멈추지 않았고, 정국 불안정이 지속되었다. 1975년 4월에는 고려대의 시위를 막기 위해 휴교조치를 내리는 긴급조치 7호를 발동했고, 연이어 5월 13일에는 긴급조치 9호가 선포됐다. 긴급조치 9호는 개헌논의 자체를 불허하는 가장 강력한 조치였다. 1974년에는 김영삼의 신민당 총재 취임을 계기로 유신헌법의 반민주성을 내세운 야권의 원내·외 유신반대투쟁은 더욱 심화되어 갔다. 특히 신민당이 이제까지의 온건노선에서 강경노선으로 전환하고 점차 유신에 대해 정면으로 반대하기 시작하였다. 1974년 10월 새로운 야당당수에 선출된 김영삼은 헌법개정 심의를 위한 특별위원회를 구성하자는 의안을 국회에 제출하였다. 정부와 집권세력은 헌법개정을 전제로 한 어떤 국회활동도 허용할 수 없다는 완고한 입장이었기 때문에 신민당 의원들은 의사당 농성과 가두데모를 시도하였다. 그리고 신민당은 학계, 종교계, 언론계를 비롯한 사회 인사 71명과 함께 민주회복 국민협의회를 결정하고, 유신 철폐를 주장하였다. 신민당과 집권세력의 충돌은 1974년 12월 유신정우회 소속 의원들이 신민당 정일형 의원의 국회 발언을 힘으로 저지하여 극한에 달하였다. 정일형 의원은 박 대통령의 "리더십이 한계에 달하였기 때문에" 자발적으로 하야하도록 권유한다고 말하였다. 이에 여당은 그의 발언이 국가원수를 모독했다는 이유로 징계하겠다고 위협하였다. 이 사건에서 보여 주듯이 민주공화당과 유신정우회는 박정희의 개인적 정치 도구로 전락 되었다.

이에 박정희는 1975년 1월 22일 특별담화를 통해 유신헌법에 대한 찬반을 묻는 국민투표 실시를 선언하였다. 박정희는 국민투표를 유신헌법에 대한 찬반투표 뿐만 아니라 대통령에 대한 신임투표로 간주하였고, 1975년 2월 12일 국민투표를 실시하기로 공고하였다. 박정희 정권은 유신 반대세력을 제압하기 위해 두 가지 방법을 동원하였다. 언론탄압을 위해 광고주들에게 반정부 신문이나 방송에 광고를 게재하지 못하도록 강요하였다. 그리하여 동아일보와 동아방송은 일반 광고 없이 시민들의 격려광고나 빈 공간으로 나가게 되었다. 이와 같이 언론사들은 7개월간 저항하였지만, 끝내 정부가 비협조적이라고 지목한 20여명의 기자들을 파면시키라는 요구를 받아들였다. 정권의 언론 길들이기가 성공한 것이다. 민주공화당은 공식적으로 유신헌법 논의를 할 수 없기 때문에 국민투표에 이기기 위해 적극적인 역할을 맡지 못하였다. 한편 신민당은 이러한 국민투표안은 독재정권의 상투적 수법이라고 비난하고, 자유로운 토론을 금하면서 감행하는 국민투표를 반대하며 거부운동을 벌였다. 야당 측의 반대 속에 1975년 2월 12일 실시된 국민투표는 부정·불법 투개표의 시비를 남겨놓은 채 79.8%가 참여하였고, 73.1%가 찬성하였다. 국민투표를 신임투표와 연계했던 박정희는 국민투표 결과가 높은 찬성률을 보이자 이를 바탕으로 유신체제를 유지하기 위한 강압적 통치를 더욱 확대하기 시작하였다.

이러한 결과는 1972년에 비해 국민의 지지가 현저히 떨어진 것을 의미한다. 유신헌법 국민투표는 분위기와 절차뿐 아니라 기본적인 투개표 자체의 공정성에도 문제가 있었다. 당시 광범위한 투개표 부정이 있었는지 여부에 대해서는 확인이 어렵다. 그러나 국민투표 방식 자체가 대단히 파행적이었다는 사실만은 분명하였다. 이를 반증하듯 국민투표의 결과가 공표되었을 때 미국대사관은 "우리는 투표 결과를 개헌에 대한 찬반 의견의 반영보다는 일종의 순응훈련(an exercise in conformity)으로 보고 있다"고 하였다.[6] 유신헌법에 대한 찬반 국민투표에는 이전의 국민투표법이 그대로 적용되지 않았다. 기존 국민투표법은 선거관리위원회에 정당 추천 인사가 포함되고, 야당을 포함한 정당 인사가 투표 현장을 참관하는 것을 허용하고 있었다. 1969년 3선개헌 과정에서 진행된 국민투표도 이러한 절차 속에서 진행되었다. 그러나 유신 선포 직후인 10월 23일 비상국무회의는 '선거관리위원회에 관한 특례법'을 새로 만들어 선거관리위원회 구성에서 정당 추천인을 배제하였다. 나아가 '국민투표에 관한 특별법'을 만들어 정당인의 투표 참관을 배제하고, 선거관리위원회가 선정하는 '학식과 덕망이 있는 인물'이 참관하는 것으로 바꾸었다(동아일보 1972년 10월 23일/25일). 결국 선거관리위원회 구성과 투표 참관에 대한 공정성을 확보할 아무런 장치도 없이 국민투표가 진행된 것이다. 반대표를 던지고자 해도 눈치를 볼 수밖에 없는 분

6 "Telegram from the Embassy in Korea to the Secretary of the Department of State"Nov. 22, 1972 Pol 15-5 Kor S, Subject-Numeric Files 1970~1973(한국민주화운동사 2009, 63 재인용).

위기가 조성됨으로써 투개표의 공정성 자체에 원천적 결함이 존재하였던 것이다(한국민주화운동사 2009, 63).

박정희 정권에 대한 국민적 저항은 1975년 4월 베트남이 공산주의자들에 의해 몰락하면서 새로운 전기를 맞게 되었다. 그 동안 정권은 세계 공산주의의 다음 목표가 남한 적화라는 분위기를 조성하여 정치적 반대세력을 탄압하는 구실로 삼았다. 4월 8일 긴급조치 7호를 발동하여 군인들이 고려대학교를 접수하고 유신에 반대하는 학생들을 체포하였다. 이어 5월 13일에는 긴급조치 9호를[7] 선포하여 유신에 대한 어떠한 반대도 금지시켰다. 이러한 조치와 베트남의 멸망은 반대세력이 국민의 호응을 얻기 힘들게 만들었다. 이에 편승하여 박정희 정권은 새로 방위세를 제정하여 국군전력증강을 위한 무기구입에 사용하였다. 그리고 중·고등·대학의 학생회를 폐지하고 학도호국단을 구성하고, 민방위제도를 도입하였다. 이러한 정부의 총력안보체제 구축에 모두가 동참한 것은 아니다. 1975년 10월 국회에서 신민당의 김옥선 의원은 안보의 미명아래 정권이 독재를 호도하고 있다고 비난하였다. 이러한 국회 연설이 북한에 이적행위가 된다는 구실을 내세워 집권세력은 김 의원을 제명하겠다고 위협하자, 의원직을 사퇴하였다. 지난해 정일형 의원 사건과 이 사건을 통해 국회는 유신체제에서 자율성이 전혀 없는 허수아비 기관이라는 것을 보여주었다. 이러한 사건에도 불구하고, 유신반대세력의 조직적 움직임이 현저히 둔화되어 박정희는 유신체제가 어느 정도 안정되었다고 판단하였다. 1975년 12월 박정희는 개각을 단행하고 김종필 총리의 후임에 외무관료출신 최규하를 임명하였다. 그리고 1976년 2월에는 3년 임기의 2기 유신정우회 의원 73명을 선정하였다. 50명이 유임되고, 23명은 신인으로 구성되었다.

유신체제가 기본적으로 탄압으로 유지되었지만, 한편으로 유신반대세력들이 분열되어 저항이 효과적일 수 없었으며 다른 한편으로 박정희 정권의 안보위기 부각전술과 경기회복이 유신체제에 대한 비판과 저항을 억누를 수 있는

---

7 긴급조치 9호는 유신헌법에 대한 개정 및 폐지를 주장하거나 발의 및 청원하는 것에서부터 선동·선전하는 것까지 모든 행위를 금지하였다. 또한 이러한 내용을 방송·보도하거나 그것을 제작·배포·판매하는 모든 행위를 금지하였다. 여기에 긴급조치를 위반한 본인뿐 아니라 소속 학교나 단체 또는 대표자나 장에게까지 책임을 물을 수 있도록 하여 처벌 규정을 한층 강화하였다(전재호 2005, 139).

사회적 분위기를 조성하였다. 먼저 유신반대투쟁에 대해서 신민당과 재야세력 간에는 의견차이가 있었다. 신민당은 기본적으로 의회 내에서 점진적 방법으로 민주화를 추진하려고 하고, 재야세력은 유신국회에 안주할 것이 아니라 유신철폐만이 유일한 방법이라고 주장하였다. 1976년 3월 1일 재야의 윤보선, 김대중, 함석헌, 문익환, 그리고 정일형 의원은 민주구국선언을 명동성당에서 발표하고 유신철폐와 박정희의 하야를 요구하였다. 이른바 명동사건으로 인해 수십 명이 체포되었으나 신민당은 이를 외면하였다. 한편 신민당과 재야세력 내에 여러 파벌들이 공존하고 있어서 정부의 공작정치가 가능하였다. 1976년 5월 신민당 전당대회에서 재선을 노리는 김영삼은 이를 저지하려는 이철승 계열의 방해로 대회장에 입장하지 못하고 당사에서 별도의 전당대회를 가졌다. 양쪽은 서로 상대방의 불법성을 들고 나와 신민당은 양분되었다. 김영삼의 양보로 9월 11일 새 전당대회를 열어 이철승이 대표최고위원에 선출되어, 2년간 당을 이끌어 나가게 되었다. 이러한 유신 반대세력의 분열과 아울러 1976년 8월 북한의 판문점 도끼만행 사건 역시 박정희 정권의 안보위기 부각 전술에 호재로 작용하였다. 그 밖에도 1976년 1월 영일만에서 석유가 발견되었다는 발표와 1977년 2월 수도를 이전한다는 발표 등을 통해 유신정권은 국민들의 관심을 다른 곳으로 돌리고자 하였다. 이와 같은 일련의 시도들은 유신정권이 1977년까지 비판과 저항을 억누르며 독주할 수 있는 발판을 마련해 주었다. 1977년까지 유신체제가 무난히 지속된 또 하나의 요인으로는, 1974년부터 석유파동·세계경제공황과 맞물려 크게 위축되었던 경기가 1976년 이후 전반적으로 회복되었던 점을 꼽을 수 있다. 여기에 1976년에는 쌀농사가 풍작을 거두었고, 1977년에는 중동의 건설경기 호황으로 인하여 해외건설과 관광수입의 증가에 힘입어 하반기에 경상수지 흑자를 달성하기까지 하였다(조선일보, 1977년 12월 10일).

한편 박정희 정권은 미국을 비롯한 외국으로부터 인권탄압에 대한 심한 공격을 받기 시작하였다. 1976년 10월부터 미국의 언론들은 이른바 '코리아게이트'라고 불리는 한국 중앙정보부의 미의회 뇌물공작과 재미 한국인에 대한 탄압을 보도하기 시작하였다. 재미 한국인 박동선이 박정희의 지령에 따라 미국의 상·하원의원들에게 뇌물을 주고 대한원조를 유리하게 하려는 비합법적 로비활동을 미법무부가 조사하고 있다고 보도하였다. 12월에는 미국주재 한국 중앙정보부원 김상근이 미국에 정치적 망명을 요청하고, 미국 내 한국 정보부원의 활동에 대해 제보한 것으로 보도하였다. 더욱이 김형욱 전 정보부장이 미국에 망명함으로써 일이 더욱 복잡하게 되었다. 이러한 미국 언론의 보도에도 불구하고 한국은 보도관제로 인해 12월 정부가 발표할 때까지 일반에게 알리지 않았다. 이 사건이 매듭 되기도 전에 새로 취임한 미국의 카터 대통령이 일방적으로 미군 철수를 발표하면서 한미간에 불편한 관계가 깊어지게 되었다. 박 정권은 이러한 사건들을 이용하여 국민의 민족적 감정에 호소하여 정권에 대한 지지를 유지하려고 노력하였다. 그리고 정권의 '최소한의 정치' 전략은 계속되었다. 1977년 5월 미군 철수문제를 이용하여 박정희는 이철승 신민당당수와 회담하고 협조관계를 다졌다. 그리고 6월에 실시된 보궐선거에 양당이 후보를 공천하지 않음으로써 선거과열을 막았다. 이러한 정치부재는 학생들의 데모를 유발하는 원인의 하나가 되었다. 1977년 10월 대학가는 유신철폐 데모가 연일 계속되자, 정권은 대학 휴업령 등으로 강경 대처하였다.

강압통치를 통해 유신체제가 지속되는 가운데 제8대 대통령의 임기가 만료됨에 따라 1978년 5월 18일 제9대 대통령선거를 위한 제2대 통일주체국민회의 대의원선거가 실시되었다. 대의원 수는 2,359명에서 2,583명으로 224명 늘어났다.

대의원선출 이후 실시된 제9대 대통령선거는 간접선거가 지속되었고, 자연스럽게 후보자 또한 제8대에 이어 박정희가 단일후보였다. 제1야당인 신민당에서는 대통령선거 입후보 여부를 두고 논란을 벌였으나, 결국 입후보 조건인 통일주체국민회의 대의원 200명의 추천의 어려움과 간접선거의 결과가 자명한 상황을 고려하여 입후보 하지 않기로 결정하였다.

1978년 7월 6일 통일주체국민회의를 통한 제9대 대통령선거 간접선거 결과는 예상을 벗어나지 않았다. 선거 당시 통일주체국민회의 재적대의원은 2,581명이었으며, 이 가운데 단 3명을 제외한 2,578명이 투표에 참여하였고, 토론 없이 비밀투표가 실시된 결과 박정희 후보가 99.9%에 달하는 2,577표(무효 1표)를 얻어 당선되었다.

2. 제9대 국회의원 선거

1) 선거제도와 선거과정

유신헌법은 대통령을 통일주체국민회의에서 간접선거로 선출하도록 하였고 국회의원선거는 헌법시행 6월 이내에 실시하도록 하였다. 동시에 1972년 12월 30일 국회의원선거법을 공포하고 1973년 2월 27일 제9대 국회의원선거가 실시되었다.

법률 제2404호로 공포된 국회의원선거법의 주요내용을 살펴보면 다음과 같다.

① 선거구는 그 동안 유지해 왔던 소선거구제에서 한 선거구에서 2명을 선출하는 중선거구제도로 전환한다.

② 정당추천과 함께 무소속 입후보를 허용하였고 정당추천 후보자는 2백만 원, 무소속 후보자는 3백만 원의 기탁금을 납부한다.

③ 금고 이상의 형의 선고를 받은 자는 그 형의 실효선고를 받지 아니하면 피선거권을 제한한다.

④ 수시선거인명부제를 채택하였다.

⑤ 선거운동은 선거관리위원회에 의한 선전벽보의 첩부, 선거공보의 발송, 후보자 합동연설회에 의해서만 할 수 있도록 함으로써 철저한 공영제를 채택하였다.

⑥ 그 외 벌칙제도를 대폭 강화하였다.

선거가 일방적으로 진행되는 가운데 여당인 민주공화당은 1973년 1월초 발빠르게 새 강령과 당헌을 발표하였으며 같은 해 2월에는 선거공약의 발표와 함께 후보자 공천을 완료하였다. 반면 제1야당인 신민당은 일부 세력이 이탈하여 민주통일당을 창당하는 등 긴박한 상황이 전개되었다.[8] 한편 통일사회당은 성명을 통하여 "현 여건 하에서는 민주적 사회주의세력이 국회의원선거에 참여한

---

8 당시 신민당은 유진산 당수를 중심으로 운영되었으며 소위 반진산계열에 있었던 김홍일, 양일동, 윤제술, 정일형, 서범석, 김원만, 이상돈 및 이태구 등이 중심이 되어 민주통일당을 결성하였다.

다는 것은 무의미하다"며 선거에 불참하여 제9대 국회의원선거는 3개 정당만이 참가하게 되었다.

민주공화당은 유신이념을 기초로 한 정치의 체질개선, 평화통일의 성취, 자위체제의 강화와 적극외교 지향, 경제활동의 균형된 번영, 농어촌의 혁신적 개발 실현, 전 국토와 자원의 개발로 국부의 증진 근대화, 새마을 정신 계승, 국적 있는 교육으로 민주시민 육성, 복지사회 건설, 민족문화의 창달로 국민정신 순화 등의 공약을 제시하였고, 신민당은 유신정권의 영향으로 제대로 목소리를 내지 못한 가운데 민주헌정의 수호, 불법부당한 침해로부터 민권보장, 자유경제의 신장, 세제혁신을 통한 국민부담의 합리화, 부정부패의 근절과 사회정의의 구현, 자유민주주의에 입각한 통일기반의 구축 등 극히 추상적인 공약들을 내세웠다. 민주통일당은 "국회의 기능을 높이고 사법부의 자율성을 확립해서 헌정질서를 바로 잡는다"고 밝혀 국회와 사법부의 권능과 자율성을 역설하였다 (중앙선거관리위원회 1981, 40). 결국 선거전은 여당이 유신체제의 확립에 초점을 둔 반면 야당들은 유신헌법의 반민주성을 지적·비판하는데 주력하는 양상으로 전개되었다.

선거운동은 전반적으로 관권선거를 중단하라는 야당의 주장 속에서 전통적인 선거운동 방식인 합동연설회를 중심으로 이루어지는 경향을 보였다. 그러나 1구2인제의 중선거구제가 도입되면서 여당의 당선을 보장하는 것과 마찬가지인 선거에 참여의 의미를 느끼지 못하는 유권자들의 모습과 한편으로 무소속을 견제하기 위하여 여당과 제1야당 사이에 선거운동에 있어 공조하는 모습이 나타나기도 하였다.[9]

2) 선거결과

제9대 국회의원선거는 73개 지역구 339명이 입후보하여 평균 경쟁율은 2.3 대 1이었으며, 이는 역대 국회의원선거와 비교해서 가장 낮은 경쟁률이었다. 민주공화당이 7개 선거구에서 복수 추천을 하여 모두 80명의 후보자를 공천하였

9 양당의 후보자들은 선거운동과정에서 「지역개발은 여당 후보에게, 현실 소외감 해소는 야당으로」라는 구호를 사용하여 상호 공조를 유지하려는 시도가 있었고 동시에 무소속 후보를 봉쇄하는 전략까지 등장하였다.

고, 신민당은 14개 선거구에서 복수 추천을 하여 모두 87명의 후보자를 공천하였다. 신민당의 복수공천지역이 민주공화당보다 두 배나 많았던 것은 공천과정에서 계보간의 이해관계가 복잡하여 후보의 조정이 어려웠기 때문이었으며, 그만큼 내적 진통이 심할 수밖에 없었다. 민주통일당은 57명의 후보자만을 공천하였으며, 무소속은 오랜만에 입후보가 허용되었지만 예상보다는 높지 않은 전체의 33.9%인 115명이 등록하였다. 이는 유신정권으로 정치적 자유가 위축되고 출마 자체도 자유롭지 못한 상황 때문이었다.

1구2인제 중선거구 선거제도는 야당을 유명무실하게 하고, 집권당이 도시에서 많은 의원을 배출하는 결과를 초래하였다. 야당은 전체의석의 2/3을 놓고 경쟁하기 때문에 결코 과반수 이상 획득이 현실적으로 불가능하여 만년 야당의 지위를 가지게 되었다. 이번 선거에서 공화당은 5대 도시에서 선출되는 32명 중 15명을 차지하였는데, 지난 두 번의 선거에서 공화당은 이 5대 도시에서 1/4 이하의 의석을 차지한 바 있다. 민주공화당이 서울에서 득표율이 지난 선거에 비해 39.1%로 떨어졌으나, 의석은 1개에서 7개로 많아진 것이다. 유신체제를 도입하는 명분중의 하나는 타락선거를 방지한다는 것이었으나, 이번 선거에서도 부정으로 인해 2명의 공화당 당선자가 제명되어 제도가 문제가 아니라는 것을 증명하게 되었다. 국회의원 선거가 끝난 후, 박정희는 73명의 의원을 추천하였는데, 민주공화당 공천에서 제외된 29명의 의원들이 구제되었다. 새정당법에 의하면 이들은 당적을 가질 수 없기 때문에 민주공화당을 탈당하였다.

제9대 국회의원선거의 투표는 총 73개의 중선거구에서 총 유권자수 15,348,049명 중 11,196,484명이 투표에 참가하여 제8대 국회의원선거의 투표율 73.2%보다 0.3% 낮은 72.9%의 투표율을 보였다. 시·도별로 볼 때 여전히 서울이 가장 낮은

〈표 3-3〉 제9대 국회의원선거 입후보상황

정당·단체명	후보자수	비율	정당·단체명	후보자수	비율
무 소 속	115	33.9	민 주 통 일 당	57	16.8
민 주 공 화 국	80	23.6	합계	339	100
신 민 당	87	25.7	평균경쟁율	2.3 : 1	

출처: 중앙선거관리위원회(1989b).

62.0%의 투표율을 보였고, 그 다음으로 부산이 70.3%의 저조한 투표율을 보였다. 가장 높은 투표율을 보인 지역은 강원도로 80.7%였으며, 그 다음은 79.3%의 충청북도였고, 나머지 지역은 대체로 74~76%대의 비슷한 투표율을 보였다. 제9대 국회의원선거 투표율은 유신헌법 국민투표 때의 투표율 91.9%와는 비교되지 않는 낮은 투표율이다. 이 수치는 5·16이후 실시된 국회의원 총선은 물론 역대 어느 국회의원선거보다 낮은 투표율이었는데, 이는 유신체제에서 국민들의 정치효능감은 그 어느 때보다 낮았다고 할 수 있다. 여당의 당선을 보장한 것이나 마찬가지인 1구2인제에 하에서 정치참여의 의미를 느끼지 못했기 때문이다(심지연 2013, 258).

선거결과 민주공화당은 38.7%를 득표하였다. 그러나 73개의 전체 지역선거구에서 당선자를 내어 지역구 146석의 50%인 73석을 차지하며 승리하였다. 반면 제1야당인 신민당은 32.5%를 득표하고도 52석(35.6%)의 의석을 차지하는 데 그쳤다. 집권당과 제1야당간 득표율 차이가 6.2%였음에도 불구하고 의석 점유율에 있어서는 14.4%의 차이를 보이는 것은 중선거구 동반당선제의 결과였다.

〈표 3-4〉 제9대 국회의원선거 투표상황

구 분	선거인수	투표수	투표율
서 울	3,055,4960	1,894,248	62.0
부 산	999,611	702,402	70.3
경 기	1,712,695	1,152,269	74.3
강 원	835,936	674,595	80.7
충 북	701,544	556,561	79.3
충 남	1,388,869	1,047,616	75.4
전 북	1,149,686	866,849	75.4
전 남	1,888,125	1,428,607	75.7
경 북	2,225,629	1,697,887	76.3
경 남	1,548,217	1,035,629	75.6
제 주	184,322	139,821	75.9
계	15,690,130	11,196,484	72.9

출처: 중앙선거관리위원회(1989b).

〈표 3-5〉 제9대 국회의원선거 지역구선거 정당별 당선자 및 득표수 비교

정당별	당선자수	당선자비율	득표수	득표수비율
민주공화당	73	50.0	4,251,754	38.7
신민당	52	35.6	3,577,300	32.5
민주통일당	2	1.4	1,114,204	10.2
무소속	19	13.0	2,048,178	18.6
합 계	146	100.05	10,991,436	100.0

출처: 중앙선거관리위원회(1973b).

무소속의 경우에도 18.6%라는 다소 강세의 득표율을 보였음에도 전체의석의 13.0%인 19석을 차지하였고, 통일민주당의 경우에는 10.2%를 득표하고도 의석점유율은 1.4%에 해당하는 단 2석만을 얻었을 뿐이다. 전체적으로 보면 과반수가 넘는 61.3%의 유권자들이 야당 및 무소속을 지지한 것이었다. 이러한 결과는 집권당과 유신체제에 대한 국민들이 거부감의 발로(發露)였으며, 당시 중선거제가 갖는 불비례성을 여실히 보여주는 제도적 결과였다(신두철 2011; 심지연 2013; 호광석 2005).

제9대 국회의원선거에서 여당인 민주공화당이 승리할 수 있었던 것은 무엇보다도 중선거구제 때문이었다(지병문 외 2003, 277). 중선거구제는 도시와 농촌 모두에서 여·야 후보자들이 동반 당선되는 결과로도 나타났으며, 야당의 당선자들은 신민당과 민주통일당 그리고 무소속이 나누어 갖는 식이어서 민주공화당이 절반의 지역구 의석을 획득할 수 있는 있게 되었다. 결과적으로 전국 득표율 대비 의석의 확보율은 여당인 민주공화당이 가장 앞섰으며 이는 2개의 야당과 무소속이 표의 분산 효과를 가져와 사표가 발생하였기 때문이다.

〈표 3-6〉 제9대 국회의원선거 지역·정당별 득표현황

시도 \ 정당	민주공화당		신민당		민주통일당		무소속	
	득표수	의석	득표수	의석	득표수	의석	득표수	의석
서 울	638,788	7	827,251	8	271,989		138,591	1
부 산	246,387	4	340,361	4	66,463		37,310	
경 기	492,974	9	411,022	6	112,533		119,122	1
강 원	282,188	5	261,800	3	40,686		124,430	2
충 북	247,619	5	113,007	2	63,666		122,974	1
충 남	363,505	6	326,927	6	143,026		193,006	2
전 북	249,813	4	236,401	4	82,261		281,573	4
전 남	662,148	10	319,521	6	183,696	2	233,529	2
경 북	574,767	12	463,674	5	83,261		536,211	5
경 남	444,239	10	309,857	8	60,338		201,461	
제 주	49,326	1	12,499		5,974		69,971	1
계	4,251,754	73	3,577,300	52	1,114,204	2	2,048,178	19
비 율	38.7	50.0	32.5	35.6	10.2	1.4	18.6	13.0

출처: 중앙선거관리위원회(1989b).

제9대 국회의원선거 결과 나타난 유신체제의 폐해는 유신정우회 제도에서 더욱 명확히 나타났다. 지역구 이외에 통일주체국민회의에서 간접 선출한 유정회 의원은 전체 의석 중 1/3에 해당하는 73명이었고, 이는 대통령이 추천한 인사들로 사실상 집권당 의원과 다름없었다. 따라서 제9대 국회의원선거 결과 민주공화당이 실제 차지한 의석은 전체의석 중 2/3에 달하는 146석이었다. 결국 유정회 제도로 인하여 집권당은 지역선거구에서 38.7%만을 획득하고도 66.7%의 의석을 차지하는 비민주적 결과를 얻게 되었다. 반면 제1야당 신민당의 경우는 지역구에서 32.5%를 득표하고도 전체 의석에서는 23.7%만을 차지하는 역전현상을 보였다. 이처럼 유신헌법이 규정한 유정회 제도는 집권당이 득표보다 2배 많은 의석을 점유할 수 있도록 제도화하고 있었다. 이는 유권자의 1표가 1표의 가치와 1표의 결과로 이어지는 가장 공정한 경쟁의 기준을 파괴하는, 형평성과 민주성을 결여한 제도의 결과라고 할 수 있다.

선거제도 개정은 과연 정당엘리트경쟁에 어떠한 영향을 미쳤는가? 상술한

바와 같이 새로 도입된 중선거구제는 도시지역에서 여당 후보의 당선비율을 높이게 되었고, 무소속후보의 출마 허용은 제1야당 후보에 대한 견제가능성을 높였다. 전국구제도 대신에 국회의원 정수의 3분의 1을 대통령이 추천하여 통일주체국민회의에서 선출하는 유정회의 신설은 대통령의 국회장악력을 높임과 동시에 야당의 최대의석기대치를 전체의 3분의 1로 제한함으로써, 야당의 행정부견제능력을 제도적으로 차단하는 결과를 낳았다.

이러한 의석배분방식은 민주주의 선거에서 비례대표제라 볼 수 없을 정도로 불공정한 것이며, 집권세력의 확실한 승리를 보장하는 이러한 선거제도는 민주정치를 구현하는 제도적 장치로서의 기능을 상실한 것으로 볼 수 있다. 더불어 중선거구제는 거의 모든 선거구에서 제1당 입후보자의 당선을 보장함과 동시에 제2당 후보자의 당선가능성도 증대시키는 효과를 낳았다. 유정회를 제외한 9대, 10대 총선의 결과를 보면, 득표율과 의석율의 불비례성은 단순다수결제로 인하여 여전히 나타났지만, 그 차이가 역대 평균보다 현저하게 줄어든 것을 발견할 수 있다.

물론 유정회의 의석수를 더한 결과는 다른 선거보다도 그 편의도(bias)가 더욱 높았다. 그러나 여야가 경쟁하는 지역구 선거만을 고려한다면, 중선거구제에서 일단 후보로 출마한 여야 정치엘리트의 당선 가능성은 이전보다 높아졌다고 볼 수 있다. 중선거구제의 또 다른 영향은 선거구 확대로 인해 지구당수가 현격하게 줄어들게 되었다는 점이다. 신민당의 지구당수는 선거제도 개정으로 인하여 이전의 153개구에서 그 절반 정도로 줄어들었다는 것을 아래의 표로 알 수 있다.

〈표 3-7〉 제9대, 10대 총선의 득표율과 의석수

시기 \ 구분	민주공화당		신민당	
	득표율	의석수(비율)	득표율	의석수(비율)
제9대총선	38.7	73(50.0)	32.5	52(35.6)
제10대총선	31.7	68(44.2)	32.8	61(39.6)

출처: 중앙선거관리위원회(1989b).

선거구감소로 인한 지구당수의 변화는 곧 공천자 수의 축소를 의미했다. 따라서 민주공화당과 신민당은 73개구(10대는 77개구)로 통합된 선거구를 둘러싸고 전례 없이 치열한 공천경합을 벌이게 되었다. 특히 여당인 민주공화당의 경우 더욱 치열했다. 제9대, 10대 총선에서의 신민당 공천 경쟁율은 각각 3.4대 1, 3대 1로 평균 경쟁률을 상회하였다. 신민당 입후보상황을 살펴보면, 제9대 국회의원선거는 일부지역의 복수공천을 포함하여 87명(14개 지구 복수공천), 10대 총선은 81명(4개 지구 복수공천)이 입후보하였다. 이는 제6대~제8대 총선의 경우 131명(6대, 7대), 153명(8대)을 공천했던 것에 비하면, 그 수가 절반가량으로 줄어든 것이었다. 뿐만 아니라 국회의원의 임기가 4년에서 6년으로 늘어나면서 정치인들의 출마기회가 적어지게 되었기 때문에 공천권을 획득하기 위한 내부경쟁은 더욱 치열해졌다. 결과적으로 공천자 수의 감소와 당선가능성 증가를 동반한 선거제도변화로 인해, 당선을 목표로 하는 정치인들은 자신의 이해관계에 더욱 민감해졌고, 파벌 구성에 있어서 후원·고객관계가 더욱 두드러지게 되었다.

한편, 이 시기의 선거운동은 공영제로 운영되어 선거질서를 확보하는 데에는 기여했을지 모르나 선거운동의 자율성을 근본적으로 제한하는 결과를 가져와 선거운동을 위축시켰고 따라서 선거운동의 공정성에도 심각한 의문이 제기될 수밖에 없다. 반면 정당추천만을 허용함으로써 입후보의 자유를 제한하였던 제도를 고쳐 무소속의 입후보를 허용한 점은 기성 정당의 당원으로서의 경력과 조직에서 열세한 신인 후보자로 하여금 정치에 참여할 수 있는 기회를 확대해주었다고 평가할 수 있다(전선일 2008, 165).

〈표 3-8〉 신민당 지구당수의 변화

연도	1971	1972	1973*	1974	1975	1976	1977**	1978	1979
지구당 수	153	153	66	69	70	72	77	75	72

* 지역선거구수 71개.

** 지역선거구수 77개.

출처: 중앙선거관리위원회(1981c).

제9대 국회는 여당측이 압도적인 우위를 점하는 가운데 제1야당인 신민당은 임시국회마저도 독자적으로 소집할 힘마저 없게 된 상태에서 1973년 3월 12일 개원되어 국회의장에 민주공화당의 정일권, 부의장에 유신정우회 김진만을 선출하고 야당 몫인 나머지 1석의 부의장에는 신민당에서 이철승을 선출함으로써 출범하게 되었다.

〈표 3-9〉 제9대 국회의원선거 정당별 당선자 및 득표수 비교

(단위: 명, %)

정당별	당선자수	당선자비율	득표수	득표수비율
민주공화당	73	50.0	4,251,754	38.7
신민당	52	35.6	3,577,300	32.5
민주통일당	2	1.4	1,114,204	10.2
무소속	19	13.0	2,048,178	18.6
합 계	146	100.05	10,991,436	100.0

출처: 중앙선거관리위원회(1973b, 284).

한편 직업별 당선자 분포를 살펴보면 <표 3-10>과 같다. 무직인 당선자가 59명으로 전체의 40.4%를 차지하여 가장 많은 비율을 보였고 다음으로 정치인의 경력을 가진 당선자가 34명으로 23.3%이다. 다음으로 회사원, 농림업종사자의 순이다.

〈표 3-10〉 제9대 국회의원선거 직업별 당선자 현황

(단위: 명, %)

직 업 별	당선자수	비율	직 업 별	당선자수	비율
정치인	34	23.3	언론 및 출판업	1	0.7
농림업	11	7.5	회사원	13	8.8
상업	2	1.4	교육자	1	0.7
광공업	1	0.7	기타	9	6.2
수산업	1	0.7	무직	59	40.4
변호사	11	7.5			
의사 및 약업	3	2.1	합 계	146	100.0

출처: 중앙선거관리위원회(1973b, 287).

학력별 당선자 현황을 보면 대학졸업의 학력을 가진 당선자가 82명으로 전체의 56.2%를 차지하여 가장 높다. 다음으로 대학원을 수료한 당선자가 43명으로 29.5%였다. 초·중·고교 졸업자는 전체의 7.5%로 제8대 국회의원선거와 비슷하였다. 학력별 당선자의 의미가 정치인의 객관적 학력 수준을 파악함과 동시에 당시의 사회적 교육적 여건을 반영하는 대표적인 지표로 판단된다.

〈표 3-11〉 제9대 국회의원선거 학력별 당선자 현황

(단위: 명, %)

학 력 별	당선자수	비율	학 력 별	당선자수	비율
국교졸업 이하	2	1.4	대학졸업	82	56.2
고교졸업	9	6.1	대학원수료	43	29.5
전문졸업	4	2.7			
대학중퇴	6	4.1	합 계	146	100

출처: 중앙선거관리위원회(1973b, 286).

제6절 제10대 국회의원 선거와 유신체제 붕괴

1. 제10대 국회의원선거

1) 제10대 국회의원 선거환경과 유신체제 이전까지의 정치상황

1977년 수출 100억불이라는 경제 성과에도 불구하고 이에 대한 정치사회적 대가가 너무 커서 데모와 이에 대한 경찰의 과잉진압사태가 이어지는 악순환이 계속되었다. 가장 심각하게, 급속한 산업화와 경제성장이 경제적 불평등과 사회적 부패의 전국적 확산을 불러왔다. 불평등과 지배층의 부정부패는 민중들의 불만과 계급적 반감을 광범위하게 키워가고 있었다(한국민주화운동사 2009, 295). 정치적 정당성의 결핍을 보완하려고 채택한 고속의 경제성장정책이 역설적으로

새로운 정당성의 위기를 불러왔던 것이다. 어찌 보면 더 직접적인 요인은 정치적인 것이었다. 곧 박정희 1인의 부당한 장기집권과 폭압적 지배에 대한 대중의 정치적 반감은 더 직접적이었다. 이른바 '한국적 민주주의'라는 미명하에 대통령 직위를 직접선거라는 국민적 심판의 대상으로부터 배제해 놓고, 국회의원마저 총원의 3분의 1을 대통령이 지명함으로써 대의제민주주의의 기본조차 지키지 않은 상황이었다. 박정희 정권은 이러한 비민주주의를 은폐하기 위해서 대중에게 가공할 폭력과 억압을 행사하였다(한국민주화운동사 2009, 296). 1970년대 말에 이르러서는 그러한 억압 체제에 대한 불만과 염증이 소수의 민주화운동세력에 그치지 않고 일반 대중에게도 확산되었으며, 그 결정적 증거가 1978년 12월 12일의 제10대 국회의원 선거의 결과로 나타났다.

신민당은 61석을 차지하여 유정회 77석, 공화당 68석에 이어 제3의 국회교섭단체가 되었지만, 국민으로부터 절대 다수의 지지를 받았다고 주장하고 나섰다. 더욱이 신민당은 새 국회 구성에서부터 종래의 온건노선에서 강경노선으로 선회하였다. 신민당은 1979년 3월 국회 개원식에서 유신정우회 출신으로 국회의장에 내정된 백두진 의원 선출을 거부하였다. 신민당은 그가 국민이 선출한 국회의원이 아니고, 대통령이 추천한 유정회소속 의원이라는 이유를 내세웠다. 집권세력의 위협에 굴복하여 신민당이 나중에 승복하였으나 이철승은 이로 인해 리더십에 심각한 손상을 입게되었다. 결국 그는 5월에 실시된 전당대회의 당권경쟁에서 김영삼에게 패배하였다. 김영삼은 이철승의 중도통합론이 결국 유신체제를 유지시켜 주는 것이라고 비판하면서 유신철폐를 당면과제로 내세우고 대의원들의 지지를 획득하였다.

김영삼은 총재로 취임하자마자 일련의 정치적 공세를 취하였다. 그는 무소속의원을 설득하여 신민당에 입당시켜 신민당이 제2원내 교섭단체가 되어 민주공화당을 압도하였다. 68명 의원의 민주공화당도 이에 맞서 15명의 무소속 의원을 영입하여 83명의 제1당이 되었다. 이어 김영삼은 외신기자회견에서 통일문제를 논의하기 위해 북한의 김일성을 만날 용의가 있다고 천명하였다. 이러한 김영삼의 행동은 정부의 남북대화에 대한 독점을 위협하는 것이며, 통일의 위업을 달성하기 위해 유신체제가 필요하다는 정부 입장에 대한 비판을 의미한다. 정부와 결탁한 것으로 보이는 상이군인들과 깡패들이 신민당 당사에 몰려와 김영삼을 위협했으나 그는 물러서지 않았다. 오히려 그는 국회의 대표연설에서 박정희 대통령이 너무 오래 권좌에 있는 것을 맹공하고, 대통령 직선제와 긴급조치 9호의 철폐를 요구하였다. 정당들 간의 정치적 대결이 8월 들어 더욱 악화되어 심각한 정치적 위기를 몰고 왔다. 가발 생산업체인 Y.H.회사에 근무하는 여공 200여 명이 회사를 파산시키고 미국으로 도주한 사장을 찾아내어 체불한 임금을 지불해 주도록 요구하면서 신민당사를 찾아 농성에 들어갔다. 그리고 노동자들은 체불임금문제와 집단실업사태를 해결하기 위해 파산한 회사를 자기들이 경영할 수 있도록 해달라고 요구하였다. 정부는 신민당사에 경찰을 동원한 뒤, 당사 내에서 농성중인 노동자들에게 해산할 것을 명령했으나 이를 듣지 않자, 1천여 명의 경찰이 당사에 들어가 노동자들을 체포하는 바람에 아비규환이 되었다. 1명의 여공이 죽고, 신민당 소속 국회의원을 포함한 100여 명이 부상을 당하고, 198명의 여공들이 체포되었다.

마침내 정권은 김영삼이 취임한 이래 신민당이 벌이는 정치적 도전을 차단시키기 위해 더욱 적극적인 방법을 모색하였다. 김영삼에 반대하는 신민당 인사를 동원하여 그의 총재직을 빼앗아 버리는 것이었다. 지난 전당대회에서 자격미달의 대의원들이 김영삼에게 찬성표를 던져 당선되었기 때문에 당선무효라는 주장을 내세워 법원에 제소하였는데 이러한 총재권한 정지 가처분 신청이 받아들여져 당권을 내놓아야 할 상황이 되었다. 김영삼은 법원의 판정에 불복하고, 뉴욕타임즈 기자와의 기자회견에서 "미국정부는 독재정부와 민주주의를 열망하는 다수 중에 어느 쪽을 택할 것인지 분명히 해야 할 시기가 왔다"고 강력히 반발하였다. 김영삼의 정권에 대한 정치적 역공이 강화되자, 민주공화당과 유정회는 그의 행동이 미국의 내정간섭을 요구하는 사대주의적 발상으로 국가와 국회의 위신을 추락시켰다는 이유로 국회에 의원직 제명결의안을 제출하여 통과시켰다. 이에 반발하여 신민당 의원은 전원 사표를 제출하였다. 이 사건이 계기가 되어 부산과 마산지역에 대규모 학생회, 시민들의 봉기가 일어나게 되었다. 정부는 부산지역에 계엄령을, 마산 지역에 위수령을 발동하였으나 학생과 시민들의 항의가 다른 지역으로 확산되었다.

이러한 소요에 어떻게 대처할 것인지에 대해 정권내부의 의견을 엇갈리게 나타났다. 10월 26일 열린 박정희 대통령, 김계원 비서실장, 차지철 경호실장,

김재규 정보부장이 참석한 만찬에서 이런 사태를 막지 못한 책임 추궁을 당한 김재규는 박정희와 차지철을 저격하였다. 이 사건 후 김재규는 체포되었고, 최규하 총리가 대통령권한 대행을 맡아 계엄령을 선포하고 계엄사령관에 육군참모총장 정승화를 임명하였다. 박정희의 개인통치를 위해 만들어졌던 유신체제는 그의 죽음으로 인해 이렇게 역사속으로 사라지게 되었다. 모든 권력이 박정희 한 사람의 손에 집중되었던 상태에서 그의 갑작스런 죽음은 심각한 권력 공백을 가져와 한국은 새로운 정치적 위기를 맞았다. 박정희의 죽음을 가져 온 1979년 10·26사태로 여당인 민주공화당은 두 가지 문제를 시급히 해결해야 할 형편이 되었다. 박정희가 지난 16년간 차지해 온 당총재 후임을 선출하고, 유신헌법 하에서 실시되는 임시대통령 선거에 참여여부를 결정하는 것이 시급하였다. 당헌에는 분명히 당총재의 유고시 당의장, 정책위원장 순으로 대행하기로 되어 있으나, 박준규 당의장, 구태회 정책위원장이 모두 이러한 승계권을 주장하지 않았다. 오히려 그들은 전당대회에서만 총재를 선출키로 되어 있는 당헌을 개정하여 당무회의에서 김종필을 새 총재에 추대하는 데 조력하였다. 12월 12일 당무회의는 당헌 개정과 함께 김종필을 만장일치로 총재로 선출하였다. 한편 임시대통령 선거 참여여부는 당 내에서 논란이 많았다. 참여 반대론자들은 민주공화당후보가 최규하 후보와 경쟁하는 것이 좋지 않고, 유신선거에 후보를 내어 후보 이미지를 손상시킬 필요가 없다고 주장하였다. 한편 참여론자들은 최규하 임시정부의 완벽한 협조를 기대하기 어렵기 때문에 선거에 참여해야 한다고 주장하였다. 결국 계엄사 당국의 종용으로 민주공화당은 후보를 내지 않았다.

최규하는 민주공화당이 예상한 것보다 훨씬 비협조적이었다. 최규하는 대통령으로서 계엄사의 의견을 주로 반영하여 국정을 처리하였다. 민주공화당이 국회에서 헌법특위를 발족시켰으나, 행정부는 별도의 헌법개정위원회를 만들었다. 한편 신민당은 민주공화당이 아무런 권한이 없다는 것을 파악하고, 계엄사 당국을 상대로 계엄령의 조기해제, 정치적 집회허용, 정치범 석방을 요구하였다. 그리고 다음 해 8월 이전에 헌법개정과 새 정부 출범을 위한 선거를 완료하도록 요구하였다. 계엄당국은 반대세력을 회유하는 방편으로 긴급조치 9호를 철폐하고, 김대중을 비롯한 정치인을 석방하였다. 그러나 군부 내에서 김재규 처리를 둘러싼 갈등이 표출되었다. 전두환 보안사령관은 박정희의 시해사건조사 합동수사본부장을 맡은 후, 정승화 계엄사령관과 의견을 달리하였다. 그는 주로 젊은 장성들의 협조를 얻어 정 사령관이 대통령 시해사건 현장 부근에 있었기 때문에 조사와 책임이 있다는 이유로 체포하려 하였다. 이에 반발한 정 사령관과 지지들이 병력을 동원하여 저지하려 했으나 실패하였다. 이 사건 이후 계엄사는 전두환과 그의 정치군인들이 좌지우지 하게 되었다. 그러나 아직 그들은 정치적 중재자의 역할을 맡아 병영에서 후견인 노릇을 할 것인지, 정치적 감독자로서 직접 정치에 참여할 것인지 불분명하였다.

정치인들은 그들 나름대로 정치적 포석에 분주하였다. 민주공화당의 김종필 총재는 12월에 당직자들을 거의 전면 개편하였다. 그리고 1980년 1월 들어 김종필은 전국 시·도지부를 순회하여 당원 결속을 다졌다. 이어 2월에는 새 헌법안을 채택하였는데, 제3공화국의 헌법과 대동소이하였다. 그리고 국민의 지지를 넓히기 위해 새로운 정책개발에 노력하였다. 도시서민의 경제적 어려움을 덜기 위해 주요 상품의 가격동결, 서민대출을 위한 주민금고 설치, 주택자금 보조, 의료보험 확대 등을 임시정부에 건의하였다. 그리고 1977년 시행 이래 국민들의 불만의 대상이 되고 있는 부가가치세의 명칭을 거래세로 바꾸어 세제개혁을 도모하려고 시도하였다. 이와 아울러 다가오는 대통령선거에 대비한 선거운동 전략을 세웠다.

2) 선거제도와 선거과정

1977년 정기국회에서 정치현안인 선거관련법 개정 문제를 놓고 여·야는 20여 일간의 협상 끝에 국회의원선거법 중 개정법률안을 마련하였고 1977년 12월 31일에 법률 제3093호로 공포하였다. 그 내용을 변경된 부분을 중심으로 살펴보면 다음과 같다.

① 선거구를 4개 증설하여 총 77개 선거구로 하였고, 의원 정수는 지역구 154인, 통일주최국민회의에서 선출한 77인으로 하여 219에서 231인으로 증원하였다.

② 정당의 회의참관인제도를 두어 구·시·군 선거관리위원회와 투표구선거관리위원회의 회의에 참관하여 의견을 개진할 수 있도록 하였으며, 선거사무원 교체를 가능하게 하였고, 투표참관에 있어 정당선정 참관인을 둘 수 있도록 하였다.

③ 후보자합동 연설회 횟수를 늘리고, 후보자가 선거운동을 위하여 현수막을 게시할 수 있도록 하였다.

④ 후보자의 기탁금액을 인상하여 무소속 후보자는 300만원에서 500만원으로, 정당공천 후보자는 200만원에서 300만원으로 각각 증액하였다.

1978년 당시 국회의원선거법 제94조 규정에 의하면 제10대 국회의원선거는 1978년 9월 12일부터 1979년 2월 19일 사이에 실시할 수 있었는데, 1978년 8월 5일 박정희는 진해에서의 기자회견을 통해 연내 국회의원선거 실시를 제기하였다. 이에 따라 1978년 9월에 들어서면서부터 정계에서는 제10대 국회의원선거를 대비한 전초적인 활동이 시작되었다.

특히 여·야는 선거에 대비해서 구태회 국회부의장의 주선으로 정치자금모금을 추진하여 전국경제인연합회, 무역협회, 대한상공회의소 등 3개 단체는 11월 21일 8억 5천만원을 중앙선거관리위원회에 기탁하였고, 중앙선거관리위원회는 11월 23일 이를 민주공화당, 신민당, 민주통일당 및 유정회에 배분하였다. 또한 여·야는 10월에 들어서면서 후보자 공천을 시작하였다. 민주공화당은 11월 67일 전국 77개 선거구에 복수공천 없이 77명의 후보자를 공천하였고, 신민당은 국회의원총선거에 대비하여 7월부터 공천심사위원회 구성을 서둘렀으나, 비당권파의 참여여부와 관련하여 3개월 동안 진통을 거듭한 끝에 10월 2일에 이르러 이철승 대표최고위원을 비롯한 최고위원회 6명에 김영삼 전 총재와 정헌주 전당대회의장을 포함한 8명으로 공천심사위원회를 구성하였고 11월 22일에 4개 선거구에 복수공천을 하여 모두 81명의 후보자를 공천하였다. 민주통일당도 선거일이 공고된 11월 24일까지 모두 63명의 후보자를 공천하였으나, 최종등록은 60명만이 하였다.

〈표 3-12〉 제10대 국회의원선거 입후보상황

정당·단체명	후보자수	비율	정당·단체명	후보자수	비율
무 소 속	255	53.9	민 주 통 일 당	60	12.7
민 주 공 화 국	77	16.3	합계	473	100
신 민 당	81	17.1	평균경쟁율	3.1 : 1	

출처: 중앙선거관리위원회(1989b).

선거과정에서 민주공화당과 신민당은 대조적인 선거공약을 제시했다. 먼저 선거에 앞서 민주공화당은 11월 17일 청와대에서 정부와 연석회의를 갖고 국회의원선거에 내세울 "민주공화당 다시밀어 쉬지말고 전진하자"라는 구호와 "중흥의 새시대를 열자"라는 제목의 10대 정책지표, 180개 실천사항으로 된 선거공약을 발표했다. 선거공약에는 깨끗하고 생산적인 정치의 구현, 평화정착의 추구와 안전보장의 견실화, 선진경제로의 비약, 국민생활안정 및 복지사회건설 등이 골자였다.

신민당은 이철승 대표최고위원이 11월 20일 기자회견을 갖고 선거에 입하는 신민당의 입장과 12대 선거공약 및 구호를 밝혔다. 이는 긴급통치지양, 민주체제회복, 사법권독립에 의한 인권보호, 언론자유회복, 물가안정, 세제개혁, 최고임금보장 등의 선거공약과 "진짜 민심 보여주자", "공화위에 재벌있고 신민위에 서민있다"란 구호였다. 또한 신민당은 선거가 시작된 후 부가가치세 폐지, 구속적부심사제 부활 등 52개 실천정책을 제시하였다. 또한 민주통일당은 민주헌정질서회복, 재야민주세력과의 제휴, 근로삼권보장 등을 선거공약으로 통일정책에 영세 중립화에 의한 통일을 주장함으로써 민주공화당과의 차별성을 보였다. 제10대 국회의원선거는 긴급조치 제9호가 발령된 가운데 실시됨에 따라 유신체제에 대한 논쟁은 일체 할 수 없게 되었고 개인연설 등이 금지된 가운데, 이에 따라 정치적 쟁점 사항이 부각되지 못하였다.

3) 선거결과

1978년 12월 12일 실시된 제10대 국회의원선거는 총 77개의 선거구에서 154명을 선출하였다. 민주공화당은 77명, 신민당은 81명, 통일당은 63명을 공천하였으며, 무소속 입후보자까지 합해 총 473명이 입후보하였다. 경쟁률은 3.1대 1로 나타났다. 특히 무소속 입후보자들이 전체의 53.9%인 255명에 이르고 있어 지난 선거보다 급격한 증가를 보였다. 신민당은 4곳에서 복수공천을 한데 비해서, 민주공화당은 단 한곳도 복수공천을 하지않았다. 장기집권과 폭압적 지배에 대한 대중의 반감이 확대 되면서 민주공화당으로서는 여당표를 분산시키는 복수공천을 피하는 동시에 동반당선의 이점을 최대한 살리려는 의도에서 1명씩만 공천한 것이다(심지연 2013, 260).

투표율은 총유권자 19,489,490명 가운데 15,023,370명이 투표에 참가하여 77.1%를 기록하였는데, 이는 지난 제9대 국회의원선거보다 4.2% 높은 투표율이다. 투표현황을 정리하면 다음 <표 3－13>과 같다.

〈표 3-13〉 제10대 국회의원선거 투표현황

(단위: 명, %)

인구수	선거인수	투표자수			기권자수	인구대 선거인 수비율	투표율	유효 투표율
		유효표	무효표	합계				
36,228,754	19,489,490	14,812,443	210,927	15,023,370	4,466,120	53.8	77.1	98.6

출처: 중앙선거관리위원회(1986, 369).

선거결과 민주공화당은 여전히 다수당의 지위를 유지했지만 내용적으로 신민당에 패배한 선거였다. 민주공화당이 31.7%의 득표율을 보인데 반해 신민당은 32.8%의 득표율을 보여 신민당에 대한 유권자들의 지지도가 민주공화당에 대한 지지도보다 더 높았다. 한편 민주통일당은 7.4%의 득표율을 보였으며, 오히려 무소속 입후보자들이 28.1%의 득표율을 보여 이전 제9대 국회의원선거보다 민주통일당에 대한 지지도는 저하된 반면 무소속에 대한 지지도는 상승하였다.

제10대 국회의원선거는 중선거구제로 치러졌다는 점과 통일주체국민회의 선출이라는 방식을 도입한 점에서 제9대 선거와 같았다. 의석은 민주공화당이 68명의 당선자를 내어 지역구 의원정수 154명 가운데 44.2%를 차지했고, 신민

〈표 3-14〉 제10대 국회의원선거 정당별 당선자 및 득표수 비교

정당별	당선자수	당선자비율	득표수	득표수비율
민주공화당	68	44.2	4,695,995	31.7
신민당	61	39.6	4,861,204	32.8
민주통일당	3	1.9	1,095,057	7.4
무소속	22	14.3	4,160,187	28.1
합 계	154	100	14,812,443	100.0

출처: 중앙선거관리위원회(1986).

당은 61명의 당선자를 내어 39.6%를 차지하였으며, 무소속 입후보자가 22명 당선되어 14.3%를 차지한데 비해 민주통일당은 3명의 당선자를 내어 불과 1.9%를 차지하게 되었다. 특히 전국 77개 선거구 중 53개 선거구에서 민주공화당과 신민당의 후보가 같이 당선되어 이른바 동반당선되는 현상을 보였는데, 이는 중선거구제의 영향이었다.

여당은 지역구에서는 뒤졌지만 통일주체국민회의에서 대통령이 지명하는 77명이 유신정우회를 통해 여당에 속하며 국회 과반수를 어렵지 않게 이루게 되었다. 하지만 결과적으로 전국 득표율 대비 의석의 확보율은 야당인 신민당이 가장 앞섰으나 의석에서는 뒤지는 최초의 사례가 발생하였다. 이러한 결과는 민주공화당은 물론 신민당 및 국민들도 예견치 못한 것이었다. 민주공화당에 대한 유권자의 지지감소는 국민의 정부 여당에 대한 불신에서 비롯된 것이었으며, 야당에게는 유신반대와 민주헌정회복을 위한 적극적 태도를 촉구하는 것이기도 하였다(지병문 외 2003, 233).

〈표 3-15〉 제10대 국회의원선거 지역·정당별 득표현황

정당 / 시도	민주공화당		신민당		민주통일당		무소속	
	득표수	의석	득표수	의석	득표수	의석	득표수	의석
서 울	819,137	9	1,528,279	11	278,971	1	402,338	1
부 산	348,730	4	464,539	5	145,308		213,255	1
경 기	643,850	8	594,871	7	90,138		474,041	1
강 원	301,503	5	183,340	3	22,149		264,333	2
충 북	233,775	3	214,283	4	82,179	1	110,952	
충 남	495,342	7	286,878	5	104,226		348,502	2
전 북	286,024	6	301,349	4	80,796		303,603	2
전 남	525,508	8	370,203	7	197,160	1	440,212	4
경 북	564,171	9	478,025	8	60,192		926,207	5
경 남	433,726	8	373,143	7	33,938		552,551	3
제 주	44,229	1	16,294	–	–		124,193	1
계	4,695,995	68	4,861,204	61	1,095,057	3	4,160,187	22
비 율	31.7	44.2	32.8	39.6	7.4	1.9	28.1	14.3

출처: 중앙선거관리위원회(1989b).

한편 직업별 당선자 분포를 살펴보면 <표 3-16>과 같다. 정치인의 경력을 가진 당선자가 111명으로 72.1%에 이른다. 다음으로 무직인 당선자가 8명, 회사원이 7명, 농림업과 교육자가 각각 5명 순이다. 제9대 국회의원선거에서는 무직인 당선자가 40.4%였으나 이번 선거에서는 5.2%로 현저히 줄었는바 이는 실질적으로 이처럼 줄었다기 보다는 집계 상 기술적인 문제로 생각된다.

〈표 3-16〉 제9대 국회의원선거 직업별 당선자 현황

(단위: 명, %)

직 업 별	당선자수	비율	직 업 별	당선자수	비율
정치인	111	72.1	언론 및 출판업	3	2.0
농림업	5	3.2	회사원	7	4.5
상업	3	2.0	교육자	5	3.2
광공업	1	0.7	기타	7	4.5
수산업	–	–	무직	8	5.2
변호사	4	2.6			
의사 및 약업	–	–1	합 계	154	100.0

출처: 중앙선거관리위원회(1986, 373).

학력별 당선자 현황을 보면 대학졸업의 학력을 가진 당선자가 89명으로 전체의 57.8%를 차지하여 가장 많았으며 이는 제9대 국회의원선거의 56.2%와 비슷한 수준이었고 다음으로 대학원을 수료한 당선자는 31.8%인 49명으로 제9대 국회의원선거의 29.5% 보다 약간 증가한 수치이다. 반면 초·중·고교 졸업자는 전체의 4.6%로 제9대 국회의원선거보다 반으로 줄었다. 당선자의 학력이 향상되고 있음을 보여주고 있다.

〈표 3-17〉 제10대 국회의원선거 학력별 당선자 현황

(단위: 명, %)

학 력 별	당선자수	비율	학 력 별	당선자수	비율
국교졸업 이하	1	0.6	대학졸업	89	57.8
고교졸업	7	4.6	대학원수료	49	31.8
전문졸업	4	2.6			
대학중퇴	4	2.6	합 계	154	100

출처: 중앙선거관리위원회(1986, 373).

2. 유신체제 붕괴

박정희는 1978년 12월 27일 제9대 대통령에 취임하였으나 6년 임기의 취임한지 10개월만인 1979년 10월 26일 중앙정보부장 김재규에 의해 살해되었다. 10·26사태 이후 당시 국무총리이던 최규하가 헌법 제48조에 따라 대통령 권한대행으로 취임하였다. 헌법에는 대통령 궐위 시 통일주체국민회의를 통하여 3개월 이내(1980년 1월 26일까지)에 후임 대통령을 선출하도록 규정되어 있었다. 이에 따라 최규하 통일주체국민회의 의장대행은 박정희 대통령의 국장을 마무리한 이후 제10대 대통령선거를 1979년 12월 6일 실시하기로 결정하였다. 제10대 대통령 선거는 과도정부의 정치일정공약에 따라 1979년 12월 6일 통일주체국민회의 대의원 선거를 통해 단독 입후보한 최규하를 대통령으로 선출하였다.[10] 선거결과 최규하는 재적대의원 2,560 중 2,549명이 투표에 참여한 가운데 2,465명의 찬성으로 제10대 대통령에 당선되었다. 제10대 대통령선거는 이전과는 달리 무효표가 84표가 나와 박정희를 선출할 때와는 다른 양상이었다.

최규하는 당선 다음날 국무회의 의결을 거쳐 긴급조치 제9호를 그 해 12월 8일 0시를 기하여 해제함으로써 기존 유신체제로부터 탈피, 새로운 정치체제를 모색하기 위한 첫 걸음을 내딛었다. 그러나 정국의 불안과 혼미 속에서 5·17 계엄조치와 5·18 광주민주화운동이 발생하였고, 이에 따라 국가보위비상대책위원회가 1980년 5월 31일 설치되었다. 이러한 상황속에서 최규하 대통령은 1980년 8월 16일 당시 평화적인 정권교체의 전통을 남긴다는 명목 하에 재임 8개월 21일 만에 신군부에게 정권을 넘기고 대통령직에서 물러난다. 이러한 일련의 사건으로 유신체제로 대표되는 제4공화국은 막을 내리게 된다.

---

10 당시 최규하 권한대행은 현행 유신헌법에 따라 제10대 대통령을 선출하고 새 대통령의 임기가 끝나기전 빠른 시일내에 헌법을 개정하겠다는 입장을 명백히 하였다. 하지만 신민당의 김영삼 총재는 현행 유신헌법이 이미 의미가 없어진 만큼 3개월 이내에 개헌을 하고 그로부터 2개월 이내에 신헌법에 따른 직접선거로 새 대통령을 선출해야 한다고 맞섰다(지병문 외 2003, 293).

제7절 유신체제 선거평가

제4공화국 시기의 유신체제는 제3공화국 시기보다 더욱 권위주의가 강화된 형태로 나타났다. 유신헌법은 삼권분립, 견제와 균형, 경쟁적 선거제도라는 자유민주주의의 기본원칙을 전면 부정하였으며, 대통령의 권한 강화와 반대세력에 대한 억압을 그 내용으로 하고 있다(지병문 외 2003, 258). 따라서 이 시기의 정치문화는 권위주의적인 특성이 강화되었기 때문에 제4공화국 시기의 정당체계의 외부환경으로써 정치체제와 정치문화는 경쟁적인 정당체계 형성에 부정적인 영향을 주었다고 볼 수 있다.

이 시기에 대통령 선출은 정당 가입이 허용되지 않는 통일주체국민회의 대의원들에 의해서 선출되었다. 이는 국민들의 참정권을 박탈한 것이며, 정당이 정권 창출에 참여할 수 있는 가능성을 원천적으로 봉쇄함으로써 절차적 민주주의를 부인한 것이다.

이 시기 국회의원선거의 또 다른 특징은 중선거구제의 채택이다. 또한 전국구 비례대표제는 사라지고 그 대신에 대통령이 추천하는 후보자들을 놓고 일괄적으로 투표하는 간접선거제였다. 이러한 중선거구제와 무소속후보의 출마 허용은 도시지역에서 여당 후보의 당선 가능성을 높였고, 제1야당후보에 대한 견제는 높아지는 결과를 가져왔다. 국회의원 정수의 3분의 1을 대통령이 추천하여 통일주체국민회의에서 선출하는 유정회의 신설은 대통령의 국회 장악력을 높였다. 또한 이는 야당의 최대의석 기대치를 전체의 3분의 1로 제한함으로써, 야당의 행정부 견제능력을 제도적으로 차단하였다. 이는 국회의 국민대표기능을 크게 축소시킨 것이다. 또한 유정회는 제2여당의 성격을 지니고 있어 경쟁적인 정당체계 형성에 매우 부정적인 영향을 주었다.

결과적으로 제10대 국회의원선거에서 여당인 민주공화당은 전국득표수에서 제1야당에 뒤지고도 의석을 더 많이 얻은 최초의 선거라는 기록을 남기게 되었다. 이러한 의석배분방식은 민주주의 선거에서 정상적인 비례대표방식으로 볼 수 없는 제도이며, 집권세력의 확실한 승리를 보장하는 이러한 선거제도는 민주정치를 구현하는 제도적 장치로서의 기능을 상실한 것이다.

선거운동은 공영제로 운영되어 선거질서를 확보하는 데는 기여했을지 모르나 선거운동의 자율성을 근본적으로 제한하는 결과를 가져와 선거운동을 위축시켰고 따라서 선거 자체의 공정성에도 심각한 의문이 제기될 수밖에 없었다.

유권자의 지지도면에서 투표율은 평균 75%로 나타나고 있는데, 두 차례 선거에서 모두 정당소속 후보자들의 득표율이 무소속 후보자들보다 높은 것으로 나타났다. 따라서 정당체계의 투입구조로서 유권자의 지지도는 이 시기의 경우 경쟁적인 정당체계를 형성하는데 긍정적으로 작용할 수도 있었을 것이다(호광석 1996, 410). 그럼에도 불구하고 유신체제하의 정당법은 제3공화국 시기와 마찬가지로 정당에 대한 규제가 심하여 경쟁적인 정당체계의 형성에는 물론 경쟁적인 선거과정에 결과적으로 부정적인 영향을 주었다고 할 수 있다.

참고문헌

■ 국내문헌자료

강원택. 1988. "유권자의 이념적 성향과 투표행태: 제15대 대통령선거를 중심으로" (이남영 편), 『한국의 선거Ⅱ』, 서울: 푸른길.

강원택. 2003. 『한국의 선거정치: 이념, 지역, 세대와 미디어』. 서울: 푸른길.

강원택. 2010. 『한국 선거정치의 변화와 지속: 이념, 이슈, 캠페인과 투표참여』. 서울: 나남

강원택. 2011. "제3공화국의 선거." 『한국 선거 60년』. 오름 출판.

강정구. 1993, "5·10선거와 5·30선거의 비교연구", 경남대 극동문제연구소, 『한국과 국제정치』, Vol.9, No.1

공보부. 1962. 『헌법 개정과 국민투표』. 공보부.

국회사무처. 2008. 『대한민국국회 60년사』.

길승흠 외 공저, 987. 『한국선거론』. 서울: 지구문화사.

길승흠. 1990. "한국에 있어서 정당정치와 정치문화: 한국의 정당과 정치", 『한국논단』, 1990년 4월호.

김 욱, 1999. "거주지 규모와 연령이 투표참여에 미치는 영향 : 합리적 선택이론의 관점을 중심으로"(조중빈 편), 『한국의 선거 Ⅲ』. 서울: 푸른길.

김 혁. 2010. "매니페스토와 선거 결과의 관계성에 대한 연구 -2006년 지방선거에서의 매니스토 평가결과를 중심으로." 『한국정책학회보』, Vol.19, No.3, 289~314,

김광선. 1993. "Sartori의 가설검증을 통한 한국 정당제도의 특성연구", 전북대학교 사회과학연구소, 『사회과학연구』, 제20집.

김광수. 1986. "표기권자의 사회인구론적 특성과 그 불참사유에 대한 연구." 의정연구』, 제24집.

김광수. 1997. 『선거와 선거제도』. 서울: 박영사.

김광웅 외. 1987. 『한국선거론』. 서울, 다산출판사.

김광웅 편. 1990. 『한국의 선거정치학』, 서울: 나남.

김규환·박동은, 정형수, 이임규. 1965. "1963年 大統領 選擧戰 分析: 共和黨과 民政黨

이 新聞紙上을 通해 展開한 宣傳戰을 中心으로."『언론정보연구』, 2권, 47~76.
김대중. 1985.『행동하는 양심으로』금문당.
김대중. 2010.『김대중 자서전 1』. 삼인.
김만흠. 1991.「한국의 정치균열에 관한 연구: 지역 균열의 정치 과정에 대한 구조적 접근」. 서울대학교 대학원 정치학과 박사 학위 논문.
김민하. 1994.『한국정당정치론』. 서울: 풀빛.
김상준, 오현순. 2009. 매니페스토 운동과 심의 민주주의: 한국의 경험에 대한 평가와 대안.『시민사회와 NGO.
김성희. 1978.『정당론』. 서울: 박영사.
김안재. 2002. "지방자치단체장의 역할과 자질－민선2기의 공과와 장의 미래상－", 한국지방자치학회 2002. 4. 17 세미나 발표자료.
김영명. 1992.『한국현대정치사 －정치변동의 역학－』, 서울: 을유문화사.
김영수. 1964. "공화당 사전조직."『신동아』, 11호.
김영태. 2002. "1인2표제의 제도적 효과와 정치적 영향: 독일·뉴질랜드·일본의 경험과 시사점." 진영재 편,『한국의 선거제도 1』. 서울: 한국사회과학데이터센터.
김영태. 2010.『국회의원 선거제도의 동학』한국의회발전연구회 연구보고서.
김용태. 1991.「국회의원 선거제도에 관한 연구」, 대구대학교 박사학위논문.
김용호, 1991. "민주공화당의 패권정당운동", 서울대학교 한국정치연구소,『한국정치연구』, 제3집.
김용호. 2001.『한국 정당정치의 이해』. 서울: 나남출판.
김 욱. 2002. "분권화시대의 선거제도 개혁방안." 진영재 편,『한국의 선거제도 1』. 서울: 한국사회과학데이터센터.
김 욱. 2008. "선거: 선거제도와 투표행태." 한국정치학회 편.『정치학 이해의 길잡이: 정치과정』. 서울: 법문사.
김운태 외. 1993.『한국정치론』(증보판). 서울: 박영사.
김운태. 1996. "권력구조와 정부." 이우진·김성주(공편).『현대한국정치론』. 서울: 사회비평사.
김원호·양동안·김대곤. 1982. "개헌의 정치드라마."『신동아』7월.
김일영. 1995, "농지개혁, 5·30선거, 그리고 한국전쟁", 경남대 극동문제연구소,『한국과 국제정치』, Vol.11, No.1
김일영. 1995. "박정희체제 18년 : 발전과정에 대한 분석과 평가."『한국정치학회보』 第29집 2호, 181－215.

김재한 편. 1994. 『정당구조론』, 서울: 나남.
김재한. 1996. 한국유권자의 투표행태에 관한 일고찰, 『국가전략』, 2(2).
김재홍. 1992. 『한국정당과 정치지도자론 – 분단극복의 정치과정연구–』, 서울: 나남.
김정기. 1999. 기초자치단체장의 재선결정요인에 관한 연구: 경상남도를 중심으로, 『지방정부연구』, 3(1).
김종림·이남영, 투표자들은 후보자를 어떻게 선택하는가 ?: 인지과정이론 시각의 분석, 『의정연구』, 3(1), 1999.
김종헌. 1986. "한국 「제3공화정(1961~1971)」연구–권위구조와 통치엘리트를 중심으로–", 부산대학교 박사학위논문.
김종훈. 1982. 『한국정당사』, 서울: 고시학회.
김철수. 1963. "새 정당법은 위헌이 아닌가?–정당법과 정당제." 『사상계』3권.
김태우 외 공저 15인. 2000. 『정치학의 이해』, 서울: 형설출판사.
김형국. 1990. "제13대 대통령선거의 투표행태에 대한 지정학적 연구"(김광웅 편), 『한국의 선거정치학』, 서울: 나남.
김혜진. 2002. 『제 1·3공화국의 정치적 게임규칙 변경에 관한 연구 : 대통령 선출제도를 중심으로』 서울대학교 박사학위 논문.
노무현 재단 편. 유시민 정리. 2010. 『노무현 자서전: 운명이다』돌베개.
대한민국 국회. 1981. 『국회사(제9대)』. 서울: 국회사무처.
동아일보사. 1974. 『동아연감』.
로드 헤이그·마틴 해롭. 2007. 김계동 외 옮김. 『현대비교정치론』. 서울: 명인문화사.
모종린·전용주. 2004. "후보경선제, 본선경쟁력 그리고 정당 민주화: 2002년 6、13 기초자치단체장선거를 중심으로." 『한국정치학회보』 38집 1호, 233~53.
문용직. 1992. "한국의 정당과 지역주의", 경남대학교 극동문제연구소, 『한국과 국제정치』, 제8권 1호.
민주공화당. 『민주공화당사 1963~1973』.
민주화운동기념사업회 연구소 엮음. 2008. 『한국민주화운동사 I – 제1공화국부터 제3공화국까지』. 돌베개.
민주화운동기념사업회 연구소 엮음. 2009. 『한국민주화운동사 Ⅱ –유신체제기』. 돌베개.
박명림. 1999, "한국전쟁과 한국정치의 변화", 한국정신문화연구원 편, 『한국전쟁과 사회구조의 변화』, 백산서당
박명호. 2007. "2006 지방선거의 공직후보자 선정과정에 대한 분석: 열린우리당과

한나라당을 중심으로.”『정치정보연구』 10집 2호, 79~95.
박상철. 1989. “한국의 정치발전과 혁신정당론”,『현대사회』, 제35호.
박승식. 1991.『선거분석의 이론과 실제』, 서울: 대영문화사.
박이석. 2005.「유권자의 정당 및 후보자선택 영향요인에 관한 실증적 분석: 제17대 국회의원선거를 중심으로」, 박사학위논문, 서울시립대학교.
박찬욱 편. 2000.『비례대표 선거제도』. 서울: 박영사.
박찬욱. 1993a. “유권자의 선거관심도, 후보인지능력과 투표참여의사: 제14대 총선전 조사결과를 중심으로.”『한국정치학회보』, 26(3).
박찬욱. 1993b. “제14대 대선의 승인과 패인: 실증조사결과를 중심으로” , 고려대학교 노동문제연구소 주최 학술포럼발표논문.
박찬표. 2007,『한국의 국가형성과 민주주의』. 후마니타스
박태균. 2007. “한국군의베트남전참전.”『역사비평』80호, 역사비평사.
박해광. 2005. “한국 산업노동자의 도시 경험.”『1960~70년대 노동자의 생활세계와 정체성』(이종구 외 편). 한울아카데미.
배긍찬. 1999. “1970년대 전반기의 국제환경변화와 남북관계.”『1970년대전반기정치사회변동』(정신문화연구원 편). 백산서당.
백상건. 1976.『정치학 강의』. 서울, 박영사.
백운선. 1992.「제헌국회내 소장파에 관한 연구」, 서울대학교 대학원 정치학과 박사학위 논문.
서복경. 2003.「한국 정당체제의 기원과 변화에 관한 연구」, 고려대학교 대학원 정치외교학과 박사학위 논문.
성경륭. 1996. “지방주도적 발전과 분권화 개혁의 추구: 민선자치단체장의 역할에 관한 소고”『한국정치학회보』, 29(4).
손호철. 1994. “분단 후 한국사회에서 ‘진보적’ 투표 행태에 관한 연구: 1956년, 63년 대통령 선거를 중심으로.”『사회비평』 11호, 323~352.
손호철. 1995.『해방 50년의 한국정치』 새길.
손호철. 2006.『해방60년의 한국정치 1945~2005』. 이매진.
송근원. 1995. “역대 대통령 후보들의 이슈 정향에 관한 연구: 제5대·제6대·제7대·제13대·제14대 대통령 선거를 중심으로.” 한국행정연구원,『한국행정연구』 제4권 제3호.
신두철. 2011. “제4공화국의 선거.”『한국 선거 60년』(한국선거학회 편). 오름.
신두철·김원 역. 2004. Dieter Nohlen,『선거법과 정당제도』. 서울: 엠-애드.

신명순. 1989. “한국정당의 기능수행에 관한 연구 : 제3공화국의 민주공화당을 중심으로”, 연세대학교 『사회과학논집』, 제20집.

新民黨. 1967. 『六、八不正選擧 白書』. 新民黨.

심지연. 1982. 『한국민주당연구1 −정치적 성장과정과 정치이념 및 관계자료−』. 서울: 풀빛.

심지연·김민전. 2006. 『한국 정치제도의 진화경로−선거·정당·정치자금제도−』. 서울: 백산서당.

안광일. 1992. “민주적 기능과 현행 대통령선거제도의 제 문제.” 『한국행정학보』, 26(3).

안병만. 1985. 『한국선거론』. 서울: 다산출판사.

안병만. 1993. “총선에 있어서 유권자들의 정당관여와 투표행태.” 『한국정치학회보』, 26(3).

안병만·김인철. 1993. “유권자의 정치정향과 투표행태 : 제14대 대통령선거를 중심으로?.” 『한국정치학회보』, 27(2).

안병준. 1987 “정치변동과 제도화.” 한국정치학회편. 『현대한국정치론』, 427~459. 법문사.

안순철. 1998. 『선거체계 비교: 제도적 효과와 정치적 영향』. 서울: 법문사.

양재인. 1996. “정치엘리트의 역할과 공과.” 이우진·김성주(공편). 『현대한국정치론』. 서울: 사회비평사.

여현덕. 1996. “신군부권위주의체제의 등장과 정치갈등.” 한흥수 편. 『한국정치동태론』 서울: 오름.

오명호. 1998. “제2공화국과 민주적 실험.” 한양대 『사회과학논총』, 제17집.

운남이승만문서편찬위원회. 1998, 『이화장소장 운남이승만문서(동문편)』, 13권

윤보선. 1967. 『조국(救國)의 가시밭길: 나의 回顧錄 』. 韓國政經社.

윤성이. 2003. “16대 대통령선거와 인터넷의 영향력.” 『한국정치학회보』, 제37집 제3호, 71~87.

윤종빈. 2008. “2007년 대선과 정당의 후보 선출: 대통합민주신당과 한나라당을 중심으로.” 『세계지역연구논총』, 26권 1호, 31~55.

이갑윤, 이현우. 2002. “후보자 요인이 득표에 미치는 영향: 제14대~제16대 총선을 대상으로.” 『한국의 선거』.

이갑윤. 1985. “제5공화국 국회의원선거의 분석과 전망.” 『한국정치학회보』 제19집, 47~58.

이갑윤. 1989. "제13대 국회의원선거에서의 투표행태와 민주화, 한국의 민주화 : 과제와 전망." 경남대 극동문제연구소.

이강로. 1997. "제3공화국(1963~1972) 정치제도의 정통성과 박정희정부". 『세한국정치학회보』, 31권 4호, 89~108.

이기선. 2004. 「1990년대 이후 한국선거의 공정성에 관한 연구」, 박사학위논문, 경희대학교 대학원.

이기택. 1987. 『한국야당사』, 서울: 백산서당.

이남영 편. 1998. 『한국의 선거 Ⅱ』. 서울: 푸른길.

이남영. 1985. "산업화와 정치문화 : 민주의식 변화를 중심으로 (1974년과 1984년의 비교분석)", 한국정치학회, 『한국정치학회보』, 제19집.

이남영. 1988. "한국국회의원선거 결과를 결정하는 주요요인 : 84년, 88년 국회의원 선거결과의 비교분석." 『의정연구』, (54).

이남영. 1993. 『한국의 선거 Ⅰ』. 서울: 나남.

이내영, 이현우, 김장수 공편. 2007. 변화하는 한국 유권자 2: 패널 조사를 통해본 5.31 지방선거. 동아시아연구원.

이병준. 2010. "1963년 5대 대통령 선거에 나타난 특성과 그 원인." 『史林』. 제36호, 209~248.

이상묵. 2010. "한국의 국회의원 선거제도 변화의 원인분석." 『한국정치학회보』 제40권 제5호, 165~189.

이승희. 1993. 한국인의 정치적 태도와 행태의 성차연구, 『한국정치학회보』, 26(3).

이은국. 1996. "한국 선거제도하에서 득표－의석간의 편의 측정에 관한 연구", 김광웅 편, 『정당·선거·여론』. 서울: 한울.

이은진· 김석준 외. 1992. 『한국의 정치와 선거문화』, 서울: 사회문화연구소.

이재오. 1984. 『해방 후 한국학생운동사』, 형성사.

이정복. 1996. "제5공화국 시대의 정치제도." 민준기 외. 『한국의 정치』, 서울: 나남출판.

이정식. 1976 "제2공화국." 한국사료연구소 편. 『해방30년사』제3권. 서울: 성문각.

이준한. 2007. 한국정당 연합의 사례와 전망. 『개헌과 민주주의』 파주: 한울. 150~170.

이호철. 2002. "재야 〈민주화투쟁〉 과정의문단과천관우." 『예술논문집』41.

임혁백. 1997. "한국에서의 민주화과정 분석." 임혁백. 『시장·국가·민주주의: 한국민주화와 정치경제이론』 서울: 나남.

장 훈. 2000. "민주공화당의 실패한 실험: 전통 앞에서 좌절한 민주공화당의 대중정당의 실험.” 한국정치학회 한국정치사 기획학술회의「박정희 시대의 한국: 국가, 시민사회, 동맹체제」발표논문.

장달중. 1986. “제3공화국과 권위주의적 근대화”. 한국정치학회 편.『現代韓國政治論』. 법문사. 225~250.

장세훈. 2003. “도시화.”『한국의인구』(2)(김두섭·박상태·은기수 편), 통계청.

전상인. 1994, “510선거와 530선거를 어떻게 볼 것인가”, 경남대 극동문제연구소,『한국과 국제정치』, Vol.10, No.1

전선일. 2008.『한국의 공직선거와 선거문화』. 서울: 성문기획.

전용주. 2005. “후보공천과정의 민주화와 그 정치적 결과에 관한 연구: 제17대 국회의원 선거를 중심으로.”『한국정치학회보』39집 2호, 217-236.

전재호. 2005. “유신체제의구조와작동기제.”『유신과반유신』(안병욱외). 민주화운동기념사업회

전홍기혜. 2002. 한나라당 경선 민주당과 어떻게 다른가. 프레시안 2002/04/09.

정대수. 1970. “선거기 정당선전에 관한 분석연구: 67년 대통령선거를 중심으로.”『한국언론학보』. 제3권.

정병준. 2001,「이승만의 독립노선과 정부수립 운동」, 서울대학교 대학원 국사학과 박사학위 논문.

정승화. 1987.『12·12사건: 정승화는 말한다』서울: 까치.

조기숙. 1995. “한국유권자의 정당본위 투표.”『의정연구』, 1(1).

조진만, 최준영. 2006. “1인 2표 병립제의 도입과 유권자의 투표행태: 일관투표와 분할투표의 결정요인 분석.”『한국정치학회보』, 제40집 제1호: 71~90.

주용학. 2002. “지방선거에서의 기초단체장 정당공천제에 대한 연구.”『한국지방자치학회보』, 14권 1호, 43~69.

중앙선거관리위원회. 1973a.『대한민국선거사 제1집』. 중앙선거관리위원회.

중앙선거관리위원회. 1973b.『대한민국선거사 제2집』. 중앙선거관리위원회.

중앙선거관리위원회. 1980.『제10대 국회 경과보고서』. 서울: 국회사무처.

중앙선거관리위원회. 1981a.『대한민국정당사 제1집』. 서울: 중앙선거관리위원회.

중앙선거관리위원회. 1981b.『대한민국정당사 제2집』. 서울: 중앙선거관리위원회.

중앙선거관리위원회. 1981c.『정당활동개황 및 재산상황등 보고서: 1975~1979』. 서울: 중앙선거관리위원회.

중앙선거관리위원회. 1983.『국회의원선거법 변천상황』. 서울: 중앙선거관리위원회.

중앙선거관리위원회. 1986.『대한민국선거사 제3집』. 서울: 중앙선거관리위원회.

중앙선거관리위원회. 1989b. 『역대국회의원선거상황(제1~11대)』. 서울: 중앙선거관리위원회.

중앙선거관리위원회. 1990. 『한국정치사』 서울: 백산서당.

중앙선거관리위원회. 1992a. 『대한민국정당사 제3집』. 서울: 중앙선거관리위원회.

중앙선거관리위원회. 1992b. 『대한민국정당사 제1집』(3판). 서울: 영진사.

중앙선거관리위원회. 1992c. 『국회의원 선거법령집』. 서울: 중앙선거관리위원회.

중앙회. 1991. 『인민당연구』. 서울: 경남대학교극동문제연구소.

지방자치법 시행령. 2007. 제16599 호 전자관보. 행정안전부.

지병문, 김용철, 천성권, 지충남, 유경화. 2010. 『현대한국의 정치: 전개과정과 동인』. 서울: 박영사.

지병문·김용철·안종철·김철홍. 1997. 『현대한국정치의 전개와 동학』. 서울: 박영사.

진영재 편. 2002. 『한국의 선거제도 1』. 서울: 한국사회과학데이터센터.

최장집. 2010, 『민주화 이후의 민주주의』개정제2판. 후마니타스

최종두. 1985. 『민주정치와 선거론』. 서울: 태창출판사.

최한수. 1995. 『한국정치의 새도전』. 서울: 대정진.

필립스 쉬블리. 2008. 김계동 외 옮김. 『정치학 개론: 권력과 선택』. 서울: 명인문화사.

한국군사혁명사편찬위원회, 1962. 『한국군사혁명사』 2집. 국가재건최고회의 한국군사혁명사 출판위원회.

한국기독교교회협의회인권위원회편. 1987. 『1970년대민주화운동』1.

한국노총편. 1979. 『한국노동조합운동사』.

한국도시연구소편. 1998. 『철거민이본철거: 서울시철거민운동사』.

한국역사연구회현대사연구반편. 1991. 『한국현대사』2. 풀빛.

한국정신문화연구원편. 1999. 『1960년대 대외관계와 남북문제』. 백산서당.

한국정신문화연구원편. 2002. 『박정희 시대 연구』. 백산서당.

한국정신문화연구원현대사연구소 편. 1999. 『격동기 지식인의 세 가지 삶의 모습』.

한국정치사연구소편. 1987. 『대명2: 깡패정치와정치깡패』. 동광출판사.

한국정치연구회. 1989. 『한국정치론』 서울: 백산서당.

한정일. 1994. "신군부 등장과 5·18 광주의 비극." 동아일보사. 『5공 평가 대토론: 현대사를 어떻게 볼 것인가 6』 서울: 동아일보사.

행정안전부 선거의회과. 2009. "보도자료: 2010년 지방의원 의정비 동결 수준에서 결정." 게시일: 2009-12-10.

호광석. 1993. "한국혁신정당의 변천에 관한 연구." 동국대학교대학원, 『대학원연구

논집』, 제23집.

호광석. 1996.「한국 정당체계의 유형 변화에 관한 연구: 환경·구조 분석을 중심으로」. 동국대 박사학위논문.

호광석. 2005.『한국의 정당정치－제1공화국부터 제5공화국까지 체계론적 분석』. 들녘.

홍규덕. 1999. 베트남전참전결정과정과그영향.”『1960년대의대외관계와남북문제』(정신문화연구원 편). 백산서당.

홍석률. 2005. “유신체제의 형성.”『유신과 반유신』(안병욱 외), 민주화운동기념사업회.

홍석률. 2009. “1971년 대통령 선거의 양상: 근대화 정치의 가능성과 위험성.”『역사비평』여름호 (통권 87호), 61~493.

■ 언론 및 인터넷 자료

국회 홈페이지, http://www.assembly.go.kr/

국회도서관 홈페이지, http://www.nanet.go.kr/

조선일보. “盧, 단일화로 李 추월 성공.” 2002.12.19.

조선일보. “이 34%－정 22.6%－노 19%” 2002/11/03조선일보

조선일보. “‘미국이 헛소리한다’고 북한도, 국내 좌파도 펄펄 뛰더니…” 2010/11/22.

조선일보. “盧, 단일화로 李 추월 성공.” 2002/12/19.

중앙일보. “단일후보 노무현 확정” 2002/ 11/ 25.

중앙일보. “예비후보 도입 4년 … ‘보완’ 목소리.” 2008/2/18

중앙선거관리위원회 홈페이지, http://www.nec.go.kr/nec_new2009/Main.do

한겨레 신문. 2002. 특집 민주당 대선후보 국민경선. http://www.hani.co.kr/section－special/2002/2002vote－1.html. 접근일

한겨레신문. 한나라 이회창 후보 당선 확정. 2002. 05.09. 접근일 2010.11. 17. http://www.hani.co.kr/ section－003000000/2002/05/003000000200205091803083.html.

한국일보. “노대통령 지지도 43%” 2007/10/07.

■ 해외문헌자료

Philip C. Habib, 1963 Presidential Election Campaign in the ROK , 1963. 10. 29. RG 84, Korea, Seoul Embassy, Classified General Records, 1963, Entry CGR 56－63, Box 40, 350: Korea, Elections, 1963.

Laakso, M. and R Taagepera. 1979, “Effective Number of Parties: A measure with

Application to West Europe," Comparative Political Studies. 12: 1, pp.3~27

Edelman, Murray. 1964. The Symbolic Uses of Politics. Urbana: Illinois University Press.

Hermet, Guy, Richard Rose, Alain Rouquie. eds. 1978. *Elections without Choice*. London: MacMillan.

Koh, B. C. 1985. "The 1985 Parliamentary Election in South Korea." *Asian Survey* 25(9): 883~897.

Downs, Anthony. 1957. *An Economic Theory of Democracy*. New York: Harper & Row.

Duverger, Maurice. 1963. *Political Parties: Their Organization and Activities in the Modern State*. New York: Wiley.

Farrell, D. 2001. *Electoral Systems: A Comparative Introduction*. London and New York: Palgrave.

Hague, Rod and Martin Harrop. 2001. *Comparative Government and Politics*. New York and London: Palgrave Macmillan.

Katz, Richard. 1997. *Democracy and Elections*. Oxford: Oxford University Press.

Lijphart, Arend. 1994. *Electoral Systems and Party Systems: A Study of Twenty Seven Democracies*, 1945~1990. Oxford: Oxford University Press.

Lijphart, Arend. 1999. *Patterns of Democracy: Government Forms and Performance in Thirty Six Countries*. New Haven: Yale University Press.

Norris, Pippa. 2004. *Electoral Engineering: Voting Rules and Political Behavior*. Cambridge: Cambridge University Press.

Rokkan, S. 1970. *Citizens, Elections, Parties*. New York: McKay.

Shively, Phillips. 2008. Power and Choice: An Introduction to Political Science. 11th ed. New York: McGraw-Hill.

Shugart, M. and M. Wattenberg. 2000. *Mixed-Member Electoral Systems; The Best of Both Worlds*. Oxford and New York: Oxford University Press.

Taagepera, Rein and Matthew Soberg Shugart. 1989. *Seats and Votes: The Effects and Determinants of Electoral Systems*. New Haven: Yale University Press.

Campbell, A., P. E. Converse, W. E. Miller and D. E. Stockes. 1960. *The American Voter*, New York : John Wiley and Son.

Campbell, A., Gerald Gurin and W. E. Miller.1954. *The Voter Decides, Evanston* :

Row, Peterson.

Carmines, Edward G, and Janes A. Stimson. 1980. "The Two Faces of Issue Voting", *American Political Science Review* 1.

Converse, P. E. 1960. *The Concert of A Normal Vote*, New York : Wiley.

D. Nohlen. 1989. *Wahlrecht und Parteisystem.*

Downs, Anthony. 1957. *An Economic Theory of Democracy*, New York : Harper and Row.

Elster, Jon(ed). 1986. *Rational Choice : Introduction*, New York : University Press.

Engel. J. F. and R. D. Blackwell. 1982. *Consumer Behavior*, New York : The Dryden Press.

Fiorina, Morris P. 1981. *Retrospective Voting in American National Elections*, New Haven : Yale University Press.

Fiske, S. T. and I. Taylor. 1984. *Social Cognition*, Loneon : Addison-Westly Company.

Frederick M. Watkins. 1967. *The Age of Ideology-Political Thought, 1750 to the Present*, Prentice-Hall Inc.

G. A. Almond. 1956. "Comparative Political System," *Journal of Political.*

G. A. Almond and G. B. Powel. 1978. *Comparative Politics : System, Process and Policy*, 2nd edition, Boston: Little, Boston and Co.

G. A. Almond and S. Verba. 1963. *The Civic Culture: Attitudes and Democracy in Five Nations*, Princeton: Princeton University Press.

Glass, David 1985. "Evaluating Presidential Candidates: Who focuses on their personal attributes?", *Public Opinion Quaterly*, vol. 49.

Graber, Doris A. 1989. *Mass Media and American Politics*, 3ed., Washington D. C ; A Division of Congressional Quarterly Inc.

Granberg. D and E. E. Brent, Jr. 1974. "Dove-Hawk Placement in the 1968 Election : Application of Social judgment and balance theories," *Journal of Personality and Social Psychology.* Vol.

Greenwald, A. G. 1968. "Cognitive Learning, Cognitive Response to Persuasion and Attitude Change", In A. G. Greenwald, T. B. Brock and T. M. Ostrom(eds), *Psychological Foundation of Attitude*, New York: Academic Press.

James E. Campbell. 2000. The American Campaign; US Presidential Campaign and the Normal Vote, Austin ; Texas A&M University Press.

Kelley. S, and T. Mirer. 1974. "The Simple Act of Voting," *American Political Science Review*, Vol. 68.

Key, V. O. 1966. *The Responsible Electorate : Rationality in Presidential Voting, 1936~1960*, Cambridge : Harvard University Press.

Kramer, Gerald H. 1971. "Short－Term Fluctuations in U. S. Voting Behavior, 1896~1964", *American Political Science Review* 65.

Lasswell and Kaplan. 1950. *Power and Society*, Yale Univ Press.

Lazasfeld, Paul. F. 1965. *Berelson, and Hazel Gaudet, The People`s Choice*, 2nd ed., New York : Columbia University Press.

Lazarsfeld, B. Berelson and H. Gaudet. 1968. *The People's Choice*, New York: Columbia University Press.

Lowery, S and Melvin, L Defleur. 1983. *Milestones in Mass Communication Research*, New York: Longman Inc.

Lucian W. Pye and Sidney Verba(ed). 1965. *Political Culture and Political Development*, Princeton: Princeton Unversity Press.

Manis, M. 1977. "Cognitive Social Psychology," *Personality and Social Psychology Bulletin*, no. 3, 1977.

March. J. G and H. A. 1958. *Simon, Organization*, New York : Wiley.

Milbrath. L. W. 1975. *Political Participation*, Chicago.

Newman, B. I and Jagdish N, Sheth. 1985. "A Model of Primary Voter Behavior", *Journal of Consumer Research*, Sep.

Robert Dahl. 1966. *Opposition in Western Democracies*, New Haven.

Robert E. Lane. 1962. *Political Ideology*, New York: The Free Press.

Shama, Abraham. 1976. "The Marketing of Political Candidates", *Journal of Marketing Science*. Vol. 4.

Zajonc. R. B. 1980. *Cognition and Social Cognition : A Historical Perspectives, In L. Festinger*(ed), Four Decades of Social Psychology. New York : Oxford University Press.

부 록

<부록 1> 제3공화국과 제4공화국의 사건사 연표

해당 시기	일자	사건사명	내용	비고
제3 공화국	1961.5.16	5.16 군사쿠데타	1961년 5월 16일에 육군 소장 박정희가 주동이 되어 육군사관학교 8기생 출신의 일부 군인들이 제2공화국의 장면(張勉) 정부를 강압적으로 무너뜨리고 정권을 잡은 군사정변	
	1962.12.17	제1차 개헌국민투표	1962년 국가재건비상조치법에 따라 국민투표를 실시하기 위한 절차와 방법을 마련하기 위하여 처음 제정·실시됨	
	1962 ~	경제개발 5개년계획	국민 경제의 획기적인 발전을 도모하여 양적 성장과 아울러 질적 발전과 국민생활의 향상에도 중점을 둔 5개년 단위의 경제 계획. 1962~1981년까지 4차에 걸쳐 경제개발 계획이 실시되었으며, 1982년부터는 그 명칭이 경제사회발전 계획으로 바뀜	
	1967.6.8	6·8부정선거	1967년 6월 8일에 실시된 국회의원 선거에서의 공화당의 부정을 규탄, 전국 각지에서 약 1개월 간 지속된 학생시위. 부정선거규탄 시위는 7월 3일 절정에 이르러, 서울 시내 14개 대학 1만 6천 명이 시위에 참가, 6·3항쟁 이후 학생운동의 위력을 과시하는 한편, 민주주의에 대한 열망을 보여주었으나, 이날부터 서울시내 고교가 무기한 휴교에 들어가고 4일부터는 각 대학이 조기방학을 실시함으로써 시위는 중단됨	

	1969.10.17	3선개헌	1969년 대통령 박정희(朴正熙)의 3선을 목적으로 추진되었던 제6차 개헌. 박정희는 1971년 4월 제7대 대통령선거에 민주공화당 후보로 다시 출마할 수 있는 법적 근거를 마련하였고, 또 당선됨으로써 1972년 이후 유신체제와 함께 장기집권의 길을 열었음	
제4 공화국	1972.10.17	유신체제	1972년 10월 17일 대통령 박정희가 장기집권을 목적으로 단행한 초헌법적 비상조치. 1967년 선거에서 재선된 박정희는 3선 개헌을 강행하였고(1969), 1972년에 비상계엄을 선포하여 국회를 해산하였으며, 10월 유신을 단행. 10월 유신은 '한국적 민주주의'라는 명분을 내세웠으나, 민주적 헌정체제를 부정하고 국민의 기본권을 억압하면서 장기적인 독재체제를 구축한 것으로, 3권(입법, 사법, 행정)이 대통령에게 있다고 규정한 법	
	1972.12.23	제8대 대통령선거	1972년 12월 23일 유신헌법에 따라 통일주체국민회의 대의원들이 간접선거에 의해 선출한 대통령선거 12월 23일 이 유신헌법에 의거해 제8대 대통령선거를 실시하였는데, 선거 방식은 국민의 직접선거로 선출된 주권적 수임기관인 통일주체국민회의 대의원들이 선출하도록 하는 간접선거 제도를 채택. 서울 장충체육관에서 진행된 체육관선거에서 대의원 등 515명의 추천으로 단독입후보해 전체 대의원 2,359명이 참석한 가운데 2,357표(무효 2표)라는 절대적인 찬성으로 제8대 대통령에 당선	
	1974. 1	1974년 1월 긴급조치 1, 2호	제4공화국 헌법(유신헌법)에 규정되어 있던, 헌법적 효력을 가진 특별조치. 유신헌법 제53조에 규정된 대통령 긴급조치권은 단순한 행정명령 하나만으로도 국	

			민의 자유와 권리에 대해 무제한의 제약을 가할 수 있는 초헌법적 권한으로서, 이러한 긴급조치권의 발동을 요하는 비상사태의 발생 여부에 관한 판단은 대통령이 독자적으로 내릴 수 있도록 되어 있어 사실상 반유신세력에 대한 탄압도구로 악용됨	
	1975. 2. 12.	유신 찬반투표	유신헌법하에서 정국이 점차 불안해지자 대통령 박정희는 1973년 1월 22일 특별담화를 통하여 북한정권이 한반도를 적화 통일하겠다는 폭력노선을 포기하기 전까지는 현행헌법을 철폐는 안 된다는 자신의 견해를 밝히고, 유신헌법 존속에 대한 사항을 국민투표에 붙일 것이며 이를 대통령에 대한 신임투표로 간주하였음. 결과 투표자들의 73.1%가 찬성표를 던진 것으로 나타났다. 유권자의 80.4%가 투표하여 이들 중 78.0%가 찬성	
	1979.10.	부마항쟁	1979년 10월 부산 및 마산 지역을 중심으로 벌어진 박정희(朴正熙)의 유신독재에 반대한 시위사건. 마산 및 창원 일원에 위수령(衛戍令)을 발동하고 군을 출동시켜 505명을 연행하고 59명을 군사재판에 회부함. 비록 시위는 진정되었으나, 26일 대통령 박정희가 사망함으로써 유신체제의 종말을 앞당긴 계기가 됨	
	1979.10. 26.	10·26사태	1979년 10월 26일 저녁 7시 40분경 서울 종로구 궁정동 중앙정보부 안가(安家)에서 중앙정보부 부장 김재규(金載圭)가 대통령 박정희를 살해한 사건. 이 사건으로 유신체제가 무너졌으며, 전두환 정권이 수립되는 계기가 됨	

<부록 2> 제3공화국과 제4공화국의 정당 연표

해당 시기	일자	내용	비고
제3 공화국	1963.2.26	5·16 군사쿠데타 주체세력 민주공화당 발족	
	1963.6.28	민정당(民政黨) 군정세력에 반대하는 범야 집결체를 목표로 1963년 6월에 발족	
	1963.	1963년 김준연(金俊淵) 등이 중심이 된 보수정당 자유민주당(自由民主黨) 창당	
	1963.8.1	국민의 당(國民一黨). 신정당·민우당의 2개 정당과 무소속 및 민주·민정당계의 일부가 통합하여 1963년 8월 1일 창당준비위원회 결성을 거쳐 9월 5일 창당	
	1963. 2.	신흥당(新興黨) 창당. 장이석(張履奭)·조준상(趙俊相) 등의 신진무소속 재야인사들이 규합운동 전개.	
	1963.7.18	민주당(民主黨) 재건. 1961년 5·16군사정변으로 해산된 뒤 1963년에 재건되어 1965년 민중당으로 통합, 해체	
	1967.2.7	신민당(新民黨) 창당. 1967년의 제6대 대통령선거와 제7대 국회의원 총선거를 앞두고, 분열된 보수 야당세력을 통합하여 평화적 정권교체를 목표로 창당	
제4 공화국	1973.3.10	원내교섭단체 유신정우회(維新政友會) 구성. 창당. 1973년 2월 7일 통일주체국민회의에서 제9대 국회의원으로 선출된 73명의 전국선거구(전국구) 의원들은 여당인 민주공화당에 합류하지 않고 3월 10일 독자적으로 원내교섭단체인 유신정우회를 구성	
	1973.1.27	민주통일당(民主統一黨) 창당 신민당의 반유진산계(反柳珍山系)가 중심이 되어 1973년 1월 27일 창당하고 양일동(梁一東)을 대표최고위원으로 선출	

<부록 3> 역대 정부 시기별 선거 현황 및 공식 투표율

시기구분	선거명	선거일	투표율
	제헌 국회의원선거	1948. 05. 10	95.5
	초대 대통령·부통령선거	1948. 07. 20	의회선출
제1공화국	제2대 국회의원선거	1950. 05. 30	전쟁, 기록유실
	제2대 부통령선거	1951. 05. 16	의회선출
	시·읍·면의회의원선거	1952. 04. 25	전시, 제한실시
	도의회의원선거	1952. 05. 10	전시, 제한실시
	제2대 대통령·3대 부통령선거	1952. 08. 05	88.1
	제3대 국회의원선거	1954. 05. 20	91.1
	제3대 대통령·4대 부통령선거	1956. 05. 15	94.4
	시·읍·면의회의원선거	1956. 08. 08	
	시·읍·면장선거	1956. 08. 08	
	서울시·도의회의원선거	1956. 08. 13	
	제4대 국회의원선거	1958. 05. 02	87.7
	제4대 대통령·5대 부통령선거	1960. 03. 15	97.0
제2공화국	제5대 국회의원선거	1960. 07. 29	84.4
	제4대 대통령선거	1960. 08. 12	97.0
	서울시·도의회의원선거	1960. 12. 12	
	시·읍·면의회의원선거	1960. 12. 19	
	시·읍·면장선거	1960. 12. 26	
	서울시장·시도지사선거	1960. 12. 29	
군사정부	제1차 국민투표	1962. 12. 17	85.3
	제5대 대통령선거	1963. 10. 15	85.0
제3공화국	제6대 국회의원선거	1963. 11. 26	72.1
	제6대 대통령선거	1967. 05. 03	85.0
	제7대 국회의원선거	1967. 06. 08	76.1
	제2차 국민투표	1969. 10. 17	77.1
	제7대 대통령선거	1971. 04. 27	79.8
	제8대 국회의원선거	1971. 05. 25	73.2

제4공화국	제3차 국민투표	1972. 11. 21	91.9
	제8대 대통령선거	1972. 12. 23	간접선거
	제9대 국회의원선거	1973. 02. 27	72.9
	제4차 국민투표	1975. 02. 12	79.8
	제9대 대통령선거	1978. 07. 06	간접선거
	제10대 국회의원선거	1978. 12. 12	77.1
	제10대 대통령선거	1979. 12. 06	간접선거
제5공화국	제11대 대통령선거	1980. 08. 27	간접선거
	제5차 국민투표	1980. 10. 22	95.5
	제12대 대통령선거	1981. 02. 25	간접선거
	제11대 국회의원선거	1981. 03. 25	78.4
	제12대 국회의원선거	1985. 02. 12	84.6
	제6차 국민투표	1987. 10. 27	78.2
노태우 정부	제13대 대통령선거	1987. 12. 16	89.2
	제13대 국회의원선거	1988. 04. 26	75.8
	구·시·군의회의원선거	1991. 03. 26	55.5
	시·도의회의원선거	1991. 06. 20	58.9
	제14대 국회의원선거	1992. 03. 24	71.9
	제14대 대통령선거	1992. 12. 18	81.9
김영삼 정부	제1회 전국동시지방선거	1995. 06. 27	68.4
	제15대 국회의원선거	1996. 04. 11	63.9
	제15대 대통령선거	1997. 12. 18	80.7
김대중 정부	제2회 전국동시지방선거	1998. 06. 04	52.7
	제16대 국회의원선거	2000. 04. 13	57.2
	제3회 전국동시지방선거	2002. 06. 13	48.9
	제16대 대통령선거	2002. 12. 19	70.8
노무현 정부	제17대 국회의원선거	2004. 04. 15	60.6
	제4회 전국동시지방선거	2006. 05. 31	51.6
	제17대 대통령선거	2007. 12. 19	63.0

<부록 4> 역대 국회의원 선거제도

<table>
<tr><th></th><th>제1대</th><th>제2대</th><th>제3대</th><th>제4대</th><th>제5대</th></tr>
<tr><td>정부형태</td><td colspan="2">대통령 의회 선출제</td><td colspan="2">대통령 직선제</td><td>의회제</td></tr>
<tr><td>선거구제</td><td colspan="5">1선거구 1인 선출제</td></tr>
<tr><td>의원임기</td><td>2년</td><td colspan="3">4년</td><td>민의원:4년
참의원:6년</td></tr>
<tr><td>총의석수</td><td>200</td><td>210</td><td>203</td><td colspan="2">233</td></tr>
<tr><td>지역구의석수</td><td>200</td><td>210</td><td>203</td><td colspan="2">233</td></tr>
<tr><td>전국구의석수</td><td colspan="5">없음</td></tr>
<tr><td>전국구
의석배분방식</td><td colspan="5">없음</td></tr>
<tr><td>선거운동기간</td><td colspan="3">41일</td><td colspan="2">31일</td></tr>
<tr><td>후보출마방식</td><td colspan="5">선거인 추천제</td></tr>
<tr><td>기타</td><td>유권자
등록제</td><td colspan="2">–</td><td>기탁금제
도입</td><td>부재자투표
도입</td></tr>
<tr><th></th><th>제6대</th><th>제7대</th><th>제8대</th><th>제9대</th><th>제10대</th></tr>
<tr><td>정부형태</td><td colspan="3">대통령 직선제</td><td colspan="2">대통령 간선제(선거인단)</td></tr>
<tr><td>선거구제</td><td colspan="3">1선거구 1인 선출제</td><td colspan="2">1선거구 2인 선출제</td></tr>
<tr><td>의원임기</td><td colspan="3">지역구: 4년 전국구: 4년</td><td colspan="2">지역구: 6년, 전국구: 3년</td></tr>
<tr><td>총의석수</td><td colspan="2">175</td><td>204</td><td>219</td><td>231</td></tr>
<tr><td>지역구의석수</td><td colspan="2">131</td><td>153</td><td>146</td><td>154</td></tr>
<tr><td>전국구의석수</td><td colspan="2">44</td><td>51</td><td>73</td><td>77</td></tr>
<tr><td>전국구
의석배분방식</td><td colspan="3">제1당이 과반의석 미달일 경우 1/2
우선배분, 나머지 의석율 기준 배분</td><td colspan="2">통일주체국민회의
간접선거</td></tr>
<tr><td>선거운동기간</td><td colspan="2">31일</td><td>23일</td><td colspan="2">19일</td></tr>
<tr><td>후보출마방식</td><td colspan="3">정당추천제</td><td colspan="2">정당추천제, 본인등록제</td></tr>
<tr><td>기타</td><td colspan="3">무소속 출마금지, 중앙선거관리위원회
헌법기관화(1962년 헌법개정)</td><td colspan="2">통일주체국민회의,
2,000~5,000명 구성</td></tr>
</table>

	제11대	제12대	제13대	제14대	제15대
정부형태	대통령간선제(선거인단)		대통령 직선제		
선거구제	1선거구 2인 선출제		1선거구 1인 선출제		
의원임기	지역구: 4년, 전국구: 4년				
총의석수	276		299		
지역구의석수	184		224	237	253
전국구의석수	92		75	62	46
전국구 의석배분방식	제1당 2/3배분, 나머지 의석율 기준 배분		의석율 기준, 5%이상 득표나 5석 이상 획득한 정당		지역구 득표율 기준
선거운동기간	19일			18일	17일
후보출마방식	정당추천제, 선거인추천제				
기타					

	제16대	제17대	제18대
정부형태	대통령 직선제		
선거구제	1선거구 1인 선출제		
의원임기	지역구: 4년, 전국구: 4년		
총의석수	273	299	299
지역구의석수	227	243	245
전국구의석수	46	56	54
전국구 의석배분방식	지역구 득표율 기준	정당투표 득표율 기준	
선거운동기간	17일	13일	
후보출마방식	정당추천제, 선거인추천제		
기타	–	1인 2표제 도입	–

<부록 5> 역대 대통령 선거 득표율(총투표수 기준 vs. 유효투표수 기준): 2~7대

	대수	2대	3대	4대	5대	6대	7대
	연도	1952	1956	1960	1963	1967	1971
총투표수 기준	소속	자유당	자유당	자유당	민주 공화당	민주 공화당	민주 공화당
	후보자	이승만	이승만	이승만	박정희	박정희	박정희
	득표율	72.0	55.7	88.7	42.6	48.8	51.1
	소속	무소속	무소속	민주당	민정당	신민당	신민당
	후보자	조봉암	조봉암	조병옥	윤보선	윤보선	김대중
	득표율	11.0	23.9	0.0	41.2	38.9	43.5
	소속	무소속	민주당		추풍회	정의당	국민당
	후보자	이시영	신익희		오재영	이세진	박기출
	득표율	10.5	0.0		3.7	0.8	0.4
	소속	무소속			정민회	한국 독립당	자민당
	후보자	신흥우			변영태	전진한	이종윤
	득표율	3.0			2.0	2.0	0.1
	소속				신흥당	민중당	정의당
	후보자				장이석	김준연	진복기
	득표율				1.8	2.1	1.0
	소속					통한당	
	후보자					오재영	
	득표율					2.3	
	무효투표율	3.5	20.5	11.3	8.7	5.0	4.0

	대수	2대	3대	4대	5대	6대	7대
	연도	1952	1956	1960	1963	1967	1971
유효 투표수 기준	소속	자유당	자유당	자유당	민주공화당	민주공화당	민주공화당
	후보자	이승만	이승만	이승만	박정희	박정희	박정희
	득표율	74.6	70.0	100.0	46.6	51.4	53.2
	소속	무소속	무소속	민주당	민정당	신민당	신민당
	후보자	조봉암	조봉암	조병옥	윤보선	윤보선	김대중
	득표율	11.4	30.0	0.0	45.1	40.9	45.3
	소속	무소속	민주당		추풍회	정의당	국민당
	후보자	이시영	신익희		오재영	이세진	박기출
	득표율	10.9	0.0		4.1	0.9	0.4
	소속	무소속			정민회	한국독립당	자민당
	후보자	신흥우			변영태	전진한	이종윤
	득표율	3.1			2.2	2.1	0.1
	소속				신흥당	민중당	정의당
	후보자				장이석	김준연	진복기
	득표율				2.0	2.1	1.0
	소속					통한당	
	후보자					오재영	
	득표율					2.4	

<부록 6> 역대 대통령 선거 득표율(유효투표수 기준): 13~17대

대수	13대	14대	15대	16대	17대
연도	1987	1992	1997	2002	2007
소속	민주정의당	민주자유당	한나라당	한나라당	한나라당
후보자	노태우	김영삼	이회창	이회창	이명박
득표율	36.6	42.0	38.7	46.6	48.7
소속	통일민주당	민주당	국민회의	민주당	대통합 민주신당
후보자	김영삼	김대중	김대중	노무현	정동영
득표율	28.0	33.8	40.3	48.9	26.1
소속	평화민주당	국민당	국민신당	민주노동당	민주당
후보자	김대중	정주영	이인제	권영길	이인제
득표율	27.0	16.3	19.2	3.9	0.7
소속	신민주공화당	신정당	국민승리21	하나로연합	민주노동당
후보자	김종필	박찬종	권영길	이한동	권영길
득표율	8.1	6.4	1.2	0.3	3.0
소속	한국당	정의당	공화당	사회당	창조한국당
후보자	신정일	이병호	허경영	김영규	문국현
득표율	0.2	0.2	0.2	0.1	5.8
소속		무소속	바른정치연합	호국당	경제공화당
후보자		김옥선	김한식	김길수	허경영
득표율		0.4	0.2	0.2	0.4
소속		무소속	한국당		한국사회당
후보자		백기완	신정일		금민
득표율		1.0	0.2		0.1
소속					참주인연합
후보자					정근모
득표율					0.1
소속					새시대 참사람연합
후보자					전 관
득표율					0.0
소속					무소속
후보자					이회창
득표율					15.1

<부록 7> 역대 국회의원 선거 정당(단체, 무소속) 득표율과 의석율

대수	제헌의회	2대	3대	4대	5대(민의원)
연도	1948	1950	1954	1958	1960
소속	대한독립촉성국민회	대한국민당	자유당	자유당	자유당
득표율	26.1	9.7	36.8	42.1	2.8
의석율	27.5	11.4	56.2	54.1	0.9
소속	한국민주당	민주국민당	민주국민당	민주당	민주당
득표율	13.5	9.8	7.9	34.0	41.7
의석율	14.5	11.4	7.4	33.9	75.1
소속	대동청년단	국민회	국민회	기타	사회대중당
득표율	9.6	6.8	2.6	2.3	6.0
의석율	6.0	6.7	1.5	0.4	1.7
소속	민족청년단	대한청년단	대한국민당		기타
득표율	2.2	3.3	1.0		2.7
의석율	3.0	4.8	1.5		1.3
소속	대한노총	대한노총	기타		
득표율	1.6	1.7	3.8		
의석율	1.0	1.4	0.0		
소속	기타	사회당			
득표율	6.7	1.3			
의석율	5.5	1.0			
소속		일민구락부			
득표율		1.0			
의석율		1.4			
소속		기타			
득표율		3.6			
의석율		1.9			
소속	무소속	무소속	무소속	무소속	무소속
득표율	40.3	62.9	47.9	21.7	46.8
의석율	42.5	60.0	33.5	11.6	21.0

대수	6대	7대	8대	9대	10대
연도	1963	1967	1971	1973	1978
소속	민주공화당	민주공화당	민주공화당	민주공화당	민주공화당
득표율	33.5	50.6	48.8	38.7	31.7
의석율	62.9	73.7	55.4	33.3	29.4
소속	민정당	신민당	신민당	신민당	신민당
득표율	20.1	32.7	44.4	32.5	32.8
의석율	23.4	25.7	43.6	23.7	26.4
소속	민주당	자유당	국민당	민주통일당	민주통일당
득표율	13.5	3.6	4.1	10.1	7.4
의석율	7.4	0.0	0.5	0.9	1.3
소속	국민의당	민주당	민중당	유신정우회	유신정우회
득표율	8.8	3.0	1.4	–	–
의석율	1.1	0.0	0.0	33.3	33.3
소속	자유민주당	민중당	통일사회당		
득표율	8.1	1.7	0.9		
의석율	5.1	0.0	0.0		
소속	자유당	정의당	대중당		
득표율	2.9	1.3	0.5		
의석율	0.0	0.0	0.0		
소속	신민회	대중당			
득표율	1.8	2.3			
의석율	0.0	0.0			
소속	신흥당	한국독립당			
득표율	2.0	2.2			
의석율	0.0	0.0			
소속	한국독립당	기타			
득표율	1.4	2.5			
의석율	0.0	0.0			
소속	보수당				
득표율	3.0				
의석율	0.0				
소속	정민회				
득표율	2.8				
의석율	0.0				
소속	추풍회				
득표율	2.0				
의석율	0.0				
소속				무소속	무소속
득표율				18.6	28.1
의석율				8.7	9.5

대수	11대	12대	13대	14대	15대	16대	17대
연도	1981	1985	1988	1992	1996	2000	2004
소속	민주정의당	민주정의당	민주정의당	민주자유당	신한국당	한나라당	한나라당
득표율	35.6	35.2	34.0	38.5	34.5	39.0	37.9 (35.8)
의석율	54.7	53.6	41.8	49.8	46.5	48.7	40.5
소속	민주한국당	신민당	통일민주당	민주당	국민회의	민주당	열린우리당
득표율	21.6	29.3	23.8	29.2	25.3	35.9	42.0 (38.3)
의석율	29.7	24.3	23.4	32.4	26.4	42.1	50.8
소속	한국국민당	민주한국당	평화민주당	통일국민당	통합민주당	자유민주연합	민주당
득표율	13.2	19.7	19.3	17.4	11.2	9.8	8.0(7.1)
의석율	9.1	12.7	19.7	10.4	5.0	6.2	3.0
소속	민주사회당	한국국민당	신민주공화당	신정치개혁당	자유민주연합	민주국민당	자유민주연합
득표율	3.2	9.2	15.6	1.8	16.2	3.7	2.7(2.8)
의석율	0.7	7.2	11.7	0.3	16.7	0.7	1.3
소속	민권당	신정사회당	한겨레민주당	민중당	기타	민주노동당	민주노동당
득표율	6.7	1.4	1.3	1.5	0.9	1.2	4.3(13.0)
의석율	0.7	0.4	0.3	0.0	0.0	0.0	3.3
소속	신정당	기타	기타	공명당		기타	통합21
득표율	4.2	1.2	1.2	0.1		1.1	0.3(0.6)
의석율	0.7	0.0	0.0	0.0		0.4	0.3
소속	민주농민당						기타
득표율	1.4						0.3(2.5)
의석율	0.4						0.0
소속	기타						
득표율	3.3						
의석율	0.4						
소속	무소속	무소속	무소속	무소속	무소속	무소속	무소속
득표율	10.7	3.3	4.8	11.5	11.8	9.4	4.6
의석율	3.6	1.4	3.0	7.0	5.4	1.8	0.7

* 17대 선거는 1인 2표제로 시행되었고, ( )안의 득표율은 비례대표 정당투표 득표율임.

<부록 8> 대한민국헌법

대한민국헌법

[전부개정 1962.12.26 헌법 제6호]

前文

悠久한 歷史와 傳統에 빛나는 우리 大韓國民은 3·1運動의 崇高한 獨立精神을 계승하고 4·19義擧와 5·16革命의 理念에 입각하여 새로운 民主共和國을 建設함에 있어서, 正義·人道와 同胞愛로써 民族의 團結을 공고히 하며 모든 社會的 弊習을 타파하고 民主主義 諸制度를 확립하여 政治·經濟·社會·文化의 모든 領域에 있어서 各人의 機會를 균등히 하고 義務를 완수하게 하여, 안으로는 國民生活의 균등한 向上을 期하고 밖으로는 항구적인 世界平和에 이바지함으로써 우리들과 우리들의 子孫의 安全과 自由와 幸福을 영원히 확보할 것을 다짐하여, 1948年 7月 12日에 制定된 憲法을 이제 國民投票에 의하여 改正한다.

第1章 總綱

第1條 ① 大韓民國은 民主共和國이다.

②大韓民國의 主權은 國民에게 있고, 모든 權力은 國民으로부터 나온다.

第2條 大韓民國의 國民의 要件은 法律로 정한다.

第3條 大韓民國의 領土는 韓半島와 附屬島嶼로 한다.

第4條 大韓民國은 國際平和의 維持에 노력하고 侵略的 戰爭을 否認한다.

第5條 ① 이 憲法에 의하여 締結·公布된 條約과 一般的으로 承認된 國際法規는 國內法과 같은 效力을 가진다.

② 外國人에 대하여는 國際法과 條約에 정한 바에 의하여 그 地位를 보장한다.

第6條 ① 公務員은 國民全體에 대한 奉仕者이며, 國民에 대하여 責任을 진다.

②公務員의 身分과 政治的 中立性은 法律이 정하는 바에 의하여 보장된다.

第7條 ① 政黨의 設立은 自由이며, 複數政黨制는 보장된다.

② 政黨은 그 組織과 活動이 民主的이어야 하며, 國民의 政治的 意思形成에 參與하는데 필요한 組織을 가져야 한다.

③ 政黨은 國家의 보호를 받는다. 다만, 政黨의 目的이나 活動이 民主的 基本

秩序에 違背될 때에는 政府는 大法院에 그 解散을 提訴할 수 있고, 政黨은 大法院의 判決에 의하여 解散된다.

第2章 國民의 權利와 義務

第8條 모든 國民은 人間으로서의 尊嚴과 價値를 가지며, 이를 위하여 國家는 國民의 基本的 人權을 最大限으로 보장할 義務를 진다.

第9條 ① 모든 國民은 法 앞에 平等하다. 누구든지 性別·宗敎 또는 社會的 身分에 의하여 政治的·經濟的·社會的·文化的 生活의 모든 領域에 있어서 差別을 받지 아니한다.

② 社會的 特殊階級의 制度는 인정되지 아니하며, 어떠한 形態로도 이를 創設할 수 없다.

③ 勳章등의 榮典은 이를 받은 者에게만 效力이 있고, 어떠한 特權도 이에 따르지 아니한다.

第10條 ① 모든 國民은 身體의 自由를 가진다. 누구든지 法律에 의하지 아니하고는 逮捕·拘禁·搜索·押收·審問 또는 處罰을 받지 아니하며, 刑의 宣告에 의하지 아니하고는 强制勞役을 당하지 아니한다.

② 모든 國民은 拷問을 받지 아니하며, 刑事上 자기에게 不利한 陳述을 强要당하지 아니한다.

③ 逮捕·拘禁·搜索·押收에는 檢察官의 申請에 의하여 法官이 發付한 令狀을 提示하여야 한다. 다만, 現行犯人인 경우와 長期 3年以上의 刑에 해당하는 罪를 犯하고 逃避 또는 證據湮滅의 염려가 있을 때에는 事後에 令狀을 請求할 수 있다.

④ 누구든지 逮捕·拘禁을 받은 때에는 즉시 辯護人의 助力을 받을 權利를 가진다. 다만, 法律이 정하는 경우에 刑事被告人이 스스로 辯護人을 구할 수 없을 때에는 國家가 辯護人을 붙인다.

⑤ 누구든지 逮捕·拘禁을 받은 때에는 適否의 審査를 法院에 請求할 權利를 가진다. 私人으로부터 身體의 自由의 不法한 侵害를 받은 때에도 法律이 정하는 바에 의하여 救濟를 法院에 請求할 權利를 가진다.

⑥ 被告人의 自白이 拷問·暴行·脅迫·拘束의 부당한 長期化 또는 欺罔 기타의 方法에 의하여 自意로 陳述된 것이 아니라고 인정될 때, 또는 被告人의 自白이 그에게 不利한 唯一한 證據인 때에는, 이를 有罪의 證據로 삼거나 이를

理由로 處罰할 수 없다.

第11條 ① 모든 國民은 行爲時의 法律에 의하여 犯罪를 構成하지 아니하는 行爲로 訴追되지 아니하며, 同一한 犯罪에 대하여 거듭 處罰받지 아니한다.

② 모든 國民은 遡及立法에 의하여 參政權의 制限 또는 財産權의 剝奪을 받지 아니한다.

第12條 모든 國民은 居住·移轉의 自由를 가진다.

第13條 모든 國民은 職業選擇의 自由를 가진다.

第14條 모든 國民은 住居의 侵入을 받지 아니한다. 住居에 대한 搜索이나 押收에는 法官의 令狀을 提示하여야 한다.

第15條 모든 國民은 通信의 秘密을 侵害받지 아니한다.

第16條 ① 모든 國民은 宗敎의 自由를 가진다.

② 國敎는 인정되지 아니하며, 宗敎와 政治는 分離된다.

第17條 모든 國民은 良心의 自由를 가진다.

第18條 ① 모든 國民은 言論·出版의 自由와 集會·結社의 自由를 가진다.

② 言論·出版에 대한 許可나 檢閱과 集會·結社에 대한 許可는 인정되지 아니한다. 다만, 公衆道德과 社會倫理를 위하여는 映畵나 演藝에 대한 檢閱을 할 수 있다.

③ 新聞이나 通信의 發行施設基準은 法律로 정할 수 있다.

④ 屋外集會에 대하여는 그 時間과 場所에 관한 規制를 法律로 정할 수 있다.

⑤ 言論·出版은 他人의 名譽나 權利 또는 公衆道德이나 社會倫理를 侵害하여서는 아니된다.

第19條 ① 모든 國民은 學問과 藝術의 自由를 가진다.

② 著作者·發明家와 藝術家의 權利는 法律로써 보호한다.

第20條 ① 모든 國民의 財産權은 보장된다. 그 內容과 限界는 法律로 定한다.

② 財産權의 行使는 公共福利에 적합하도록 하여야 한다.

③ 公共必要에 의한 財産權의 收用·使用 또는 制限은 法律로써 하되 정당한 補償을 支給하여야 한다.

第21條 모든 國民은 20歲가 되면 法律이 정하는 바에 의하여 公務員選擧權을 가진다.

第22條 모든 國民은 法律이 정하는 바에 의하여 公務擔任權을 가진다.

第23條 ① 모든 國民은 法律이 정하는 바에 의하여 國家機關에 文書로 請願할 權利를 가진다.

② 國家는 請願에 대하여 審査할 義務를 진다.

第24條 ① 모든 國民은 憲法과 法律에 정한 法官에 의하여 法律에 의한 裁判을 받을 權利를 가진다.

② 軍人 또는 軍屬이 아닌 國民은 大韓民國의 領域안에서는 軍事에 관한 間諜罪의 경우와, 哨兵·哨所·有害飮食物供給·捕虜에 관한 罪 中 法律에 정한 경우, 및 非常戒嚴이 宣布된 경우를 제외하고는, 軍法會議의 裁判을 받지 아니한다.

③ 모든 國民은 신속한 裁判을 받을 權利를 가진다. 刑事被告人은 상당한 理由가 없는 限 지체없이 公開裁判을 받을 權利를 가진다.

第25條 刑事被告人으로서 拘禁되었던 者가 無罪判決을 받은 때에는 法律이 정하는 바에 의하여 國家에 補償을 請求할 수 있다.

第26條 公務員의 職務上 不法行爲로 損害를 받은 國民은 國家 또는 公共團體에 賠償을 請求할 수 있다. 그러나, 公務員 자신의 責任은 免除되지 아니한다.

第27條 ① 모든 國民은 能力에 따라 균등하게 敎育을 받을 權利를 가진다.

② 모든 國民은 그 보호하는 어린이에게 初等敎育을 받게 할 義務를 진다.

③ 義務敎育은 無償으로 한다.

④ 敎育의 自主性과 政治的 中立性은 보장되어야 한다.

⑤ 敎育制度와 그 運營에 관한 基本的인 事項은 法律로 정한다.

第28條 ① 모든 國民은 勤勞의 權利를 가진다. 國家는 社會的·經濟的 方法으로 勤勞者의 雇傭의 增進에 노력하여야 한다.

② 모든 國民은 勤勞의 義務를 진다. 國家는 勤勞의 義務의 內容과 條件을 民主主義原則에 따라 法律로 정한다.

③ 勤勞條件의 基準은 法律로 정한다.

④ 女子와 少年의 勤勞는 특별한 보호를 받는다.

第29條 ① 勤勞者는 勤勞條件의 향상을 위하여 自主的인 團結權·團體交涉權 및 團體行動權을 가진다.

② 公務員인 勤勞者는 法律로 인정된 者를 제외하고는 團結權·團體交涉權 및 團體行動權을 가질 수 없다.

第30條 ① 모든 國民은 人間다운 生活을 할 權利를 가진다.

② 國家는 社會保障의 增進에 노력하여야 한다.

③ 生活能力이 없는 國民은 法律이 정하는 바에 의하여 國家의 보호를 받는다.

第31條 모든 國民은 婚姻의 純潔과 保健에 관하여 國家의 보호를 받는다.

第32條 ① 國民의 自由와 權利는 憲法에 列擧되지 아니한 理由로 輕視되지 아니한다.
② 國民의 모든 自由와 權利는 秩序維持 또는 公共福利를 위하여 필요한 경우에 限하여 法律로써 制限할 수 있으며, 制限하는 경우에도 自由와 權利의 本質的인 內容을 侵害할 수 없다.

第33條 모든 國民은 法律이 정하는 바에 의하여 納稅의 義務를 진다.

第34條 모든 國民은 法律이 정하는 바에 의하여 國防의 義務를 진다.

第3章 統治機構

第1節 國會

第35條 立法權은 國會에 속한다.

第36條 ① 國會는 國民의 普通·平等·直接·秘密選擧에 의하여 選出된 議員으로 構成한다.
② 國會議員의 數는 150人以上 200人以下의 範圍안에서 法律로 정한다.
③ 國會議員 候補가 되려하는 者는 所屬政黨의 추천을 받아야 한다.
④ 國會議員의 選擧에 관한 事項은 法律로 정한다.

第37條 國會議員의 任期는 4年으로 한다.

第38條 國會議員은 任期中 黨籍을 離脫하거나 變更한 때 또는 所屬政黨이 解散된 때에는 그 資格이 喪失된다. 다만, 合黨 또는 除名으로 所屬이 달라지는 경우에는 例外로 한다.

第39條 國會議員은 大統領·國務總理·國務委員·地方議會議員 기타 法律이 정하는 公私의 職을 겸할 수 없다.

第40條 國會議員은 그 地位를 濫用하여 國家·公共團體 또는 法律이 정하는 企業體와의 契約 또는 그 處分에 의하여 財産上의 權利나 利益 또는 職位를 取得하거나 他人을 위하여 그 取得을 알선할 수 없다.

第41條 ① 國會議員은 現行犯人인 경우를 제외하고는 會期中 國會의 同意 없이 逮捕 또는 拘禁되지 아니한다.
② 國會議員이 會期前에 逮捕 또는 拘禁된 때에는 現行犯人이 아닌 限 國會의 要求가 있으면 會期中 釋放된다.

第42條 國會議員은 國會에서 職務上 행한 發言과 表決에 관하여 國會外에서 責任을 지지 아니한다.

第43條 ① 國會의 定期會는 法律이 정하는 바에 의하여 每年 1回 集會된다.

② 緊急한 필요가 있을 때에는 大統領 또는 國會在籍議員 4分의 1以上의 要求에 의하여 國會議長은 國會의 臨時會의 集會를 公告한다.

③ 定期會의 會期는 120日을, 臨時會의 會期는 30日을 초과할 수 없다.

第44條 國會는 議長 1人과 副議長 2人을 選擧한다.

第45條 國會는 憲法 또는 法律에 특별한 規定이 없는 限 그 在籍議員 過半數의 出席과 出席議員 過半數의 贊成으로 議決한다. 可否 同數인 때에는 否決된 것으로 본다.

第46條 國會의 會議는 公開한다. 다만, 出席議員 過半數의 贊成으로 公開하지 아니할 수 있다.

第47條 國會에 提出된 法律案 기타의 議案은 會期中에 議決되지 못한 理由로 폐기되지 아니한다. 다만, 國會議員의 任期가 滿了된 때에는 例外로 한다.

第48條 國會議員과 政府는 法律案을 提出할 수 있다.

第49條 ① 國會에서 議決된 法律案은 政府에 移送되어 15日以內에 大統領이 公布한다.

② 法律案에 異議가 있을 때에는 大統領은 前項의 期間안에 異議書를 붙여 國會로 還付하고 그 再議를 要求할 수 있다. 國會의 閉會中에도 또한 같다.

③ 大統領은 法律案의 一部에 대하여, 또는 法律案을 修正하여 再議를 要求할 수 없다.

④ 再議의 要求가 있을 때에는 國會는 再議에 붙이고 在籍議員 過半數의 出席과 出席議員 3分의 2以上의 贊成으로 前과 같은 議決을 하면 그 法律案은 法律로서 確定된다.

⑤ 大統領이 第1項의 期間안에 公布나 再議의 要求를 하지 아니한 때에도 그 法律案은 法律로서 確定된다.

⑥ 大統領은 第4項과 第5項의 規定에 의하여 確定된 法律을 지체없이 公布하여야 한다. 前項에 의하여 法律이 確定된 後 또는 第4項에 의한 確定法律이 政府에 移送된 後 5日以內에 大統領이 公布하지 아니할 때에는 國會議長이 이를 公布한다.

⑦ 法律은 특별한 規定이 없는 限 公布한 날로부터 20日을 경과함으로써 效力을 발생한다.

第50條 ① 國會는 國家의 豫算案을 審議·確定한다.

② 政府는 會計年度마다 豫算案을 編成하여 會計年度 開始 120日前까지 國會

에 提出하고, 國會는 會計年度 開始 30日前까지 이를 議決하여야 한다.

③ 前項의 期間안에 豫算案이 議決되지 못한 때에는 政府는 國會에서 豫算案이 議決될 때까지 다음 各號의 經費를 歲入의 範圍안에서 前年度 豫算에 準하여 支出할 수 있다.

1. 公務員의 報酬와 事務處理에 필요한 基本經費
2. 憲法이나 法律에 의하여 設置된 機關 또는 施設의 維持費와 法律上 支出의 義務가 있는 經費
3. 이미 豫算上 承認된 繼續費

第51條 ① 한 會計年度를 넘어 계속하여 支出할 필요가 있을 때에는 政府는 年限을 정하여 繼續費로서 國會의 議決을 얻어야 한다.

② 豫測할 수 없는 豫算外의 支出 또는 豫算超過支出에 충당하기 위한 豫備費는 미리 國會의 議決을 얻어야 한다. 豫備費의 支出은 次期國會의 承認을 얻어야 한다.

第52條 豫算成立後에 생긴 事由로 인하여 豫算에 變更을 加할 필요가 있을 때에는, 政府는 追加更正豫算案을 編成하여 國會에 提出할 수 있다.

第53條 國會는 政府의 同意없이 政府가 提出한 支出豫算 各項의 金額을 增加하거나 새 費目을 設置할 수 없다.

第54條 國債를 모집하거나 豫算外에 國家의 負擔이 될 契約을 締結하려 할 때에는, 政府는 미리 國會의 議決을 얻어야 한다.

第55條 租稅의 種目과 稅率은 法律로 정한다.

第56條 ① 國會는 相互援助 또는 安全保障에 관한 條約, 國際組織에 관한 條約, 通商條約, 漁業條約, 講和條約, 國家나 國民에게 財政的 負擔을 지우는 條約, 外國軍隊의 地位에 관한 條約 또는 立法事項에 관한 條約의 締結·批准에 대한 同意權을 가진다.

② 宣戰布告, 國軍의 外國에의 派遣 또는 外國軍隊의 大韓民國領域안에서의 駐留에 대하여도 國會는 同意權을 가진다.

第57條 國會는 國政을 監査하며, 이에 필요한 書類의 提出, 證人의 出席과 證言이나 意見의 陳述을 要求할 수 있다. 다만, 裁判과 進行中인 犯罪搜査·訴追에 간섭할 수 없다.

第58條 國務總理·國務委員 또는 政府委員은 國會나 그 委員會에 출석하여 國政處理狀況을 보고하거나 意見을 陳述하고 質問에 응답할 수 있으며, 國會나 그 委員會 또는 國會議員 30人以上의 要求가 있을 때에는 出席·答辯하여야 한다.

第59條 ① 國會는 國務總理 또는 國務委員의 解任을 大統領에게 建議할 수 있다.

② 前項의 建議는 在籍議員 過半數의 贊成이 있어야 한다.

③ 第1項과 第2項에 의한 建議가 있을 때에는 大統領은 특별한 事由가 없는 限 이에 응하여야 한다.

第60條 ① 國會는 法律에 저촉되지 아니하는 範圍안에서 議事와 內部規律에 관한 規則을 制定할 수 있다.

② 國會는 議員의 資格을 審査하며 議員을 懲戒할 수 있다.

③ 議員을 除名하려면 在籍議員 3分의 2以上의 贊成이 있어야 한다.

④ 第2項과 第3項의 處分에 대하여는 法院에 提訴할 수 없다.

第61條 ① 大統領·國務總理·國務委員·行政各部의 長·法官·中央選擧管理委員會委員·監査委員 기타 法律에 정한 公務員이 그 職務執行에 있어서 憲法이나 法律을 違背한 때에는 國會는 彈劾의 訴追를 議決할 수 있다.

② 前項의 彈劾訴追는 國會議員 30人以上의 發議가 있어야 하며, 그 議決은 在籍議員 過半數의 贊成이 있어야 한다.

③ 彈劾訴追의 議決을 받은 者는 彈劾決定이 있을 때까지 그 權限行使가 정지된다.

第62條 ① 彈劾事件을 審判하기 위하여 彈劾審判委員會를 둔다.

② 彈劾審判委員會는 大法院長을 委員長으로 하고 大法院判事 3人과 國會議員 5人의 委員으로 構成한다. 다만, 大法院長을 審判할 경우에는 國會議長이 委員長이 된다.

③ 彈劾決定에는 構成員 6人以上의 贊成이 있어야 한다.

④ 彈劾決定은 公職으로부터 罷免함에 그친다. 그러나, 이에 의하여 民事上이나 刑事上의 責任이 免除되지는 아니한다.

⑤ 彈劾審判에 관한 事項은 法律로 정한다.

第2節 政府

第1款 大統領

第63條 ① 行政權은 大統領을 首班으로 하는 政府에 속한다.

② 大統領은 外國에 대하여 國家를 代表한다.

第64條 ① 大統領은 國民의 普通·平等·直接·秘密選擧에 의하여 選出한다. 다만,

大統領이 闕位된 경우에 殘任 期間이 2年未滿인 때에는 國會에서 選擧한다.

② 大統領으로 選擧될 수 있는 者는 國會議員의 被選擧權이 있고 選擧日 現在 계속하여 5年以上 國內에 居住하고 40歲에 達하여야 한다. 이 경우에 公務로 外國에 派遣된 期間은 國內 居住期間으로 본다.

③ 大統領候補가 되려 하는 者는 所屬政黨의 추천을 받아야 한다.

④ 大統領選擧에 관한 事項은 法律로 정한다.

第65條 ① 國民이 大統領을 選擧하는 경우에 最高得票者가 2人以上인 때에는 國會의 在籍議員 過半數가 출석한 公開會議에서 多數票를 얻은 者를 當選者로 한다.

② 大統領 候補者가 1人일 때에는 그 得票數가 選擧權者 總數의 3分의 1以上이 아니면 大統領으로 當選될 수 없다.

第66條 ① 國會가 大統領을 選擧하는 경우에는 在籍議員 3分의 2以上의 出席과 出席議員 3分의 2以上의 贊成을 얻은 者를 大統領 當選者로 한다.

② 前項의 得票者가 없는 때에는 2次 投票를 하고, 2次 投票에도 前項의 得票者가 없는 때에는 最高得票者가 1人이면 最高得票者와 次點者에 對하여, 最高得票者가 2人以上이면 最高得票者에 대하여, 決選投票를 함으로써 多數得票者를 大統領 當選者로 한다.

第67條 ① 大統領의 任期가 滿了되는 때에는 任期滿了 70日 乃至 40日前에 後任者를 選擧한다.

② 大統領이 闕位된 때에는 즉시 後任者를 選擧한다. 大統領 當選者가 死亡하거나 判決 기타의 事由로 그 資格을 喪失한 때에도 또한 같다.

第68條 ① 大統領은 就任에 즈음하여 다음의 宣誓를 한다.

"나는 國憲을 遵守하고 國家를 保衛하며 國民의 自由와 福利의 增進에 노력하여 大統領으로서의 職責을 성실히 수행할 것을 國民앞에 엄숙히 宣誓합니다."

② 前項의 宣誓에는 國會議員과 大法院의 法官이 참석한다.

第69條 ① 大統領의 任期는 4年으로 한다.

② 大統領이 闕位된 경우의 後任者는 前任者의 殘任期間 中 在任한다.

③ 大統領은 1次에 限하여 重任할 수 있다.

第70條 大統領이 闕位되거나 事故로 인하여 職務를 수행할 수 없을 때에는 國務總理, 法律에 정한 國務委員의 順位로 그 權限을 代行한다.

第71條 大統領은 條約을 締結·批准하고 外交使節을 信任接受 또는 派遣하며 宣戰

布告와 講和를 한다.

第72條 ① 大統領은 憲法과 法律이 정하는 바에 의하여 國軍을 統帥한다.

② 國軍의 組織과 編成은 法律로 정한다.

第73條 ① 內憂·外患·天災·地變 또는 중대한 財政·經濟上의 危機에 있어서 公共의 安寧秩序를 維持하기 위하여 緊急한 措置가 필요하고 國會의 集會를 기다릴 여유가 없을 때에 限하여, 大統領은 最少限으로 필요한 財政·經濟上의 處分을 하거나 이에 관하여 法律의 效力을 가지는 命令을 發할 수 있다.

② 國家의 安危에 관계되는 중대한 交戰狀態에 있어서 國家를 保衛하기 위하여 緊急한 措置가 필요하고 國會의 集會가 불가능한 때에 限하여, 大統領은 法律의 效力을 가지는 命令을 發할 수 있다.

③ 第1項과 第2項의 命令 또는 處分은 지체없이 國會에 보고하여 그 承認을 얻어야 한다.

④ 前項의 承認을 얻지 못한 때에는 그 命令 또는 處分은 그 때부터 效力을 喪失한다. 다만, 그 命令에 의하여 改正 또는 廢止되었던 法律은 그 命令이 承認을 얻지 못한 때부터 당연히 效力을 회복한다.

⑤ 大統領은 第3項과 第4項의 事由를 지체없이 公布하여야 한다.

第74條 大統領은 法律에서 具體的으로 範圍를 정하여 委任받은 事項과 法律을 執行하기 위하여 필요한 事項에 관하여 大統領令을 發할 수 있다.

第75條 ① 大統領은 戰時·事變 또는 이에 準하는 國家非常事態에 있어서 兵力으로써 軍事上의 필요 또는 公共의 安寧秩序를 維持할 필요가 있을 때에는 法律이 정하는 바에 의하여 戒嚴을 宣布할 수 있다.

② 戒嚴은 非常戒嚴과 警備戒嚴으로 한다.

③ 戒嚴이 宣布된 때에는 法律이 정하는 바에 의하여 令狀制度, 言論·出版·集會·結社의 自由, 政府나 法院의 權限에 관하여 특별한 措置를 할 수 있다.

④ 戒嚴을 宣布한 때에는 大統領은 지체없이 國會에 통고하여야 한다.

⑤ 國會가 戒嚴의 解除를 要求한 때에는 大統領은 이를 解除하여야 한다.

第76條 大統領은 憲法과 法律이 정하는 바에 의하여 公務員을 任命한다.

第77條 ① 大統領은 法律이 정하는 바에 의하여 赦免·減刑·復權을 命할 수 있다.

② 一般赦免을 命하려면 國會의 同意를 얻어야 한다.

③ 赦免·減刑·復權에 관한 事項은 法律로 정한다.

第78條 大統領은 法律이 정하는 바에 의하여 勳章 기타의 榮典을 수여한다.

第79條 大統領은 國會에 출석하여 發言하거나 書翰으로 의견을 표시할 수 있다.

第80條 大統領의 國法上 行爲는 文書로써 하며, 이 文書에는 國務總理와 關係國務委員이 副署한다. 軍事에 관한 것도 또한 같다.

第81條 大統領은 國務總理·國務委員·行政各部의 長 기타 法律이 정하는 公私의 職을 겸하거나 營業에 종사할 수 없다.

第82條 大統領은 內亂 또는 外患의 罪를 犯한 경우를 제외하고는 在職中 刑事上의 訴追를 받지 아니한다.

第2款 國務會議

第83조 ① 國務會議는 政府의 權限에 속하는 중요한 政策을 審議한다.

② 國務會議는 大統領·國務總理와 10人以上 20人以下의 國務委員으로 構成한다.

第84條 ① 國務總理는 大統領이 任命하고, 國務委員은 國務總理의 提請으로 大統領이 任命한다.

② 軍人은 現役을 免한 後가 아니면 國務總理 또는 國務委員으로 任命될 수 없다.

③ 國務總理는 國務委員의 解任을 大統領에게 建議할 수 있다.

第85條 ① 大統領은 國務會議의 議長이 된다.

② 國務總理는 大統領을 補佐하고 國務會議의 副議長이 된다.

第86條 다음 事項은 國務會議의 審議를 거쳐야 한다.

1. 國政의 基本的 計劃과 政府의 一般政策
2. 宣戰·講和 기타 중요한 對外政策
3. 條約案·法律案과 大統領令案
4. 豫算案·決算·國有財産處分의 基本計劃, 國家의 負擔이 될 契約 기타 財政에 관한 重要事項
5. 戒嚴과 解嚴
6. 軍事에 관한 重要事項
7. 國會의 臨時會 集會의 要求
8. 榮典授與
9. 赦免·減刑과 復權
10. 行政各部間의 權限의 劃定
11. 政府안의 權限의 委任 또는 配定에 관한 基本計劃

12. 國政處理 狀況의 評價·分析
13. 行政各部의 중요한 政策의 樹立과 調整
14. 政黨解散의 提訴
15. 政府에 提出 또는 廻付된 政府의 政策에 관계되는 請願의 審査
16. 檢察總長·國立大學校總長·大使·各軍參謀總長·海兵隊司令官·公使 기타 法律에 정한 公務員과 중요한 國營企業體管理者의 任命
17. 기타 大統領·國務總理 또는 國務委員이 提出한 事項

第87條 ① 國家安全保障에 관련되는 對外政策·軍事政策과 國內政策의 樹立에 관하여 國務會議의 審議에 앞서 大統領의 諮問에 응하기 위하여 國家安全保障會議를 둔다.

② 國家安全保障會議는 大統領이 主宰한다.

③ 國家安全保障會議의 組織·職務範圍 기타 필요한 事項은 法律로 정한다.

第3款 行政各部

第88條 行政各部의 長은 國務委員中에서 國務總理의 提請으로 大統領이 任命한다.

第89條 國務總理는 行政에 관하여 大統領의 命을 받아 行政各部를 統轄한다.

第90條 國務總理 또는 行政各部의 長은 所管事務에 관하여 法律이나 大統領令의 委任 또는 職權으로 總理令 또는 部令을 發할 수 있다.

第91條 行政各部의 設置·組織과 職務範圍는 法律로 정한다.

第4款 監査院

第92條 國家의 歲入·歲出의 決算, 國家 및 法律에 정한 團體의 會計 檢査와 行政機關 및 公務員의 職務에 관한 監察을 하기 위하여 大統領所屬下에 監査院을 둔다.

第93條 ① 監査院은 院長을 포함한 5人以上 11人以下의 監査委員으로 構成한다.

② 院長은 國會의 同意를 얻어 大統領이 任命하며, 그 任期는 4年으로 하되 1次에 限하여 連任될 수 있다.

③ 院長이 闕位된 경우에 任命된 後任者의 任期는 前任者의 殘任期間으로 한다.

④ 監査委員은 院長의 提請으로 大統領이 任命하며, 그 任期는 4年으로 하되 法律이 정하는 바에 依하여 連任될 수 있다.

第94條 監査院은 歲入·歲出의 決算을 每年 檢査하여 大統領과 次年度 國會에 그 결과를 보고하여야 한다.

第95條 監査院의 組織·職務範圍·監査委員의 資格·監査對象公務員의 範圍 기타 필요한 事項은 法律로 정한다.

第3節 法院

第96條 ① 司法權은 法官으로 組織된 法院에 속한다.

② 法院은 最高法院인 大法院과 各級法院으로 組織된다.

③ 法官의 資格은 法律로 정한다.

第97條 ① 大法院에 部를 둘 수 있다.

② 大法院의 法官의 數는 16人以下로 한다.

③ 大法院과 各級法院의 組織은 法律로 정한다.

第98條 法官은 이 憲法과 法律에 의하여 그 良心에 따라 獨立하여 審判한다.

第99條 ① 大法院長인 法官은 法官推薦會議의 提請에 의하여 大統領이 國會의 同意를 얻어 任命한다. 大統領은 法官推薦會議의 提請이 있으면 國會에 同意를 要請하고, 國會의 同意를 얻으면 任命하여야 한다.

② 大法院判事인 法官은 大法院長이 法官推薦會議의 同意를 얻어 提請하고 大統領이 任命한다. 이 경우에 提請이 있으면 大統領은 이를 任命하여야 한다.

③ 大法院長과 大法院判事가 아닌 法官은 大法院判事會議의 議決을 거쳐 大法院長이 任命한다.

④ 法官推薦會議는 法官 4人, 辯護士 2人, 大統領이 指名하는 法律學教授 1人, 法務部長官과 檢察總長으로 構成한다.

⑤ 法官推薦會議에 관하여 필요한 事項은 法律로 정한다.

第100條 ① 大法院長인 法官의 任期는 6年으로 하며 連任될 수 없다.

② 法官의 任期는 10年으로 하며 法律이 정하는 바에 의하여 連任될 수 있다.

③ 法官의 停年은 65歲로 한다.

第101條 ① 法官은 彈劾 또는 刑罰에 의하지 아니하고는 罷免되지 아니하며, 懲戒處分에 의하지 아니하고는 停職·減俸 또는 불리한 處分을 받지 아니한다.

② 法官이 중대한 心身上의 障害로 職務를 수행할 수 없을 때에는 法律이 정하는 바에 의하여 退職하게 할 수 있다.

第102條 ① 法律이 憲法에 違反되는 與否가 裁判의 前提가 된 때에는 大法院은 이

를 最終的으로 審査할 權限을 가진다.

② 命令·規則·處分이 憲法이나 法律에 違反되는 與否가 裁判의 前提가 된 때에는 大法院은 이를 最終的으로 審査할 權限을 가진다.

第103條 政黨解散을 命하는 判決은 大法院 法官 定數의 5分의 3以上의 贊成을 얻어야 한다.

第104條 大法院은 法律에 저촉되지 아니하는 範圍안에서 訴訟에 관한 節次, 法院의 內部規律과 事務處理에 관한 規則을 制定할 수 있다.

第105條 裁判의 審理와 判決은 公開한다. 다만, 審理는 安寧秩序를 방해하거나 善良한 風俗을 害할 염려가 있을 때에는 法院의 決定으로 公開하지 아니할 수 있다.

第106條 ① 軍事裁判을 管轄하기 위하여 特別法院으로서 軍法會議를 둘 수 있다.

② 軍法會議의 上告審은 大法院에서 管轄한다.

③ 非常戒嚴下의 軍事裁判은 軍人·軍屬의 犯罪나 軍事에 관한 間諜罪의 경우와, 哨兵·哨所·有害飮食物供給·捕虜에 관한 罪 中 法律에 정한 경우에 限하여 單審으로 할 수 있다.

第4節 選擧管理

第107條 ① 選擧管理의 公正을 期하기 위하여 選擧管理委員會를 둔다.

② 中央選擧管理委員會는 大統領이 任命하는 2人, 國會에서 選出하는 2人과 大法院 判事會議에서 選出하는 5人의 委員으로 構成한다. 委員長은 委員中에서 互選한다.

③ 委員의 任期는 5年으로 하며 連任될 수 있다.

④ 委員은 政黨에 加入하거나 政治에 관여할 수 없다.

⑤ 委員은 彈劾 또는 刑罰에 의하지 아니하고는 罷免되지 아니한다.

⑥ 中央選擧管理委員會는 法令의 範圍안에서 選擧의 管理에 관한 規則을 制定할 수 있다.

⑦ 各級選擧管理委員會의 組織·職務範圍 기타 필요한 事項은 法律로 정한다.

第108條 ① 選擧運動은 各級選擧管理委員會의 管理下에 法律에 정한 範圍안에서 하되 균등한 機會가 보장되어야 한다.

② 選擧에 관한 經費는 法律이 정하는 경우를 제외하고는 政黨 또는 候補者에게 負擔시킬 수 없다.

第5節 地方自治

第109條 ① 地方自治團體는 住民의 福利에 관한 事務를 處理하고 財産을 管理하며 法令의 範圍안에서 自治에 관한 規定을 制定할 수 있다.

② 地方自治團體의 種類는 法律로 정한다.

第110條 ① 地方自治團體에는 議會를 둔다.

② 地方議會의 組織·權限·議員選擧와 地方自治團體의 長의 選任方法 기타 地方自治團體의 組織과 運營에 관한 事項은 法律로 정한다.

第4章 經濟

第111條 ① 大韓民國의 經濟秩序는 個人의 經濟上의 自由와 創意를 존중함을 基本으로 한다.

② 國家는 모든 國民에게 生活의 基本的 需要를 충족시키는 社會正義의 실현과 균형있는 國民經濟의 발전을 위하여 필요한 範圍안에서 經濟에 관한 規制와 調整을 한다.

第112條 鑛物 기타 중요한 地下資源·水産資源·水力과 經濟上 利用할 수 있는 自然力은 法律이 정하는 바에 의하여 一定한 期間 그 採取·開發 또는 利用을 特許할 수 있다.

第113條 農地의 小作制度는 法律이 정하는 바에 의하여 금지된다.

第114條 國家는 農地와 山地의 效率的 利用을 위하여 法律이 정하는 바에 의하여 그에 關한 필요한 制限과 義務를 課할 수 있다.

第115條 國家는 農民·漁民과 中小企業者의 自助를 基盤으로 하는 協同組合을 육성하고 그 政治的 中立性을 보장한다.

第116條 國家는 對外貿易을 육성하며 이를 規制·調整할 수 있다.

第117條 國防上 또는 國民經濟上 緊切한 필요로 인하여 法律에 정한 경우를 제외하고는, 私營企業을 國有 또는 公有로 移轉하거나 그 經營을 統制 또는 管理할 수 없다.

第118條 ① 國民經濟의 發展과 이를 위한 科學振興에 관련되는 중요한 政策樹立에 관하여 國務會議의 審議에 앞서 大統領의 諮問에 응하기 위하여 經濟·科學審議會議를 둔다.

② 經濟·科學審議會議는 大統領이 主宰한다.

③ 經濟·科學審議會議의 組織·職務範圍 기타 필요한 事項은 法律로 정한다.

第5章 憲法改正

第119條 ① 憲法改正의 提案은 國會의 在籍議員 3分의 1以上 또는 國會議員選擧權者 50萬人以上의 贊成으로써 한다.

② 提案된 憲法改正案은 大統領이 30日以上의 期間 이를 公告하여야 한다.

第120條 ① 國會는 憲法改正案이 公告된 날로부터 60日以內에 이를 議決하여야 한다.

② 憲法改正案에 대한 國會의 議決은 在籍議員 3分의 2以上의 贊成을 얻어야 한다.

第121條 ① 憲法改正案은 國會가 議決한 後 60日以內에 國民投票에 붙여 國會議員選擧權者 過半數의 投票와 投票者 過半數의 贊成을 얻어야 한다.

② 憲法改正案이 前項의 贊成을 얻은 때에는 憲法改正은 確定되며 大統領은 즉시 이를 公布하여야 한다.

附則 ＜제6호,1962.12.26＞

第1條 ① 이 憲法은 이 憲法에 의한 國會가 처음으로 集會한 날로부터 施行한다. 다만, 이 憲法을 施行하기 위하여 필요한 法律의 制定과 이 憲法에 의한 大統領·國會議員의 選擧 기타 準備는 이 憲法施行前에 할 수 있다.

② 國家再建非常措置法은 이 憲法의 施行과 동시에 그 效力을 喪失한다.

第2條 이 憲法에 의한 最初의 大統領과 國會議員의 選擧 및 最初의 國會의 集會는 이 憲法의 公布日로부터 1年以內에 한다. 이에 의하여 選擧된 大統領과 國會議員의 任期는 最初의 國會의 集會日로부터 開始되고 1967年 6月 30日에 終了된다.

第3條 國家再建非常措置法에 의거한 法令과 條約은 이 憲法에 違背되지 아니하는 限 그 效力을 持續한다.

第4條 ① 特殊犯罪處罰에關한特別法·不正選擧關聯者處罰法·政治活動淨化法 및 不正蓄財處理法과 이에 관련되는 法律은 그 效力을 持續하며 이에 대하여 異議를 할 수 없다.

② 政治活動淨化法 및 不正蓄財處理法과 이에 관련되는 法律은 이를 改廢할

수 없다.

第5條 國家再建非常措置法 또는 이에 의거한 法令에 의하여 행하여진 裁判·豫算 또는 處分은 그 效力을 持續하며 이 憲法을 理由로 提訴할 수 없다.

第6條 이 憲法施行當時의 公務員과 政府가 任命한 企業體의 任員은 이 憲法에 의하여 任命된 것으로 본다. 다만, 이 憲法에 의하여 選任方法이 變更된 公務員은 이 憲法에 의하여 後任者가 選任될 때까지 그 職務를 행한다.

第7條 ① 이 憲法施行當時에 이 憲法에 의하여 새로 設置될 機關의 權限에 속하는 職務를 행하고 있는 機關은 이 憲法에 의하여 새로운 機關이 設置될 때까지 계속하여 그 職務를 행한다.

② 이 憲法에 의하여 새로 設置되는 機關은 이 憲法施行後 1年以內에 構成되어야 한다.

③ 이 憲法에 의한 最初의 地方議會의 構成時期에 관하여는 法律로 정한다.

第8條 國土收復後의 國會議員의 數는 따로 法律로 정한다.

第9條 이 憲法施行當時의 大統領令·國務院令과 閣令은 이 憲法에 의한 大統領令으로 본다.

大韓民國憲法

[전부개정 1972.12.27 헌법 제8호]

前文

悠久한 歷史와 傳統에 빛나는 우리 大韓國民은 3·1運動의 崇高한 獨立精神과 4·19義擧 및 5·16革命의 理念을 계승하고 祖國의 平和的 統一의 歷史的 使命에 입각하여 自由民主的 基本秩序를 더욱 공고히 하는 새로운 民主共和國을 建設함에 있어서, 政治·經濟·社會·文化의 모든 領域에 있어서 各人의 機會를 균등히 하고 能力을 最高度로 發揮하게 하며 責任과 義務를 완수하게 하여, 안으로는 國民生活의 균등한 向上을 期하고 밖으로는 항구적인 世界平和에 이바지함으로써 우리들과 우리들의 子孫의 安全과 自由와 幸福을 영원히 확보할 것을 다짐하면서, 1948年 7月 12日에 制定되고 1962年 12月 26日에 改正된 憲法을 이제 國民投票에 의하여 改正한다.

第1章 總綱

第1條 ① 大韓民國은 民主共和國이다.

② 大韓民國의 主權은 國民에게 있고, 國民은 그 代表者나 國民投票에 의하여 主權을 행사한다.

第2條 大韓民國의 國民의 要件은 法律로 정한다.

第3條 大韓民國의 領土는 韓半島와 附屬島嶼로 한다.

第4條 大韓民國은 國際平和의 維持에 노력하고 侵略的 戰爭을 否認한다.

第5條 ① 이 憲法에 의하여 締結·公布된 條約과 一般的으로 承認된 國際法規는 國內法과 같은 效力을 가진다.

② 外國人에 대하여는 國際法과 條約에 정한 바에 의하여 그 地位를 보장한다.

第6條 ① 公務員은 國民全體에 대한 奉仕者이며, 國民에 대하여 責任을 진다.

② 公務員의 身分과 政治的 中立性은 法律이 정하는 바에 의하여 보장된다.

第7條 ① 政黨의 設立은 自由이며, 複數政黨制는 보장된다.

② 政黨은 그 組織과 活動이 民主的이어야 하며, 國民의 政治的 意思形成에 參與 하는데 필요한 組織을 가져야 한다.

③ 政黨은 法律이 정하는 바에 의하여 國家의 보호를 받는다. 다만, 政黨의

目的이나 活動이 民主的 基本秩序에 違背되거나 國家의 存立에 危害가 될 때에는 政府는 憲法委員會에 그 解散을 提訴할 수 있고, 政黨은 憲法委員會의 決定에 의하여 解散된다.

第2章 國民의 權利와 義務

第8條 모든 國民은 人間으로서의 尊嚴과 價値를 가지며, 이를 위하여 國家는 國民의 基本的 人權을 最大限으로 보장할 義務를 진다.

第9條 ① 모든 國民은 法 앞에 平等하다. 누구든지 性別·宗敎 또는 社會的 身分에 의하여 政治的·經濟的·社會的·文化的 生活의 모든 領域에 있어서 差別을 받지 아니한다.

② 社會的 特殊階級의 制度는 인정되지 아니하며, 어떠한 形態로도 이를 創設할 수 없다.

③ 勳章 등의 榮典은 이를 받은 者에게만 效力이 있고, 어떠한 特權도 이에 따르지 아니한다.

第10條 ① 모든 國民은 身體의 自由를 가진다. 누구든지 法律에 의하지 아니하고는 逮捕·拘禁·押收·搜索·審問·處罰·强制勞役과 保安處分을 받지 아니한다.

② 모든 國民은 拷問을 받지 아니하며, 刑事上 자기에게 不利한 陳述을 强要당하지 아니한다.

③ 逮捕·拘禁·押收·搜索에는 檢事의 要求에 의하여 法官이 發付한 令狀을 提示하여야 한다. 다만, 現行犯人인 경우와 罪를 犯하고 逃避 또는 證據湮滅의 염려가 있을 때에는 事後에 令狀을 要求할 수 있다.

④ 누구든지 逮捕·拘禁을 받은 때에는 즉시 辯護人의 助力을 받을 權利를 가진다. 다만, 法律이 정하는 경우에 刑事被告人이 스스로 辯護人을 구할 수 없을 때에는 國家가 辯護人을 붙인다.

第11條 ① 모든 國民은 行爲時의 法律에 의하여 犯罪를 構成하지 아니하는 行爲로 訴追되지 아니하며, 同一한 犯罪에 대하여 거듭 處罰받지 아니한다.

② 모든 國民은 遡及立法에 의하여 參政權의 制限 또는 財産權의 剝奪을 받지 아니한다.

第12條 모든 國民은 法律에 의하지 아니하고는 居住·移轉의 自由를 制限받지 아니한다.

第13條 모든 國民은 法律에 의하지 아니하고는 職業選擇의 自由를 制限받지 아니

한다.

第14條 모든 國民은 法律에 의하지 아니하고는 住居의 自由를 侵害받지 아니한다. 住居에 대한 押收나 捜索에는 檢事의 要求에 의하여 法官이 發付한 令狀을 提示하여야 한다.

第15條 모든 國民은 法律에 의하지 아니하고는 通信의 秘密을 侵害받지 아니한다.

第16條 ① 모든 國民은 宗敎의 自由를 가진다.

② 國敎는 인정하지 아니하며, 宗敎와 政治는 分離된다.

第17條 모든 國民은 良心의 自由를 가진다.

第18條 모든 國民은 法律에 의하지 아니하고는 言論·出版·集會·結社의 自由를 制限받지 아니한다.

第19條 ① 모든 國民은 學問과 藝術의 自由를 가진다.

② 著作者·發明家와 藝術家의 權利는 法律로써 보호한다.

第20條 ① 모든 國民의 財産權은 보장된다. 그 內容과 限界는 法律로 정한다.

② 財産權의 行使는 公共福利에 적합하도록 하여야 한다.

③ 公共必要에 의한 財産權의 收用·使用 또는 制限 및 그 補償의 基準과 方法은 法律로 정한다.

第21條 모든 國民은 20歲가 되면 法律이 정하는 바에 의하여 選擧權을 가진다.

第22條 모든 國民은 法律이 정하는 바에 의하여 公務擔任權을 가진다.

第23條 ① 모든 國民은 法律이 정하는 바에 의하여 國家機關에 文書로 請願할 權利를 가진다.

② 國家는 請願에 대하여 審査할 義務를 진다.

第24條 ① 모든 國民은 憲法과 法律에 정한 法官에 의하여 法律에 의한 裁判을 받을 權利를 가진다.

② 軍人 또는 軍屬이 아닌 國民은 大韓民國의 領域안에서는 軍事에 관한 間諜罪의 경우와, 哨兵·哨所·有害飮食物供給·捕虜에 관한 罪中 法律에 정한 경우 및 非常戒嚴이 宣布되거나 大統領이 法院의 權限에 관하여 緊急措置를 한 경우를 제외하고는 軍法會議의 裁判을 받지 아니한다.

③ 모든 國民은 신속한 裁判을 받을 權利를 가진다. 刑事被告人은 상당한 理由가 없는 限 지체없이 公開裁判을 받을 權利를 가진다.

第25條 刑事被告人으로서 拘禁되었던 者가 無罪判決을 받은 때에는 法律이 정하는 바에 의하여 國家에 補償을 請求할 수 있다.

第26條 ① 公務員의 職務上 不法行爲로 損害를 받은 國民은 法律이 정하는 바에

의하여 國家 또는 公共團體에 賠償을 請求할 수 있다. 그러나, 公務員 자신의 責任은 免除되지 아니한다.

② 軍人·軍屬·警察公務員 기타 法律로 정한 者가 戰鬪·訓練등 職務執行과 관련하여 받은 損害에 대하여는 法律이 정한 報償 이외에 國家나 公共團體에 公務員의 職務上 不法行爲로 인한 賠償은 請求할 수 없다.

第27條 ① 모든 國民은 能力에 따라 균등하게 敎育을 받을 權利를 가진다.

② 모든 國民은 그 보호하는 子女에게 적어도 初等敎育과 法律이 정하는 敎育을 받게 할 義務를 진다.

③ 義務敎育은 無償으로 한다.

④ 敎育의 自主性과 政治的 中立性은 보장되어야 한다.

⑤ 敎育制度와 그 運營에 관한 基本的인 事項은 法律로 정한다.

第28條 ① 모든 國民은 勤勞의 權利를 가진다. 國家는 社會的·經濟的 方法으로 勤勞者의 雇傭의 增進에 노력하여야 한다.

② 모든 國民은 勤勞의 義務를 진다. 國家는 勤勞의 義務의 內容과 條件을 民主主義原則에 따라 法律로 정한다.

③ 勤勞條件의 基準은 法律로 정한다.

④ 女子와 少年의 勤勞는 특별한 보호를 받는다.

第29條 ① 勤勞者의 團結權·團體交涉權 및 團體行動權은 法律이 정하는 範圍안에서 보장된다.

② 公務員인 勤勞者는 法律로 인정된 者를 제외하고는 團結權·團體交涉權 또는 團體行動權을 가질 수 없다.

③ 公務員과 國家·地方自治團體·國營企業體·公益事業體 또는 國民經濟에 중대한 영향을 미치는 事業體에 종사하는 勤勞者의 團體行動權은 法律이 정하는 바에 의하여 이를 制限하거나 인정하지 아니할 수 있다.

第30條 ① 모든 國民은 人間다운 生活을 할 權利를 가진다.

② 國家는 社會保障의 增進에 노력하여야 한다.

③ 生活能力이 없는 國民은 法律이 정하는 바에 의하여 國家의 보호를 받는다.

第31條 모든 國民은 婚姻의 純潔과 保健에 관하여 國家의 보호를 받는다.

第32條 ① 國民의 自由와 權利는 憲法에 列擧되지 아니한 理由로 輕視되지 아니한다.

② 國民의 自由와 權利를 制限하는 法律의 制定은 國家安全保障·秩序維持 또는 公共福利를 위하여 필요한 경우에 限한다.

第33條 모든 國民은 法律이 정하는 바에 의하여 納稅의 義務를 진다.

第34條 모든 國民은 法律이 정하는 바에 의하여 國防의 義務를 진다.

第3章 統一主體國民會議

第35條 統一主體國民會議는 祖國의 平和的 統一을 推進하기 위한 온 國民의 總意에 의한 國民的 組織體로서 祖國統一의 神聖한 使命을 가진 國民의 主權的 受任機關이다.

第36條 ① 統一主體國民會議는 國民의 直接選擧에 의하여 選出된 代議員으로 構成한다.

② 統一主體國民會議 代議員의 數는 2,000人以上 5,000人以下의 範圍안에서 法律로 정한다.

③ 大統領은 統一主體國民會議의 議長이 된다.

④ 統一主體國民會議 代議員의 選擧에 관한 事項은 法律로 정한다.

第37條 ① 統一主體國民會議 代議員으로 選擧될 수 있는 者는 國會議員의 被選擧權이 있고 選擧日 現在 30歲에 達한 者로서 祖國의 平和的 統一을 위하여 國民主權을 성실히 行使할 수 있는 者라야 한다.

② 統一主體國民會議 代議員으로 選擧될 수 있는 者의 資格에 관하여는 法律로 정한다.

③ 統一主體國民會議 代議員은 政黨에 加入할 수 없으며, 國會議員과 法律이 정하는 公職을 兼할 수 없다.

④ 統一主體國民會議 代議員의 任期는 6年으로 한다.

第38條 ① 大統領은 統一에 관한 重要政策을 決定하거나 變更함에 있어서, 國論統一을 위하여 필요하다고 인정할 때에는 統一主體國民會議의 審議에 붙일 수 있다.

② 第1項의 경우에 統一主體國民會議에서 在籍代議員 過半數의 贊成을 얻은 統一政策은 國民의 總意로 본다.

第39條 ① 大統領은 統一主體國民會議에서 討論없이 無記名投票로 選擧한다.

② 統一主體國民會議에서 在籍代議員 過半數의 贊成을 얻은 者를 大統領當選者로 한다.

③ 第2項의 得票者가 없는 때에는 2次 投票를 하고, 2次 投票에도 第2項의 得票者가 없는 때에는 最高得票者가 1人이면 最高得票者와 次點者에 대하여,

最高得票者가 2人以上이면 最高得票者에 대하여, 決選投票를 함으로써 多數得票者를 大統領當選者로 한다.

第40條 ① 統一主體國民會議는 國會議員 定數의 3分의 1에 해당하는 數의 國會議員을 選擧한다.

② 第1項의 國會議員의 候補者는 大統領이 一括 推薦하며, 候補者 全體에 대한 贊反을 投票에 붙여 在籍代議員 過半數의 出席과 出席代議員 過半數의 贊成으로 當選을 決定한다.

③ 第2項의 贊成을 얻지 못한 때에는 大統領은 當選의 決定이 있을 때까지 계속하여 候補者의 全部 또는 一部를 變更한 候補者名簿를 다시 作成하여 統一主體國民會議에 提出하고 그 選擧를 要求하여야 한다.

④ 大統領이 第2項의 候補者를 推薦하는 경우에, 統一主體國民會議에서 選擧할 國會議員 定數의 5分의 1의 範圍안에서 順位를 정한 豫備候補者名簿를 提出하여 第2項의 議決을 얻으면, 豫備候補者는 名簿에 記載된 順位에 따라 闕位된 統一主體國民會議選出 國會議員의 職을 承繼한다.

第41條 ① 統一主體國民會議는 國會가 發議·議決한 憲法改正案을 最終的으로 議決·確定한다.

② 第1項의 議決은 在籍代議員 過半數의 贊成을 얻어야 한다.

第42條 統一主體國民會議의 組織·運營 기타 필요한 事項은 法律로 정한다.

第4章 大統領

第43條 ① 大統領은 國家의 元首이며, 外國에 대하여 國家를 代表한다.

② 大統領은 國家의 獨立·領土의 保全·國家의 繼續性과 憲法을 守護할 責務를 진다.

③ 大統領은 祖國의 平和的 統一을 위한 성실한 義務를 진다.

④ 行政權은 大統領을 首班으로 하는 政府에 속한다.

第44條 大統領으로 選擧될 수 있는 者는 國會議員의 被選擧權이 있고 選擧日 現在 계속하여 5年以上 國內에 居住하고 40歲에 達하여야 한다. 이 경우에 公務로 外國에 派遣된 期間은 國內居住期間으로 본다.

第45條 ① 大統領의 任期가 滿了되는 때에는 統一主體國民會議는 늦어도 任期滿了 30日前에 後任者를 選擧한다.

② 大統領이 闕位된 때에는 統一主體國民會議는 3月以內에 後任者를 選擧한

다. 다만, 殘任期間이 1年未滿인 때에는 後任者를 選擧하지 아니한다.

③ 大統領이 闕位된 경우의 後任者는 前任者의 殘任期間中 在任한다.

第46條 大統領은 就任에 즈음하여 다음의 宣誓를 한다.

"나는 國憲을 遵守하고 國家를 保衛하며 國民의 自由와 福利의 增進에 노력하고 祖國의 平和的 統一을 위하여 大統領으로서의 職責을 성실히 수행할 것을 國民앞에 嚴肅히 宣誓합니다."

第47條 大統領의 任期는 6年으로 한다.

第48條 大統領이 闕位되거나 事故로 인하여 職務를 수행할 수 없을 때에는 國務總理, 法律에 정한 國務委員의 順位로 그 權限을 代行한다.

第49條 大統領은 필요하다고 인정할 때에는 國家의 중요한 政策을 國民投票에 붙일 수 있다.

第50條 大統領은 條約을 締結·批准하고 外交使節을 信任·接受 또는 派遣하며 宣戰布告와 講和를 한다.

第51條 ① 大統領은 憲法과 法律이 정하는 바에 의하여 國軍을 統帥한다.

② 國軍의 組織과 編成은 法律로 정한다.

第52條 大統領은 法律에서 具體的으로 範圍를 정하여 委任받은 事項과 法律을 執行하기 위하여 필요한 事項에 관하여 大統領令을 發할 수 있다.

第53條 ① 大統領은 天災·地變 또는 重大한 財政·經濟上의 危機에 處하거나, 國家의 安全保障 또는 公共의 安寧秩序가 重大한 威脅을 받거나 받을 憂慮가 있어, 신속한 措置를 할 필요가 있다고 判斷할 때에는 內政·外交·國防·經濟·財政·司法등 國政全般에 걸쳐 필요한 緊急措置를 할 수 있다.

② 大統領은 第1項의 경우에 필요하다고 인정할 때에는 이 憲法에 規定되어 있는 國民의 自由와 權利를 暫定的으로 정지하는 緊急措置를 할 수 있고, 政府나 法院의 權限에 관하여 緊急措置를 할 수 있다.

③ 第1項과 第2項의 緊急措置를 한 때에는 大統領은 지체없이 國會에 통고하여야 한다.

④ 第1項과 第2項의 緊急措置는 司法的 審査의 對象이 되지 아니한다.

⑤ 緊急措置의 原因이 消滅한 때에는 大統領은 지체없이 이를 解除하여야 한다.

⑥ 國會는 在籍議員 過半數의 贊成으로 緊急措置의 解除를 大統領에게 建議할 수 있으며, 大統領은 특별한 事由가 없는 限 이에 응하여야 한다.

第54條 ① 大統領은 戰時·事變 또는 이에 準하는 國家非常事態에 있어서 兵力으

로써 軍事上의 필요 또는 公共의 安寧秩序를 維持할 필요가 있을 때에는 法律이 정하는 바에 의하여 戒嚴을 宣布할 수 있다.

② 戒嚴은 非常戒嚴과 警備戒嚴으로 한다.

③ 非常戒嚴이 宣布된 때에는 法律이 정하는 바에 의하여 令狀制度, 言論·出版·集會·結社의 自由, 政府나 法院의 權限에 관하여 특별한 措置를 할 수 있다.

④ 戒嚴을 宣布한 때에는 大統領은 지체없이 國會에 통고하여야 한다.

⑤ 國會가 在籍議員 過半數의 贊成으로 戒嚴의 解除를 要求한 때에는 大統領은 이를 解除하여야 한다.

第55條 大統領은 憲法과 法律이 정하는 바에 의하여 公務員을 任命한다.

第56條 ① 大統領은 法律이 정하는 바에 의하여 赦免·減刑·復權을 命할 수 있다.

② 一般赦免을 命하려면 國會의 同意를 얻어야 한다.

③ 赦免·減刑·復權에 관한 事項은 法律로 정한다.

第57條 大統領은 法律이 정하는 바에 의하여 勳章 기타의 榮典을 수여한다.

第58條 大統領은 國會에 출석하여 發言하거나 書翰으로 의견을 표시할 수 있다.

第59條 ① 大統領은 國會를 解散할 수 있다.

② 國會가 解散된 경우 國會議員總選擧는 解散된 날로부터 30日以後 60日以前에 實施한다.

第60條 大統領의 國法上 行爲는 文書로써 하며, 이 文書에는 國務總理와 關係國務委員이 副署한다. 軍事에 관한 것도 또한 같다.

第61條 大統領은 國務總理·國務委員·行政各部의 長 기타 法律이 정하는 公私의 職을 兼할 수 없다.

第62條 大統領은 內亂 또는 外患의 罪를 犯한 경우를 제외하고는 在職中 刑事上의 訴追를 받지 아니한다.

第5章 政府

第1節 國務總理와 國務委員

第63條 ① 國務總理는 國會의 同意를 얻어 大統領이 任命한다.

② 國務總理는 大統領을 補佐하고 行政에 관하여 大統領의 命을 받아 行政各部를 統轄한다.

③ 軍人은 現役을 免한 後가 아니면 國務總理로 任命될 수 없다.

第64條 ① 國務委員은 國務總理의 提請으로 大統領이 任命한다.

② 國務委員은 國政에 관하여 大統領을 補佐하며 國務會議의 構成員으로서 國政을 審議한다.

③ 國務總理는 國務委員의 解任을 大統領에게 建議할 수 있다.

④ 軍人은 現役을 免한 後가 아니면 國務委員으로 任命될 수 없다.

第2節 國務會議

第65條 ① 國務會議는 政府의 權限에 속하는 중요한 政策을 審議한다.

② 國務會議는 大統領·國務總理와 15人以上 25人以下의 國務委員으로 構成한다.

③ 大統領은 國務會議의 議長이 되고, 國務總理는 副議長이 된다.

第66條 다음 事項은 國務會議의 審議를 거쳐야 한다.

1. 國政의 基本的 計劃과 政府의 一般政策
2. 宣戰·講和 기타 중요한 對外政策
3. 憲法改正案·國民投票案·條約案·法律案과 大統領令案
4. 豫算案·決算·國有財産處分의 基本計劃·國家의 負擔이 될 契約 기타 財政에 관한 重要事項
5. 大統領의 緊急措置 또는 戒嚴과 그 解除
6. 軍事에 관한 重要事項
7. 國會의 解散
8. 國會의 臨時會 集會의 要求
9. 榮典授與
10. 赦免·減刑과 復權
11. 行政各部間의 權限의 劃定
12. 政府안의 權限의 委任 또는 配定에 관한 基本計劃
13. 國政處理狀況의 評價·分析
14. 行政各部의 중요한 政策의 樹立과 調整
15. 政黨解散의 提訴
16. 政府에 提出 또는 廻付된 政府의 政策에 관계되는 請願의 審査
17. 檢察總長·國立大學校總長·大使·各軍參謀總長·海兵隊司令官 기타 法律에

정한 公務員과 國營企業體 管理者의 任命

18. 기타 大統領·國務總理 또는 國務委員이 提出한 事項

第67條 ① 國家安全保障에 관련되는 對外政策·軍事政策과 國內政策의 樹立에 관하여 國務會議의 審議에 앞서 大統領의 諮問에 응하기 위하여 國家安全保障會議를 둔다.

② 國家安全保障會議는 大統領이 主宰한다.

③ 國家安全保障會議의 組織·職務範圍 기타 필요한 事項은 法律로 정한다.

第3節 行政各部

第68條 行政各部의 長은 國務委員中에서 國務總理의 提請으로 大統領이 任命한다.

第69條 國務總理 또는 行政各部의 長은 所管事務에 관하여 法律이나 大統領令의 委任 또는 職權으로 總理令 또는 部令을 發할 수 있다.

第70條 行政各部의 設置·組織과 職務範圍는 法律로 정한다.

第4節 監査院

第71條 國家의 歲入·歲出의 決算, 國家 및 法律에 정한 團體의 會計檢査와 行政機關 및 公務員의 職務에 관한 監察을 하기 위하여 大統領所屬下에 監査院을 둔다.

第72條 ① 監査院은 院長을 포함한 5人以上 11人以下의 監査委員으로 構成한다.

② 院長은 國會의 同意를 얻어 大統領이 任命하며, 그 任期는 4年으로 한다.

③ 院長이 闕位된 경우에 任命된 後任者의 任期는 前任者의 殘任期間으로 한다.

④ 監査委員은 院長의 提請으로 大統領이 任命하며, 그 任期는 4年으로 한다.

第73條 監査院은 歲入·歲出의 決算을 每年 檢査하여 大統領과 次年度 國會에 그 결과를 보고하여야 한다.

第74條 監査院의 組織·職務範圍·監査委員의 資格·監査對象公務員의 範圍 기타 필요한 事項은 法律로 정한다.

第6章 國會

第75條 立法權은 國會에 속한다.

第76條 ① 國會는 國民의 普通·平等·直接·秘密選擧에 의하여 選出된 議員 및 統一主體國民會議가 選擧하는 議員으로 構成한다.

② 國會議員의 數는 法律로 정한다.

③ 國會議員의 選擧에 관한 事項은 法律로 정한다.

第77條 國會議員의 任期는 6年으로 한다. 다만, 統一主體國民會議가 選擧한 國會議員의 任期는 3年으로 한다.

第78條 國會議員은 法律이 정하는 公私의 職을 겸할 수 없다.

第79條 ① 國會議員은 現行犯人인 경우를 제외하고는 會期中 國會의 同意없이 逮捕 또는 拘禁되지 아니한다.

② 國會議員이 會期前에 逮捕 또는 拘禁된 때에는 現行犯人이 아닌 限 國會의 要求가 있으면 會期中 釋放된다.

第80條 國會議員은 國會에서 職務上 행한 發言과 表決에 관하여 國會外에서 責任을 지지 아니한다.

第81條 國會議員은 그 地位와 特權을 濫用하여서는 아니된다.

第82條 ① 國會의 定期會는 法律이 정하는 바에 의하여 每年 1回 集會되며, 國會의 臨時會는 大統領 또는 國會在籍議員 3分의 1以上의 要求에 의하여 集會된다.

② 定期會의 會期는 90日을, 臨時會의 會期는 30日을 초과할 수 없다.

③ 國會는 定期會·臨時會를 합하여 年 150日을 초과하여 開會할 수 없다. 다만, 大統領이 集會를 要求한 臨時會의 日數는 이에 算入하지 아니한다.

④ 大統領이 臨時會의 集會를 要求할 때에는 期間과 集會要求의 이유를 明示하여야 한다.

⑤ 大統領의 要求에 의하여 集會된 臨時會에서는 政府가 提出한 議案에 限하여 處理하며, 國會는 大統領이 集會要求時에 정한 期間에 限하여 開會한다.

第83條 國會는 議長 1人과 副議長 2人을 選擧한다.

第84條 國會는 憲法 또는 法律에 특별한 規定이 없는 限 그 在籍議員 過半數의 出席과 出席議員 過半數의 贊成으로 議決한다. 可否同數인 때에는 否決된 것으로 본다.

第85條 ① 國會의 會議는 公開한다. 다만, 出席議員 過半數의 贊成이 있거나 議長이 國家의 安全保障을 위하여 필요하다고 인정할 때에는 公開하지 아니할 수 있다.

② 公開하지 아니한 會議의 內容은 公表되어서는 아니된다.

第86條 國會에 提出된 法律案 기타의 議案은 會期中에 議決되지 못한 이유로 폐기

되지 아니한다. 다만, 統一主體國民會議에서 選擧되지 아니한 國會議員의 任期가 滿了되거나 國會가 解散된 때에는 例外로 한다.

第87條 國會議員과 政府는 法律案을 提出할 수 있다.

第88條 ① 國會에서 議決된 法律案은 政府에 移送되어 15日以內에 大統領이 公布한다.

② 法律案에 異議가 있을 때에는 大統領은 第1項의 期間안에 異議書를 붙여 國會로 還付하고 그 再議를 要求할 수 있다. 國會의 閉會中에도 또한 같다.

③ 大統領은 法律案의 一部에 대하여 또는 法律案을 修正하여 再議를 要求할 수 없다.

④ 再議의 要求가 있을 때에는 國會는 再議에 붙이고 在籍議員 過半數의 出席과 出席議員 3分의 2以上의 贊成으로 前과 같은 議決을 하면 그 法律案은 法律로서 確定된다.

⑤ 大統領이 第1項의 期間안에 公布나 再議의 要求를 하지 아니한 때에도 그 法律案은 法律로서 確定된다.

⑥ 大統領은 第4項과 第5項의 規定에 의하여 確定된 法律을 지체없이 公布하여야 한다. 第5項에 의하여 法律이 確定된 後 또는 第4項에 의한 確定法律이 政府에 移送된 後 5日以內에 大統領이 公布하지 아니할 때에는 國會議長이 이를 公布한다.

⑦ 法律은 특별한 規定이 없는 限 公布한 날로부터 20日을 경과함으로써 效力을 발생한다.

第89條 ① 國會는 國家의 豫算案을 審議·確定한다.

② 政府는 會計年度마다 豫算案을 編成하여 會計年度 開始 90日前까지 國會에 提出하고, 國會는 會計年度 開始 30日前까지 이를 議決하여야 한다.

③ 第2項의 期間안에 豫算案이 議決되지 못한 때에는 政府는 國會에서 豫算案이 議決될 때까지 다음 各號의 經費를 歲入의 範圍안에서 前年度 豫算에 準하여 支出할 수 있다.

1. 公務員의 報酬와 事務處理에 필요한 基本經費
2. 憲法이나 法律에 의하여 設置된 機關 또는 施設의 維持費와 法律上 支出의 義務가 있는 經費
3. 이미 豫算上 承認된 繼續費

第90條 ① 한 會計年度를 넘어 계속하여 支出할 필요가 있을 때에는 政府는 年限을 정하여 繼續費로서 國會의 議決을 얻어야 한다.

② 豫測할 수 없는 豫算外의 支出 또는 豫算超過支出에 충당하기 위한 豫備費는 미리 國會의 議決을 얻어야 한다. 豫備費의 支出은 次期國會의 承認을 얻어야 한다.

第91條 豫算成立後에 생긴 事由로 인하여 豫算에 變更을 加할 필요가 있을 때에는 政府는 追加更正豫算案을 編成하여 國會에 提出할 수 있다.

第92條 國會는 政府의 同意없이 政府가 提出한 支出豫算 各項의 金額을 增加하거나 새 費目을 設置할 수 없다.

第93條 國債를 모집하거나 豫算外에 國家의 負擔이 될 契約을 締結하려 할 때에는 政府는 미리 國會의 議決을 얻어야 한다.

第94條 租稅의 種目과 稅率은 法律로 정한다.

第95條 ① 國會는 相互援助 또는 安全保障에 관한 條約, 國際組織에 관한 條約, 通商條約, 漁業條約, 講和條約, 國家나 國民에게 財政的 負擔을 지우는 條約, 外國軍隊의 地位에 관한 條約 또는 立法事項에 관한 條約의 締結·批准에 대한 同意權을 가진다.

② 宣戰布告, 國軍의 外國에의 派遣 또는 外國軍隊의 大韓民國領域안에서의 駐留에 대하여도 國會는 同意權을 가진다.

第96條 ① 國務總理·國務委員 또는 政府委員은 國會나 그 委員會에 출석하여 國政處理狀況을 보고하거나 의견을 陳述하고 質問에 응답할 수 있다.

② 國會나 그 委員會의 要求가 있을 때에는 國務總理·國務委員 또는 政府委員은 出席·答辯하여야 하며, 國務總理 또는 國務委員이 出席要求를 받은 때에는 國務委員 또는 政府委員으로 하여금 出席·答辯하게 할 수 있다.

第97條 ① 國會는 國務總理 또는 國務委員에 대하여 個別的으로 그 解任을 議決할 수 있다.

② 第1項의 解任議決은 國會在籍議員 3分의 1以上의 發議에 의하여 國會在籍議員 過半數의 贊成이 있어야 한다.

③ 第2項의 議決이 있을 때에는 大統領은 國務總理 또는 當該 國務委員을 解任하여야 한다. 다만, 國務總理에 대한 解任議決이 있을 때에는 大統領은 國務總理와 國務委員 全員을 解任하여야 한다.

第98條 ① 國會는 法律에 저촉되지 아니하는 範圍안에서 議事와 內部規律에 관한 規則을 制定할 수 있다.

② 國會는 議員의 資格을 審査하며 議員을 懲戒할 수 있다.

③ 議員을 除名하려면 國會在籍議員 3分의 2以上의 贊成이 있어야 한다.

④ 第2項과 第3項의 處分에 대하여는 法院에 提訴할 수 없다.

第99條 ① 大統領·國務總理·國務委員·行政各部의 長·憲法委員會委員·法官·中央選擧管理委員會委員·監査委員 기타 法律에 정한 公務員이 그 職務執行에 있어서 憲法이나 法律을 違背한 때에는 國會는 彈劾의 訴追를 議決할 수 있다.

② 第1項의 彈劾訴追는 國會在籍議員 3分의 1以上의 發議가 있어야 하며, 그 議決은 國會在籍議員 過半數의 贊成이 있어야 한다. 다만, 大統領에 대한 彈劾訴追는 國會在籍議員 過半數의 發議와 國會在籍議員 3分의 2以上의 贊成이 있어야 한다.

③ 彈劾訴追의 議決을 받은 者는 彈劾決定이 있을 때까지 그 權限行使가 정지된다.

④ 彈劾決定은 公職으로부터 罷免함에 그친다. 그러나, 이에 의하여 民事上이나 刑事上의 責任이 免除되지는 아니한다.

第7章 法院

第100條 ① 司法權은 法官으로 構成된 法院에 속한다.

② 法院은 最高法院인 大法院과 各級 法院으로 組織된다.

③ 法官의 資格은 法律로 정한다.

第101條 ① 大法院에 部를 둘 수 있다.

② 大法院의 法官의 數는 16人以下로 한다.

③ 大法院과 各級 法院의 組織은 法律로 정한다.

第102條 法官은 이 憲法과 法律에 의하여 그 良心에 따라 獨立하여 審判한다.

第103條 ① 大法院長인 法官은 大統領이 國會의 同意를 얻어 任命한다.

② 大法院長이 아닌 法官은 大法院長의 提請에 의하여 大統領이 任命한다.

③ 大法院長인 法官의 任期는 6年으로 한다.

④ 大法院長이 아닌 法官의 任期는 10年으로 한다.

⑤ 法官은 法律이 정하는 바에 의하여 連任될 수 있다.

⑥ 法官은 法律이 정하는 年齡에 達한 때에는 退職한다.

第104條 ① 法官은 彈劾·刑罰 또는 懲戒處分에 의하지 아니하고는 罷免·停職·減俸되거나 不利한 處分을 받지 아니한다.

② 法官이 重大한 心身上의 障害로 職務를 수행할 수 없을 때에는 法律이 정하는 바에 의하여 退職하게 할 수 있다.

第105條 ① 法律이 憲法에 違反되는 與否가 裁判의 前提가 된 때에는 法院은 憲法委員會에 提請하여 그 決定에 의하여 裁判한다.

② 命令·規則·處分이 憲法이나 法律에 違反되는 與否가 裁判의 前提가 된 때에는 大法院은 이를 最終的으로 審査할 權限을 가진다.

第106條 大法院은 法律에 저촉되지 아니하는 範圍안에서 訴訟에 관한 節次, 法院의 內部規律과 事務處理에 관한 規則을 制定할 수 있다.

第107條 裁判의 審理와 判決은 公開한다. 다만, 審理는 國家의 安全保障 또는 安寧秩序를 방해하거나 善良한 風俗을 害할 염려가 있을 때에는 法院의 決定으로 公開하지 아니할 수 있다.

第108條 ① 軍事裁判을 管轄하기 위하여 特別法院으로서 軍法會議를 둘 수 있다.

② 軍法會議의 上告審은 大法院에서 管轄한다.

③ 非常戒嚴下의 軍事裁判은 軍人·軍屬의 犯罪나 軍事에 관한 間諜罪의 경우와, 哨兵·哨所·有害飮食物供給·捕虜에 관한 罪中 法律에 정한 경우에 限하여 單審으로 할 수 있다.

第8章 憲法委員會

第109條 ① 憲法委員會는 다음 事項을 審判한다.

1. 法院의 提請에 의한 法律의 違憲與否
2. 彈劾
3. 政黨의 解散

② 憲法委員會는 9人의 委員으로 構成하며, 大統領이 任命한다.

③ 第2項의 委員中 3人은 國會에서 選出하는 者를, 3人은 大法院長이 指名하는 者를 任命한다.

④ 憲法委員會의 委員長은 委員中에서 大統領이 任命한다.

第110條 ① 憲法委員會 委員의 任期는 6年으로 한다.

② 憲法委員會 委員은 政黨에 加入하거나 政治에 관여할 수 없다.

③ 憲法委員會 委員은 彈劾 또는 刑罰에 의하지 아니하고는 罷免되지 아니한다.

④ 憲法委員會 委員의 資格은 法律로 정한다.

第111條 ① 憲法委員會에서 法律의 違憲決定, 彈劾의 決定 또는 政黨解散의 決定을 할 때에는 委員 6人以上의 贊成이 있어야 한다.

② 憲法委員會의 組織과 運營 기타 필요한 事項은 法律로 정한다.

第9章 選擧管理

第112條 ① 選擧와 國民投票의 公正한 管理 및 政黨에 관한 事務를 處理하게 하기 위하여 選擧管理委員會를 둔다.

② 中央選擧管理委員會는 9人의 委員으로 構成하며, 大統領이 任命한다.

③ 第2項의 委員中 3人은 國會에서 選出하는 者를, 3人은 大法院長이 指名하는 者를 任命한다.

④ 中央選擧管理委員會의 委員長은 委員中에서 大統領이 任命한다.

⑤ 委員의 任期는 5年으로 한다.

⑥ 委員은 政黨에 加入하거나 政治에 관여할 수 없다.

⑦ 委員은 彈劾 또는 刑罰에 의하지 아니하고는 罷免되지 아니한다.

⑧ 中央選擧管理委員會는 法令의 範圍안에서 選擧管理·國民投票管理 또는 政黨事務에 관한 規則을 制定할 수 있다.

⑨ 各級 選擧管理委員會의 組織·職務範圍 기타 필요한 事項은 法律로 정한다.

第113條 ① 選擧運動은 各級 選擧管理委員會의 管理下에 法律에 정한 範圍안에서 하되 균등한 機會가 보장되어야 한다.

② 選擧에 관한 經費는 法律이 정하는 경우를 제외하고는 政黨 또는 候補者에게 負擔시킬 수 없다.

第10章 地方自治

第114條 ① 地方自治團體는 住民의 福利에 관한 事務를 處理하고 財産을 管理하며 法令의 範圍안에서 自治에 관한 規定을 制定할 수 있다.

② 地方自治團體의 種類는 法律로 정한다.

第115條 ① 地方自治團體에는 議會를 둔다.

② 地方議會의 組織·權限·議員選擧와 地方自治團體의 長의 選任方法 기타 地方自治團體의 組織과 運營에 관한 事項은 法律로 정한다.

第11章 經濟

第116條 ① 大韓民國의 經濟秩序는 個人의 經濟上의 自由와 創意를 존중함을 基

本으로 한다.

② 國家는 모든 國民에게 生活의 基本的 需要를 충족시키는 社會正義의 실현과 균형있는 國民經濟의 발전을 위하여 필요한 範圍안에서 經濟에 관한 規制와 調整을 한다.

第117條 ① 鑛物 기타 重要한 地下資源, 水産資源, 水力과 經濟上 利用할 수 있는 自然力은 法律이 정하는 바에 의하여 일정한 期間 그 採取·開發 또는 利用을 特許할 수 있다.

② 國土와 資源은 國家의 보호를 받으며, 國家는 그 균형있는 開發과 利用을 위한 計劃을 樹立한다.

第118條 農地의 小作制度는 法律이 정하는 바에 의하여 금지된다.

第119條 國家는 農地와 山地 기타 國土의 效率的인 利用·開發과 保全을 위하여 法律이 정하는 바에 의하여 그에 관한 필요한 制限과 義務를 課할 수 있다.

第120條 ① 國家는 農民·漁民의 自助를 基盤으로 하는 農漁村開發을 위하여 計劃을 樹立하며, 地域社會의 균형있는 발전을 期한다.

② 農民·漁民과 中小企業者의 自助組織은 育成된다.

第121條 國家는 對外貿易을 育成하며 이를 規制·調整할 수 있다.

第122條 國防上 또는 國民經濟上 緊切한 필요로 인하여 法律에 정한 경우를 제외하고는, 私營企業을 國有 또는 公有로 移轉하거나 그 經營을 統制 또는 管理할 수 없다.

第123條 ① 國民經濟의 발전과 이를 위한 科學技術은 暢達·振興되어야 한다.

② 大統領은 經濟·科學技術의 暢達·振興을 위하여 필요한 諮問機構를 둘 수 있다.

第12章 憲法改正

第124條 ① 憲法의 改正은 大統領 또는 國會在籍議員 過半數의 發議로 提案된다.

② 大統領이 提案한 憲法改正案은 國民投票로 確定되며, 國會議員이 提案한 憲法改正案은 國會의 議決을 거쳐 統一主體國民會議의 議決로 確定된다.

③ 憲法改正이 確定되면 大統領은 즉시 이를 公布하여야 한다.

第125條 ① 國會에 提案된 憲法改正案은 20日以上의 期間 이를 公告하여야 하며, 公告된 날로부터 60日以內에 議決하여야 한다.

② 憲法改正案에 대한 國會의 議決은 在籍議員 3分의 2以上의 贊成을 얻어야

한다.

③ 第2項의 議決을 거친 憲法改正案은 지체없이 統一主體國民會議에 廻付되고 그 議決로 憲法改正이 確定된다. 統一主體國民會議에 廻付된 憲法改正案은 廻付된 날로부터 20日以內에 議決되어야 한다.

第126條 ① 大統領이 提案한 憲法改正案은 20日以上의 期間 이를 公告하여야 하며, 公告된 날로부터 60日以內에 國民投票에 붙여야 한다.

② 國民投票에 붙여진 憲法改正案은 國會議員選擧權者 過半數의 投票와 投票者 過半數의 贊成을 얻어 憲法改正이 確定된다.

附則 <제8호,1972.12.27>

第1條 이 憲法은 公布한 날로부터 施行한다. 다만, 이 憲法을 施行하기 위하여 필요한 法律의 制定과 이 憲法에 의한 大統領·統一主體國民會議 代議員 및 國會議員의 選擧와 기타 이 憲法施行에 관한 準備는 이 憲法施行前에 할 수 있다.

第2條 ① 이 憲法에 의하여 統一主體國民會議에서 選擧된 最初의 大統領의 任期는 이 憲法施行日로부터 開始된다.

② 이 憲法에 의하여 選擧된 最初의 統一主體國民會議 代議員의 任期는 統一主體國民會議의 最初의 集會日로부터 開始되고 1978年 6月 30日에 終了된다.

第3條 이 憲法에 의한 最初의 國會議員總選擧는 이 憲法施行日로부터 6月以內에 實施한다.

第4條 1972年 10月 17日부터 이 憲法에 의한 國會의 最初의 集會日까지 非常國務會議가 代行한 國會의 權限은 이 憲法施行當時의 憲法과 이 憲法에 의한 國會가 행한 것으로 본다.

第5條 이 憲法施行當時의 公務員과 政府가 任命한 企業體의 任員은 이 憲法에 의하여 任命된 것으로 본다. 다만, 이 憲法에 의하여 選任方法이나 任命權者가 變更된 公務員은 이 憲法에 의하여 後任者가 選任될 때까지 그 職務를 행하며, 이 경우 前任者인 公務員의 任期는 後任者가 選任되는 前日까지로 한다.

第6條 ① 이 憲法施行當時의 法令과 條約은 이 憲法에 違背되지 아니하는 限 그 效力을 持續한다.

② 이 憲法施行當時의 大統領令·國務院令과 閣令은 이 憲法에 의한 大統領令으로 본다.

第7條 非常國務會議에서 制定한 法令과 이에 따라 행하여진 裁判과 豫算 기타 處

分 등은 그 效力을 持續하며 이 憲法 기타의 理由로 提訴하거나 異議를 할 수 없다.

第8條 이 憲法施行當時에 이 憲法에 의하여 새로 設置된 機關의 權限에 속하는 職務를 행하고 있는 機關은 이 憲法에 의하여 새로운 機關이 設置될 때까지 계속하여 그 職務를 행한다.

第9條 1972年 10月 17日부터 이 憲法施行日까지 大統領이 행한 特別宣言과 이에 따른 非常措置에 대하여는 提訴하거나 異議를 할 수 없다.

第10條 이 憲法에 의한 地方議會는 祖國統一이 이루어질 때까지 構成하지 아니한다.

第11條 ① 特殊犯罪處罰에關한特別法·不正選擧關聯者處罰法·政治活動淨化法 및 不正蓄財處理法과 이에 관련되는 法律은 그 效力을 持續하며 이에 대하여 異議를 할 수 없다.

② 政治活動淨化法 및 不正蓄財處理法과 이에 관련되는 法律은 이를 改廢할 수 없다.

찾아보기

[저자 약력]

신 두 철

독일 Hannover Universität 정치학사 및 정치학 석사
독일 Heidelberg Universität 정치학 박사
연세대학교 동서문제연구소 전문연구원
중앙선거관리위원회 선거연수원 전임교수
현) 한양대학교 국가전략연구소 연구교수
한국민주시민교육학회 부회장
한독사회과학회 부회장
경실련 정치개혁위원회 위원

주요저서

「선거법과 정당제도」 엠-애드(공역)
「민주시민교육 핸드북 Ⅰ」 오름출판(공저)
「민주시민교육 핸드북 Ⅱ」 오름출판(공저)
「민주시민교육의 정석」 오름출판(공저)
「지구화 시대의 정당정치」 한다D&P(공저)
「민주당 계승정당 연구」 전남대학교 출판부(공저)
「Länder Bericht」 Bundeszentral für politische Bildung(공저) 외 다수

주요논문

신생정당과 정당체제 변화: 독일 해적당과 녹색당 「한독사회과학논총」
독일 통일과정에서 동서독 청소년 교류의 제도화와 정치기회구조 「유럽연구」
2013년 독일선거제도의 변화와 한국 총선에의 적용 「한국정치학회보」(공저)
한국 녹색운동의 정치제도화의 기회구조에 관한 연구: 녹색운동과 녹색당의 사례를 중심으로 「한국정치학회보」(공저)
정치적 리더십과 민주시민교육: 독일수상 앙겔라 메르켈 사례연구 「인문사회과학연구」 외 다수

한국의 선거 60년사 ②

권위주의 시대 선거: 제3공화국과 유신체제

초판인쇄 2016년 11월 15일
초판발행 2016년 11월 20일

지은이 신두철
펴낸이 김중용

총괄기획 박노일
편 집 심성보 · 김인숙

펴낸곳 마인드탭 MIND TAP
경기도 파주시 책향기로 441, 1004동 1004호(동패동, 책향기마을)
등록 제406-2014-000093호
전 화 070)7550-3758 팩 스 02)718-8554
홈페이지 www.mindtap.co.kr 이메일 pnc@pncmedia.co.kr
ISBN 979-11-86672-40-2 94340
979-11-86672-36-5 (세트)

※ 마인드탭은 피앤씨미디어의 자매 브랜드입니다.

정 가 20,000원